U1021414

地方性人才的造就

——昆山花桥国际商务城中等专业学校的实践

沈建兴　等著

职业教育发展路径探索丛书

ZHIYE JIAOYU FAZHAN LUJING TANSUO CONGSHU

庄西真　主编

苏州大学出版社

图书在版编目(CIP)数据

地方性人才的造就:昆山花桥国际商务城中等专业学校的实践/沈建兴等著. —苏州:苏州大学出版社,2014.11
ISBN 978-7-5672-1116-2

Ⅰ.①地… Ⅱ.①沈… Ⅲ.①中等专业学校—人才培养—研究—昆山市 Ⅳ.①G718.3

中国版本图书馆CIP数据核字(2014)第259405号

书　　名:地方性人才的造就——昆山花桥国际商务城中等专业学校的实践
著　　者:沈建兴 等
责任编辑:刘诗能

出版发行:苏州大学出版社
社　　址:苏州市十梓街1号　邮编:215006
网　　址:http://www.sudapress.com
印　　刷:宜兴市盛世文化印刷有限公司
开　　本:700 mm×1 000 mm　1/16
印　　张:16
字　　数:305千
版　　次:2014年11月第1版
印　　次:2014年11月第1次印刷
书　　号:ISBN 978-7-5672-1116-2
定　　价:38.00元

苏州大学版图书若有印装错误,本社负责调换
苏州大学出版社营销部　电话:0512-65225020

总序

庄西真

工业革命从本质上改变了生产力与生产关系，改变了人们的生产和生活方式。工业革命带来的机器大生产，需要受过一定技术教育的生产者，由此产生了以科学技术为内容、以应用性为特征、以培养掌握生产技能的劳动者为目的的现代教育。职业教育因应工业革命的要求而产生并不断发展，是规模化地为大工业生产培养中下等级技能型人才的教育，也是助力社会大众获得一技之长、谋求职业赖以生存的一类教育。根据教育经济学的理论，教育主要是通过对人力资本的投入，提高劳动生产率、促进科技进步而发挥其推动经济社会发展的作用的。在这方面，职业教育具有其他类型教育（比如基础教育）所不具备的优势，即职业教育可把具有普通文化素质的劳动者培养成为掌握某一行业岗位技能的专门人才。换言之，职业教育可向经济社会提供能掌握和运用先进生产技术的高素质的技能人才，进而推动经济社会的发展。

在当今世界，一个国家产业竞争力的高低，不仅取决于是否拥有先进的技术装备，还取决于是否拥有能够熟练操作和使用先进技术装备的高素质劳动者。职业教育通过提高劳动力的平均职业技能水平促进劳动生产率的提升，因为以生产率为导向的经济增长模式才是可持续增长模式。职业教育能够通过提高劳动者运用新技术、新工艺、新设备的能力，促进劳动力的技术革新与生产创新；通过培养劳动者的安全意识、设备保养与维护能力，减少生产事故，降低生产工具和设备的损坏率；通过塑造劳动者正确的政治观念、职业道德、专业思想、劳动态度，间接影响劳动生产率。近代已降，英、美、德、日、澳等国家十分重视发展职业教育，形成了多层次、多类型的适应本国经济社会实际的职业教育体系，培养了大量高素质、高技能、高水平的技术人才，让他们在工业、农业、军工、服务等若干个领域里施展才华，发挥了积极作用，促进了经济的腾飞，使这些国家迅速发展成为世界经济强国。比如我们的东邻日本,职业教育的迅速发展就为其培养了大批工农业发展所需要的中、初级人才,大大提高了劳动者的素质和社会生产率。正如日本文部省编辑的《日本的经济发展和教育》一书所指出的:“在激烈的国际竞争中,科学的创见、技术的熟练、生产者的才能等重要因素,对于经济发展所起的作用,不亚于增加资本和劳动力的数量。”曾经担任东京帝国大学总长(相当于校长)的滨尾新这样概括日本教育发展的特点,他说:“在我们国家,不是工业和工厂首先发展,然后接着建立学校,而是首先建立技术学校以培养毕业生,他们的工作就是发展工业和开办工厂。”回过头去看,中国改革开放以来三十多年的经济高速增长,也与各级各类职业教育为之输送了千千万万具有一定知识和技能的劳动者密切相关。

对于每个国家来说,发展职业教育的原因是类似的,但是职业教育的发展模式却各有不同。发展是硬道理,不管是已经发展起来的国家,还是正在快速发展的国家,要发展现代化的工农业,都必须把职业教育当作一件大事来抓,通过发展职业教育培养经济发展需要的、能够在生产过程中应用科学技术并且有二次开发能力的人才。但是,因为国情不同,在长期的实践过程中,每个国家基于本国国情形成了各具特色的职业教育发展方式,这一点在发达国家就体现得非常清楚。同样是经济发达的国家,同样是在经济发展过程中得益于职业教育对技能型人才的培养,但是,发达国家对经济发展需要的技术技能型人才的培养方式却各有千秋,正可谓“天下同归而殊途,一致而百虑”(《周易·系辞下》),略述如下以说明之:

在法国,职业教育与普通高中教育是贯通的,通过证书考试,将中等职业教育与高中教育融为一体。法国的职业中学分职业中学和技术中学两类。职业中学主要培养各种职业所需人才,学生用 2 年时间可以拿到职业技能证书。就读技术中学的学生,学习 3 年后考试合格获得“技术员文凭”,持有这种文凭便可申请进入大学深造。而普通的国立中学同样重视对学生进行职业教育,在国立中学就读的学生,高中 3 年每年都有一项考试,第一年考试合格获技术职业证书,第二年考试合格获技术毕业证书,第三年考试合格获高中毕业证书,具备升大学的资格。它开设的课程中必须选择的选修课有实用工艺、工业技术、医学、社会学、实验室科技等,任意选修课有艺术、科技、现代外语、打字等。

在加拿大,职业教育以能力培养为本位。以能力培养为本位的职业教育产生于二战后,现在被广泛应用于加拿大的职业教育中。其主要特点是:首先由职业院校聘请行业中一批具有代表性的专家组成专业委员会,按照岗位群的需要,层层分析,确定从事这一职业所应具备的能力,明确培养目标。其次再由职业院校组织相关教学人员，按照教学规律，将相同、相近的各项能力进行总结、归纳，构成教学模块，制定教学大纲，依此施教。其科学性体现在它打破了以传统的公共课、基础课为主导的教学模式，强调培养岗位群所需的职业能力，保证了对学生职业能力的培养。

在北欧的瑞典，把学校开放给社会，把职业教育与普通教育糅合在一起，是其最大特色。该国综合制高中是2至4年制的学校。它分为人文社会、经济、理科等3组，每组都有2至4年制的课程，任何一种课程都是在扎实的基础教育之上实施职业教育。同时，任何一组课程学习结束之后学生都能进入高等院校。

在瑞士，职业教育备受政府的重视，其教育模式及类型呈多元化和与经济社会需求密不可分的特色。瑞士职业教育除了满足本国经济发展需要之外，还瞄准欧盟乃至国际劳动力市场，提供职业技术类、行政管理和商业职业类、酒店管理和旅游职业类、健康和护理职业类、社会工作职业类、新闻媒体及通讯和信息职业类以及工艺美术职业类等职业教育和专业培训。在这七大类职业中，除了健康和护理类、社会工作类和工艺美术类专业由职业教育培训外，其他四类专业普通高等教育也可以提供培训。瑞士高等职业教育作为大学教育的一个重要组成部分，除了同样具有严格的入学条件和标准规定之外，还要经过严格、系统的3至4年不等时间的学习和训练，并通过职业资格考试方能获得毕业证书。瑞士的职业考试一般以专业知识考试为主，只有通过职业考试，方能参加高级专业考试。

在澳大利亚，职业教育实际上是一种新型的现代学徒制度，承担此类职业教育的主要载体是TAFE（Technical And Further Education）学院。TAFE虽然是学院，但实际上学员80%的时间是在工作现场进行的工作本位学习，只有20%的时间是在学校学习。现代学徒制有以下特点：一是同就业有着更密切的联系，学生“为未来工作而学习”的目的非常明确，就业前景明朗，大部分学徒工毕业后能被原企业录用。二是实训内容由社会合伙人共同制定，适应企业的需要，突出对学徒工实践操作能力的培养。学生在企业真实的生产环境中操作最先进的设施设备，这样能更早地接近新技术、新工艺、新设备、新材料。三是学生在企业接受培训期间不缴纳学费，还享受学徒工资，一般为技术工人工资的一半，以后按比例逐年增长。近些年来，有许多已取得大学入学资格的普通教育毕业生也从头接受现代学徒制培训，力求在进入大学之前获得一定的职业经历和经验。

在英国，整合职业教育与普通教育一直是其职业教育改革与发展的重要目标，他们用“职业教育与普通教育的等值体系”来真正提升职业教育的地位。英国的职业教育主要分为三种类型:专门的职业教育、职业技术培训和普通教育中渗透的职业教育。专门的职业教育以政府投入为主,在继续教育机构里进行;职业技术培训以企业投入为主,在企业里进行。

在德国,职业教育的方式之一是"双元制",它是一种国家立法支持、校企合作共建的办学制度。其中,一元是指职业学校,其主要职能是传授与职业有关的专业知识;另一元是在企业或公共事业单位等校外实训场所,学生在其中接受职业技能方面的专业培训。60%是专业课程,40%是普通教育课程。这种相互交叉、有机结合的方式有利于在教学过程中贯彻理论联系实际的原则,有利于培养出既懂理论知识,又有动手能力的生产和管理人员。所以,每年全德国都有近四分之三的初中毕业生进入企业的培训机构接受职业技术培训,同时进入各类相应的职业学校学习理论知识。

以上这些都是各国根据自己国家的具体情况,经过长期的摸索而形成的不同的职业教育模式。职业教育在各国形成的不同发展模式表明,每个国家都在寻找一种反映职业教育与自己国家社会特征以及经济发展阶段相适应的最佳模式,这既充分体现了职业教育与现代经济发展的内在联系性,又体现出职业教育与具体国家政治制度、社会结构、文化传统的关联性。找到"最适合的职业教育制度"是各个国家职业教育发展孜孜以求的目标,为此各国都在相互借鉴的基础上,结合本国经济社会实际进行着职业教育的实践,一些国家已经找到了适合自己国家国情的职业教育模式,比如上面讲到的法、英、澳等国家。还有一些国家正在摸索当中,中国就是这样的国家。中国的初始资源禀赋条件(人口、资源等)、文化传统、所处经济发展阶段以及今后一个阶段经济社会发展需要解决的问题,均不同于上面提到的(也包括行文中没提到的)那些国家。讲述这些,不是来证明中国无须发展职业教育,而是想说明中国须要发展适合中国国情的职业教育。过去我们认为只要照搬别国成功的职业教育模式就万事大吉了,事实证明这种想法是有问题的,一味地模仿和照搬别的国家和地区的职业教育模式使我们吃过不少苦头。

在未来相当长的时期内,我国社会经济发展需要职业教育培养三种人才:一是劳动密集型产业中具有一定技术、技能的劳动者,无此,难以解决劳动力密集地区的劳动者就业问题;二是走新型工业化道路需要有一定创新能力的劳动者,无此,难以使我国经济再上一个新台阶;三是某些高新技术产业中从事辅助工作的中、初级人才,无此,难以推动科技的产业化和我国经济的可持续发展。在中国产业和经济发展方式的艰巨转型中,在"中国制造"向"中国创造"跨越的征程中,产业工人发挥着不可替代的重要作用。目前,中国工业产品的平均合格率只有70%,每年因不良产品造成的经济损失高达2 000亿元。另一方面,中国机械工业劳动生产率约相当于美国的1/12、日本的1/11，劳动生产率每增加或减少1%都会影响产值上百亿元，影响工资成本10多亿元。① 产业工人中的技能型人才不仅是企业产品的生产者和制造者，直接决定着企业的核心竞争力，更是一个国家软实力的重要组成部分。产业工人是制造业的重要生产资源，在目前越来越大的市场竞争压力下，谁有一支稳定的高素质员工队伍，谁就可能占据行业的主动。在中国“调结构、转方式”的过程中，高技能产业工人无论从知识、技能、对社会的贡献、社会对他们的需求度，还是收入水平和消费上来说，均不应该比白领差，甚至还要高于白领。在现代的制造业中，最为典型的如电子、汽车、通讯以及IT等产业，高级技师所需的既动手又动脑的复合程度，远远超过了传统制造业中的相同角色。而在制造业大国的中国，最缺的就是具有高学历同时又有很强的动手能力的技术工人了。有好多人都喜欢购买德国、日本等国的产品，认为这些产品质量有保障，是高品质的代名词，原因就在于德国、日本有高素质的产业工人队伍。人力资源公司万宝盛华2013年调查了全球42个国家的38 000个公司，对人才缺口进行了分析。被调查的中国企业中，35%的企业认为招聘合格员工困难，最紧缺的前十类人才为技术员、销售代表、高管人员、销售经理、生产作业操作工、工程师、工人、研发人员、设计师、行政助理。其中过半数是由传统的职业教育培养的中低等级技能人才，其他近半数则是职场上的技术技能型人才，这也应该由职业教育来培养。②

因此，当务之急就是探索适合中国国情的职业教育模式，为我国经济社会“又好又快”发展培养各级各类技能型人才。但这件事只靠政府决策部门出台文件或领导人讲讲话效果不大，单有职业教育研究者的鼓与呼也收效不彰，只有充分调动和发挥来自基层和一线职业院校的积极性和创造性，把几方面的力量联合起来，共同努力方能奏效。这方面的实践已有几年了，但实践往往是碎片化的，需要将之拼接起来，形诸文字，提炼升华。

我主编的“职业教育发展路径探索丛书”就是在这种背景下编辑出版的，从这六本书的名字中就可看出我们的心思，它是以分析中国基层和职业院校的育人实践为切入点，以总结中国特色的职业教育发展经验为旨归。丛书由《区域职业教育发展模式创新的案例研究》《文化引领 跨越发展——以浙江农业商贸职业学院为例》《地方性人才的造就——昆山花桥国际商务城中专校的实践》《行业性人才的造就——江苏省常州建设高等职业技术学校的实践》《社会转型背景下的职业技能培训研究——以吴江为例》《德才至尚 祈通农商——浙江农业商贸职业学院特色办学的实践》等六本书组成。六本书的作者既有专门从事

---

① 郭奎涛:《中国产业工人需升级》,《工程机械周刊》,2010年第6期,第25页。

② 查建中:《专业教育应面向职场》,《光明日报》,2014年3月20日,第15版。

职业教育研究的学者，也有在职业院校和培训机构主政多年的管理者，他们都立足自己的职业岗位，将各自多年的思考和做法融汇到了这套丛书中。每本书的名字已经告诉大家书中的内容，我就不一一赘述了，欲知详情，可以把这几本书找来看看。

目录

第一章

导 论

第一节 问题的提出

一、职业教育改革和发展的需要

（一）中等职业教育发展规模不断扩大

自新中国成立以来，国家对中等职业教育越来越重视，并颁布了一系列政策文件保证其健康发展。1980年，国务院批转教育部、国家劳动总局《关于中等教育结构改革的报告》，提出对中等教育的结构进行改革，并把大力发展职业教育作为教育改革的重要内容之一。1985年，中共中央发布了《关于教育体制改革的决定》（以下简称《决定》），也提出了“调整中等教育结构，大力发展职业技术教育”的要求，同时逐步建立起一个从初级到高级、行业配套、结构合理又能与普通教育相互沟通的职业教育体系。《决定》指明了职业教育的发展方向，明确了工作方针及培养要求，为职业教育的发展开辟了广阔的天地。1991年，国务院决定，要继续大力发展职业教育，各级地方政府也积极推动职业教育的发展。

在国家的不断鼓励和推动之下，我国中等职业教育的规模逐渐扩大。根据有限资料显示，1950年我国中等技术学校共有500所，专业设置比较单一，医药卫生类居首位，所占比例为36.2%；其次是农林类，所占比例为21%；工业类所占比例仅为18%。工业类学校除了数量不足外，还表现为现代工业基础的地质、采矿、钢铁、化工、机器制造和电子技术等方面的专业都十分薄弱，有的甚至是空白。之后，职业学校数量不足、专业设置不完善现象逐步得到了改善。到了1978年，我国中等职业学校数量达到了4 700多所，当年招生70.4万人，占高中阶段教育招生总数的6.1%，在校生130万人。2007年，全国中等职业学校数量得到新的突破，达14 600多所，招生规模达到810万人，在校学生达到1 987万人，中等职业教育的招生规模已占高中阶段招生总数的48.3%，占整个高中阶段教育的半壁江山。将2007年的有关数据与1950年相比,学校数增加了28.2倍;与1978年相比,学校数增加了2.1倍,招生数增加了10.5倍,在校生数增加了14.3倍,占高中阶段招生总数的比例也提高了42%。2007年,中等职业教育和高等职业教育加起来招生数达到1 100万人,在校生数近3 000万人,充分体现了我国教育结构调整的成果。与此同时,各地积极开展各种形式的职业培训,加快推进继续教育和社区教育。目前,全国有国家级社区教育实验区114个、示范区34个,有省级社区教育实验区400个左右,基本覆盖各省、市、自治区和计划单列市,每年接受培训的城乡劳动者达到1.6亿人次。

(二)国家和地方政策的鼓励

《教育部关于加快发展中等职业教育的意见》中明确指出:“中等职业教育是我国高中阶段教育的重要组成部分,担负着为我国社会主义经济建设培养数以亿计的高素质劳动者的任务,是促进经济、社会发展和劳动就业的重要途径。”《苏州市人民政府关于大力推进职业教育改革和发展的决定》明确指出职业教育要实施技能型人才培养培训工程。各级政府要积极鼓励职业院校、行业企业以及社会培训机构加快技能型人才的培养。职业院校要进一步调整培养目标、转变办学思想、优化师资队伍、改革办学模式,全面引进职业资格证书制度。政府要重点扶持建设好国家级和省级技能型人才培养培训基地,为职业院校和培训机构提供精良的教学设施和高标准配置的实验实习场所,并通过共享的运行模式,充分发挥这些基地的作用,为先进制造业、现代服务业和高效农业培养紧缺人才。

国家和地方的政策为中等职业教育的发展指明了方向,地方性技能型人才的培养已成为我国中职教育刻不容缓的事情,将培养地方性技能型人才作为我国中等职业教育的目标,对于促进其健康发展具有十分重要的意义。

(三)现代职业教育体系的构建

现代职业教育体系是指适应经济发展方式转变和产业结构调整要求,体现终身教育理念,中等和高等职业教育协调发展,满足人民群众接受职业教育的需求,满足经济社会对技术技能人才需求的职业教育系统。现代职业教育体系以各级各类职业院校和职业培训机构为主要载体,具有适应需求、有机衔接、多元立交的特点。适应需求,就是适应经济发展方式转变、现代产业体系建设和人的全面发展要求,遵循技术技能人才成长规律,实现各级各类职业教育的科学定位和布局;有机衔接,就是统筹协调中等、高等职业教育发展,以课程衔接体系为重点,促进培养目标、专业设置、教学资源、招生制度、评价机制、教师培养、行业指导、集团化办学等相衔接,切实增强人才培养的针对性、系统性和多样化;多元立交,就是推动职业教育与普通教育、继续教育相互沟通,实行全日制教育与非全日制教育并重，搭建职业教育人才成长“立交桥”。

现代职业教育体系要求职业学校人才培养必须与经济发展方式转变及产业结构相适应，为地方经济服务，同时还应促进学生的就业和可持续发展，为地方培养技能型人才。

二、中等职业教育遭遇现实困境

我国是世界上人口最多、劳动力资源最丰富的国家，这为经济和社会发展提供了充足的人力资源。中职教育为我国的经济建设培养了大批的应用型人才，但是在发展中也遭遇了诸多现实困境。

（一）高等教育普及化给职业学校带来招生难的挑战

我国的高校扩招使得大学教育从精英教育转变为大众教育，这是社会发展的一个巨大进步，但是高校的扩招却给职业学校带来了招生难的挑战。由于高校扩招，高中阶段的毕业生升学率在短时间内迅速提高，到2000年，高中生的升学率已经达到60%。这给中等职业教育带来两方面的影响：一是普通高中在校生数量的扩张，分流了部分原本进入中等职业学校的生源；二是高校的扩招直接导致了中等职业教育生源质量的下降。在此情况下，职业学校不断降低学生的录取分数，甚至可以免试入学。这大大降低了中等职业学校学生的质量，为学生入学后学习困难、不能完成学业、毕业后找不到工作埋下隐患。但是，职业学校不断降低录取要求、增加入学补助，并没有彻底缓解招生难的问题。自2006年以来，在国家政策的大力推动下，我国中等职业教育在招生规模和学校数量上又有了一定程度的恢复和发展。但是，近两年来生源减少，学生不愿意进入中等职业学校学习所导致的招生困难又成为我国中等职业教育发展中面临的严峻问题。调查显示，2013年近700万的高校毕业生让大学生就业难更加凸显，然而职业院校就业却“风景这边独好”。最新数据显示，2012年底全国高职院校毕业生半年后就业率达90.4%，初次就业率仅次于“985”高校，全国中职毕业生就业率近几年一直保持在95%以上。在中职学生拥有高就业率的同时，职业学校却面临着招生难的难题，这在民办职业学校中显得尤为突出。

（二）观念偏差造成中等职业教育社会认可度低

我国传统儒家文化中“万般皆下品，唯有读书高”、“学而优则仕”等观念一直存在于国民的头脑中，导致许多人都重视普通教育而忽视职业教育。在人们的观念中，职业技术学校是二流学校，因此很多学生即使上不了高中也不愿上职业技术学校。社会对于中等职业教育的认可度低在中职教育发展过程中一直存在，改革开放以前，人们选择中等职业教育一方面是普通高校招生人数极其有限，很多人“望而却步”；另一方面是因为当时中等职业教育毕业生分配采取“统招统分”的方法，工作条件相对较好。而高校扩招后，普通高中招生数量和升学率迅速上升，更迎合了国民追求高等教育的需求，人们鄙薄职业教育的观念进一步强化，中等职业教育的社会认可度进一步下滑。传统观念在我国农村中等职业教育发展上的影响最大。董泽芳和沈百福关于“在校初中生的教育意向的调查”显示，“当前农村初中毕业生升学(升普通高中)比例与经济社会水平并不相关，与教育发展水平和教育条件也不相关，甚至与政策影响因素也无多大关系，而仅仅是受到人口文化素质，即人们文化传统影响的结果”。这种扭曲的相关关系在很大程度上预示着我国发展职业教育的艰巨性。

(三) 人才培养欠缺导致中职学生就业质量不高

伴随着经济全球化的发展，“失业率不断增加，就业质量普遍下降”的难题困扰着世界上包括发达国家在内的许多国家。以提高就业质量为主要内容的“体面劳动”理念逐渐受到重视。在这样的背景之下，中等职业院校毕业生的就业质量提高与否，成为关乎中等职业院校能否在社会立足的根本，且与社会、学校和学生三方的根本利益紧密联系。在我国劳动者的工作过程中，各种生产事故、不同形式的劳动纠纷、各种职业病，这些关乎就业质量的问题屡屡出现，引起了越来越多的关注，政府提出要把提高就业质量纳入工作的重点。此外，随着劳动力市场趋于饱和，毕业生的就业竞争逐步增大，在形势整体低迷的今天，中职生以其异于一般大学毕业生的身份，受到了社会各界的广泛关注。大多数中职学校的学生，尤其是订单式培养出来的中职学生，毕业后基本都可以就业，目前面临的主要问题是，就业质量相对较差。

(四) 专业设置不合理削弱了职业学校的竞争力

新中国成立以后，我国对中等职业教育的专业设置逐步进行了调整。教育部职业教育与成人教育司于 2000 年发布了《中等职业学校专业目录》，调整了已有的专业设置。但是由于各种限制，我国中等职业学校的专业设置与社会经济和科技发展对人才需求的吻合程度仍不尽如人意。由于各类中等职业教育学校的历史背景和行政主管部门不同，职业学校之间的沟通较为缺乏，无法统筹进行专业设置，造成专业设置重复率较高。此外，为了有利于中等职业学校探索适合自身发展的道路，中等职业学校专业设置的自主权逐步扩大。但是，我国现阶段的很多职业学校不具备对地区经济发展和人才需求的调查研究能力，专业设置缺乏科学的指导，呈现盲目和无序的状态。中等职业教育发展过程中，在专业设置上有过规范化的阶段，但最近几年高校扩招、普高热现象严重，导致中等职业学校招生不断滑坡。职业学校本身基础薄弱，办学条件相对较差，再加上长期以来政府及主管部门的各项投入严重不足，许多学校为了好招生、好分配，频繁调整专业，专业设置周期过短，专业建设行为短期化，使专业效益难以得到保障，导致中等职业教育专业发展出现“高重复”、“小而全”、“低而全”的分散格局，不能够通过合作形成互补性专业结构和集成化发展的集群效应。在很多中等职业学校，专业雷同现象十分普遍，片面追求热门专业的现象更加普遍，这主要是由于职业学校对于形成专业特色认识不足、重视不够，对专业培养目标没有准确定位，不能够根据学校的自身条件，挖掘和培养特色专业、重点专业，难以形成专业优势。

三、地方经济发展的需求

（一）地方经济发展状况

昆山花桥国际商务城中等专业学校位于江苏省苏州昆山市花桥经济开发区，依托于苏州市和花桥国际商务城丰富的经济资源和地区优势，地方性技能型人才培养具有有利条件。

1. 苏州经济发展

（1）苏州经济发展与产业结构调整情况

苏州地处经济发达的长江三角洲中部，占地总面积 8 488 平方公里，市区面积 1 650 平方公里。有关数据显示，截至 2010 年末苏州户籍总人口 637.77 万，外来暂住人口 537 万多，总人口近 1 180 万。目前，苏州是中国经济发达城市之一，是长江三角洲经济圈重要的经济中心。“十一五”期间，苏州地区生产总值从 2005 年的 4 138 亿元到 2010 年的 9 168.91 亿元，按可比价计算年均增长 13.9%。经济的发展加快了产业结构的调整。近些年来，苏州加快调整产业结构，推动经济发展从量的扩张向质的提高转变，大力发展先进制造业和现代服务业，三次产业结构由 2005 年的 2.2∶64.8∶33.0 演变为 2010 年的 1.7∶57.7∶40.6，第一和第二产业比重分别下降 0.5 和 7.1 个百分点，第三产业比重上升 7.6 个百分点，呈“二、三、一”排列。

（2）苏州新兴产业和服务业发展概况

“十一五”期间，在以产业优化为核心的转型发展战略的强力推动下，苏州工业经济中以高新、新兴产业为重点的先进制造业加速发展，促进了苏州工业经济增长方式的转变。2005 年，高新技术产值占规模以上工业的比重为 31.1%。经过五年的发展，随着战略性新兴产业的崛起，到 2010 年，苏州新型平板显示、新材料、智能电网和物联网、高端装备制造、节能环保、新能源、生物技术和新医药等制造业新兴产业实现工业产值 7 100.56 亿元，占苏州规模以上工业总产值的比重达 28.9%。

“十一五”期间，苏州服务业比重逐年稳步提升。服务业增加值占 GDP 比重从 2005 年的 33% 到 2010 年的 40.6%，五年共提高了 7.6 个百分点，平均年提高幅度超过 1.5 个百分点。2010 年苏州 GDP 突破 9 000 亿元,服务业增加值 3 719.31亿元,是 2005 年的 2.7 倍。①

2. 昆山花桥国际商务城经济发展

花桥国际商务城是目前江苏省唯一以现代服务业为主导产业的省级开发区,距太仓港 35 公里,距上海虹桥交通枢纽 20 公里,距浦东国际机场 80 公里,交通和区位优势十分明显。随着上海地铁 11 号线开通,以及上海虹桥交通枢纽和京沪高速铁路、沪宁城际铁路的建成,花桥与上海的“同城效应”更加凸现,经济联系也更加紧密,为商贸合作区的建立提供了联系国际、国内市场的便捷通道。经过多年的开发建设,花桥国际商务城已经具备了商贸服务业发展的综合商务功能,为建立商贸合作区提供了充分的基础条件。目前,花桥国际商务城开发建设已经初步形成了一城三区的产业格局和空间布局:一城就是花桥国际商务城,其中包括三个区域,分别是海峡两岸(昆山)商贸合作区、金融服务外包先行区和生产型服务业示范区。海峡两岸(昆山)商贸合作区规划建设集台湾产品、商品集中采购、批发零售、展览展示和商务办公于一体的现代化贸易区。按照功能定位和产业发展需求,商贸合作区规划面积 3.65 平方公里,重点建立台湾商品交易中心、展示中心、分拨配送中心、物流保税中心和综合服务配套中心等“五大中心”,着力打造台湾商品进入祖国大陆的“第一平台”和最具影响力的台湾商品集散地。目前,商务城已引进阿里巴巴、亚马逊、唯品会、迪卡侬、台湾宝湾物流等一批行业标杆。花桥国际商务城的经济发展为花桥国际商务城中等专业学校的发展提供了更为广阔的空间。

(二) 地方经济发展对中职人才的需求

随着苏州经济社会的迅速发展,产业规模不断扩大,对工人的需求量也不断增加,操作工难招问题日益凸显。目前,中等职业教育在校生规模在苏州已占到高中阶段学生总数的一半以上,每年约有 1.6 万毕业生走向社会,极大地推动了产业员工总体技术素质的提高。在苏州工人结构中,中、高级技术工人比例已从过去的 26% 提升到 60% 以上,促进了投资环境的改善和经济现代化进程,这与中等职业教育的快速发展是密切相关的。中等职业教育不仅成为苏州教育的重要组成部分,也成为经济与社会发展的重要支持力量。

经济的发展给苏州中等职业教育带来巨大的发展空间。2010 年底,苏州企业对具有职高、技校、中专学历员工的需求数达 22 万人之多,而 2010 年苏州中职毕业生数只有 3 万多人。所以,从数量上看,苏州对中职层次的毕业生仍有着相当大的需求量。而近年来苏州不少职业学校或合并或升格为高职院校,中等

---

① 孙簃:《从构建现代职业教育体系角度审视苏州职业教育》,《中国职业技术教育》,2012 年第 18 期。

职业教育所占比例越来越小,中职毕业生供不应求的矛盾将愈加突出。在花桥国际商务城,随着企业发展规模的不断增加,企业对人才的需求也不断增加,这样的社会环境为中职学生的就业提供了良好的机遇。

第二节 研究意义

一、提升昆山花桥国际商务城中等专业学校的竞争力

昆山花桥国际商务城中等专业学校是江苏省三星级中等职业学校,创办于1983年,原名"昆山第三职业高级中学"。学校在发展过程中始终坚持将地方性技能型人才作为人才培养的目标,有效促进学校竞争力的提升。

(一)地方性技能型人才的培养促进学校的专业发展

昆山花桥国际商务城中等专业学校根据本地区的经济特点,为经济发展培养地方性技能型人才,坚持"植根商务城,服务商务城,努力打造中职服务外包特色学校"的办学方向,专业方向由传统制造业逐步向现代服务业转化。目前,金融服务外包为江苏省示范专业、苏州市新专业,物流服务与管理为江苏省品牌专业、苏州市示范专业,电子应用技术为苏州市示范专业,仓储作业实务、呼叫服务员单证实务为苏州市精品课程。2013年9月,学校的物流商务实训基地被江苏省教育厅规划立项为"江苏省高水平示范性实训基地"项目。另外,单招高考是学校近年来着重打造的教学品牌,2012年江苏省单招高考中,97名考生60人达本科录取线,本科达线率为61.8%,超过省平均达线率40个百分点,名列昆山市第一,两名学生成为苏州旅游管理、艺术设计专业的高考状元;2013年江苏省单招高考中,94名考生70人本科达线,本科达线率为74.5%,名列江苏省第一,四名同学分列苏州市旅游、电子、机电、艺术专业前三名。

(二)地方性技能型人才的培养提升了学校技能大赛和创新大赛的成绩

昆山花桥国际商务城中等专业学校在地方性技能型人才培养过程中,将技能大赛和创新大赛作为一个重要抓手,通过提高学生的实际操作技能,有效提升学生在技能大赛和创新大赛中的成绩。在近三年的苏州市技能大赛中,学校成绩在苏州市三星级学校中名列前茅,2013年还有4人获得一等奖。在全国"用友杯"沙盘模拟经营大赛中,学校获得一等奖。创新大赛也取得巨大突破,2011年的获奖数量、质量在全省113所参赛学校中名列第二,学校荣获"江苏省最佳组织学校奖"、"江苏省最佳专利申请学校奖",23位教师荣获"最佳伯乐奖"。在全国"第七届国际发明展览会"中,学校获2金1银4铜的佳绩,1件作品被评为"中科招商优秀青少年发明奖"。在昆山市首届职业教育创新大赛中,1件作

品获一等奖，两件作品分获二、三等奖。学校还荣获“昆山市第九届青少年科技创新大赛优秀组织奖”，被授予“首批苏州市青少年科技创新工作室”称号，并承办了江苏省职业教育创新大赛和第24届江苏省青少年科技创新大赛。

（三）地方性技能型人才培养改善了学校的人文环境

昆山花桥国际商务城中等专业学校在发展过程中深切地体会到，地方性技能型人才的培养不能仅靠物质环境的保障，还要有良好的人文环境。在专业文化建设上，学校将专业发展历史和生产工艺流程图布置在车间、实验室，校内设立了与专业有关的企业介绍，培养学生的专业情感和信心；在制度文化建设上，各处室制定了一系列的管理制度，班级、实训室提出了“7S”管理要求，不断规范学生言行举止，强化学生文明习惯养成训练，促进文明校园、平安校园、和谐校园的建设；在活动文化建设上，学校以技能节、艺术节、体育节、法制教育月、职业生涯规划周等为载体，举办了以“规范习惯”为主题的常规管理系列活动、以“活力校园”为主题的文体系列活动、以重大纪念节为主题的德育教育系列活动等，主题鲜明，内容丰富，营造了良好的校园文化氛围；在环境文化建设上，学校着力进行校园绿化、美化、亮化建设，处处体现专业特色和文化育人。近几年，84件师生作品在全国、省文明风采大赛中获奖，学校被评为“昆山市校园文化先进学校”，承办了江苏省三项管理规范经验交流会，展示了德育成果，赢得专家一致好评。

经过几年的不断努力，昆山花桥国际商务城中等专业学校在地方性技能型人才培养方面取得了一些成绩，学校先后荣获“全国消防安全教育示范学校”、“江苏省绿色学校”、“江苏省教育学会系统先进学校”、“江苏省平安校园”、“苏州市服务外包人才培养培训基地”、“苏州市服务地方经济转型升级先进学校”、“中国服务外包（昆山）人才培养基地”等称号。

二、提升职业学校服务地方经济的能力

职业学校和地方经济发展是密切联系的。地方经济可以为职业学校提供良好的物质基础和机遇，职业学校可以为地方经济的发展输送技能型人才。服务地方经济是职业学校重要的职能之一。通过对地方性技能型人才培养的研究，可以深入了解地方经济发展对人才的需求，以及职业学校改革和发展的方向，提升职业学校服务地方经济的能力。

（一）培养地方性技能型人才缓解企业“用工荒”问题

随着高等教育的普及化，大学生就业变得愈加困难。但是与此同时，具有实际操作能力的技能型人才却呈现了供不应求的局面，大量企业陷入“用工荒”的尴尬境地，阻碍了企业的运转和地方经济的持续发展。在这样的情况下，职业学

校应大力加强地方性技能型人才的培养,为地方经济发展提供人才保障。以昆山花桥国际商务城中等专业学校为例,学校先后与易方呼叫、远洋数据等10多家企业建立了校内外实训基地,与企业建立长期稳固的合作关系,实行冠名联合办班、订单式培养,成立了“华道数据班”、“51BPO班”,组织200多名学生开展了大众车展邀约、江苏银行信用卡回访等业务。同时,学校成功实现引企入校,成立校内企业——订餐小秘书,形成了“教学工厂”的新型培养模式,60多名在校生参加了校内企业生产运营,完成3万多次订餐业务。2012年6月,学校组织40多名酒店管理、旅游服务专业的学生到花桥希尔顿逸林酒店顶岗实习。2011—2013年间,学校共为商务城输送呼叫服务、会计金融事务、酒店管理、电子商务专业等600余名优秀毕业生,为企业输送了大批实用的技术人才,深受用人单位好评,极大地解决了商务城企业用工荒的难题。

(二)运用学校地方性人才培养经验开展各类培训

职业学校作为我国教育体系的重要一部分,不仅可以通过将学生培养成为地方性技能型人才来促进地方经济的发展,还可以利用自身人才培养的经验开展各类培训,促进地方经济的发展。昆山花桥国际商务城中等专业学校牢固树立职教富民的理念,把社会培训和技术服务作为职业学校服务地方经济建设的重要举措。学校依托花桥经济开发区强大的产业资源优势,大力拓展中高级职业教育、岗前职业教育、在职继续教育、农村劳动力转移和下岗再就业等多种短期培训。充分利用专业优势和专业资源与企业紧密合作,为企业员工、社会人员等提供普通话、会计上岗资格、国家高新计算机中级、高级制图员等多形式多层次的社会培训,年培训人次达到8 300人以上,成为开发区技术人才培养、培训和输出的重要基地,取得了良好的社会效益和经济效益。

三、为同类学校发展提供借鉴

近年来,研究高等职业教育的人才培养如何主动适应地方经济发展需要的较多,研究高等职业教育如何培养地方性技能型人才的也比较多,但是针对中等职业教育如何培养地方性技能型人才,以及中等职业教育与地方经济社会发展互动的研究则不多,将研究理论应用于实践的则更少。所以,本书围绕昆山花桥国际商务城中等专业学校的实践、针对中等职业教育地方性人才培养的研究是有一定价值和意义的,可以为同类学校的发展提供借鉴。

从职业学校的外部环境来看,决定职业学校人才培养改革最直接的因素是地方经济对人才的需求,而人才的需求又取决于地方经济结构和企业规模。随着我国经济的发展,各地之间的产业结构和经济发展水平也千差万别,职业学校必须根据地方经济的发展调整自身人才培养目标、拓宽发展路径。地方性技能型人才的培养已成为中等职业学校今后一段时间教育改革和发展的迫切任务。

从内部环境来看,近年来我国中等职业教育得到迅速的发展,为我国经济建设做出了巨大贡献。然而,由于历来“重学术、轻技术”思想的影响,职业教育的社会评价并不高,职业学校成为很多无法上普通高中学生的“无奈之选”,陷入了招生难、生源不理想的尴尬境地。在这样的情况下,职业学校必须找准自身的定位和服务方向,进行人才培养模式改革,使得培养的人才符合社会的需要,进而增加社会对职业学校的认可度。

第三节　研究思路、过程与方法

一、研究思路

本书共分五章。在研究职业学校地方性技能型人才造就时,主要从三个大的方面入手:一是研究地方性技能型人才的概念、特点和类型,地方性技能型人才与地方经济发展的关系以及地方经济对职业学校人才培养的要求。二是分析职业学校地方性技能型人才培养的目标、专业设置、培养方案。三是在前两个方面研究的基础上,对昆山花桥国际商务城中等专业学校的地方性技能型人才培养进行研究,初步构建花桥国际商务城中等专业学校地方性技能型人才培养的基本模式,并从战略规划、建章立制、师资队伍建设、能力提高、校园文化建设五个方面提出了职业学校地方性技能型人才培养的保障。

第一章,导论。本章分析职业学校地方性技能型人才培养研究开展的背景和意义,以及昆山花桥国际商务城中等专业学校所在地方的特点。

第二章,职业学校与地方性技能型人才的培养。本章首先分析地方性技能型人才的概念和特点,划分人才的类型,揭示职业学校培养的地方性技能型人才具有中等性、职业性、社会性、实践性和区域性的特点。其次分析职业学校与地方性技能型人才培养的关系,论述职业学校培养的地方性技能型人才可以促进经济的发展,地方经济发展又可以为职业学校地方性技能型人才的培养提供物质基础。再次分析职业学校地方性技能型人才培养的理论依据、职业学校培养地方性技能型人才是职业学校的基本职能,以及地方性技能型人才的培养是职业学校自身发展的必然选择。最后从专业设置、课程结构、教学方法三个方面分析职业学校地方性技能型人才培养存在的问题。

第三章,职业学校培养地方性技能型人才的专业设置和课程改革。本章以课程改革为核心,分析职业学校人才培养的目标和规格,在此基础上提出职业学校地方性技能型人才培养的专业设置和课程改革。同时分析我国职业学校专业设置的现状、步骤和原则，分析职业学校校本课程开发的含义、原则和步骤，提出地方经济和学生发展是职业学校专业设置和课程改革的依据，并以昆山花桥国际商务城中等专业学校为例，分析其金融服务外包专业设置以及校本课程的开发。

第四章，职业学校培养地方性技能型人才的教学创新。本章首先论述职业学校地方性技能型人才培养的教学设计，分析教学设计的概念、制定原则，以及其与传统教案的区别和联系，并分析昆山花桥国际商务城中等专业学校物流专业的教学设计。其次概述职业学校地方性技能型人才培养主要使用的教学方法，在分析传统教学方法的基础上，详细介绍项目教学法、任务驱动法、案例教学法、情景教学法、分层递进教学法、公司制教学法、“牧羊人”教学法，并以项目教学法为例，详细介绍其在昆山花桥国际商务城中等专业学校物流专业“理货作业”实训课中的运用。再次介绍职业学校地方性技能型人才培养的教学过程，分析职业学校教学过程的含义、层次和结构，以及教学过程中要处理好的几种关系。最后在分析职业学校教学评价取向和国内外主要教学评价模式的基础上，构建新的职业学校教学评价体系。

第五章，职业学校培养地方性技能型人才的保障。职业学校地方性技能型人才的顺利培养需要一系列的保障，这些保障包括：战略规划、建章立制、师资队伍建设、能力提高以及校园文化建设。战略规划是职业学校面对激烈的变化、严峻的挑战环境，为地方性技能型人才的顺利培养而进行的总体规划，可以说是职业学校对寻找地方性技能型人才培养方案的进一步探索。建章立制是职业学校地方性技能型人才培养的制度化保障，是地方性技能型人才顺利培养的基石。师资队伍建设是地方性技能型人才培养的基础。能力提高主要指职业学校的物质建设，包括实训基地建设、信息化建设和图书馆建设等。校园文化建设可以为职业学校地方性技能型人才培养提供良好的人文环境，潜移默化地提高教师和学生的认识。

二、研究过程

本书的研究过程大致分为三个前后有序又相互交叉的阶段。一是校外调查研究阶段：从 2012 年 9 月到 2013 年 8 月，组织研究小组，深入研究苏州市、昆山市以及花桥国际商务城的经济发展特点，调查企业的人才需求和对中职毕业生技能的要求；深入同类学校进行调研，了解同类学校中地方性技能型人才培养的成功经验，进行归纳总结，吸收其成功经验。二是校内调查研究阶段：深入分析花桥国际商务城中等专业学校地方性技能型人才培养现状。三是应用研究成果阶段：在分析地方经济特点和借鉴同类学校成功经验的基础上，对昆山花桥国际商务城中等专业学校地方性技能型人才培养模式进行深入研究，探索出一套适合其发展的人才培养模式，并将研究成果应用到学校的实际改革中去。

第一阶段：校外调查研究。为了全面系统地了解地方经济社会发展的现状和对人才的需求，科学合理地制定地方性技能型人才培养规划，课题组成员进行为期一年的调查。主要从四个方面进行：一是在沈建兴校长的带领下，课题组成员深入研究昆山花桥国际商务城，进行实地考察，与企业进行深入交流，了解企业布局、人才需求以及对中职毕业生技能的要求。二是分析昆山花桥国际商务城中等专业学校的地理位置优势，钻研苏州市及昆山市人才培养的方针政策，了解地方性技能型人才培养的机遇和挑战。三是课题组成员深入同类学校交流学习，并搜集大量有效的第一手资料。四是广泛搜集和整理国内外有关地方性技能型人才培养的资料。

第二阶段：校内调查研究。校内调查研究是指全面了解昆山花桥国际商务城中等专业学校地方性技能型人才培养的现状。沈建兴校长、徐惠华副校长、何哲文副校长做总规划，考管处和教科室带领课题组老师对学校的专业设置、人才培养方案、教学设计、教学评价、教学设计、规章制度、实训基地、图书馆等进行深入了解，并对学校特色专业的建设深入研究，重点分析学校金融服务外包专业和物流专业人才培养的现状，归纳其中存在的问题，为进一步研究做好准备。

第三阶段：应用研究成果。在前两个阶段研究的基础上，将研究成果应用到昆山花桥国际商务城中等专业学校人才培养的实际中去，并在实际运用过程中检验研究成果的有效性，不断进行反思和修正。

三、研究方法

教育研究，或称教育科学研究，是指人们以教育理论做指导，运用科学的方法和手段探求教育事实的真相、性质和规律，并取得科学结论的活动。① 教育研究作为探索性的认识活动，具有科学性、创新性、继承性和复杂性等科学研究的共同特点，同时具有教育性、应用性、实效性等自身特点。因此，教育研究由三个基本要素组成，即客观事实、科学理论和方法技术。

所谓教育研究方法，就是在研究教育问题和构建教育理论时，研究者采取的程序、策略、原则、工具、方式的总和。② 在选择和运用教育研究的方法时，追求合适的方法，不追求最好的方法；追求多种方法的组合和互补，不追求唯一的方法。本书研究选择的方法主要有：调查研究法、文献研究法、个案研究法和行动研究法。

---

① 赵新云：《教育科学研究方法》，北京：中国人民大学出版社，2009 年，第 1 – 4 页。

② 李春萍：《教育研究方法》，长春：东北师范大学出版社，2001 年，第 7 页。

1. 调查研究法

调查研究法是研究者通过亲自接触和广泛了解教育现状,对取得的第一手资料进行分析和研究,以期发现教育规律或倾向性问题的研究方法。① 本研究深入昆山花桥国际商务城,考察企业对人才需求的状况及培养规格的期望;深入研究昆山花桥国际商务城中等专业学校的专业设置、校本课程开发、教学管理制度等现状;到同类学校中调查其专业设置、课程开发、管理制度等现状,学习成功经验;邀请地方政府部门领导、企业家教育专家等开展专题研讨,认真听取专家对昆山花桥国际商务城中等专业学校人才培养的意见。

2. 文献研究法

文献指发表过的,或虽未发表但已被整理、报道过的记录着知识的一切载体。"一切载体"不仅包括图书、期刊、学位论文、科学报告、档案等常见纸质印刷品,也包括有实物形态的各种材料。② 本书参考了大量的文献,包括专著 40 余本,学位论文 40 余篇,期刊论文 200 余篇,以及大量的苏州市政府及昆山市政府有关经济发展规划、人才需求报告、意见书,大量的相关网站内容等。通过查阅相关文献资料,全面正确地掌握同类职业学校人才培养现状,明确课题研究的重点、难点和突破点,汲取其他学校的成功经验,避免重复劳动,提高研究效率。

3. 个案研究法

个案研究法是对单一对象进行深入研究的方法。个案研究法的对象可以是个人,也可是一个组织或机构。③ 本书选取的个案是研究者自己工作和生活的职业学校——昆山花桥国际商务城中等专业学校,对个案所处的环境、校本课程、特色专业人才培养方案、教学管理等方面进行深入剖析,以期以点带面,为同类学校地方性技能型人才的培养提供借鉴和参考。

4. 行动研究法

行动研究法就是把行动研究的理念、方法和策略用于教育研究领域的一种研究方法。"行动"和"研究"是行动研究的两个关键词。④ 教育行动研究的研究对象是当前发生的教育实践,研究者本身就是实践活动的参与者,研究的目的在于提高行动质量,增进行动效果。行动研究关注的是教育实践者日常遇到和亟待解决的实际问题,所以行动研究不囿于某一种理论和知识,而是主动容纳和利用有利于解决实践问题、提高行动质量的经验、知识、方法、技术和理论,特别重视实践者对问题的认识、感受和经验。

---

① 李春萍:《教育研究方法》,长春:东北师范大学出版社,2001 年,第 132 页。

② 赵新云:《教育科学研究方法》,北京:中国人民大学出版社,2009 年,第 42 页。

③ 同上书,第 152 页。

④ 杨小微:《教育研究的理论与方法》,北京:北京师范大学出版社,2008 年,第 199 页。

第二章

职业学校与地方性技能型人才的培养

第一节　地方性技能型人才的概念和特点

人才是国家兴旺发达的根本,而人才的培养靠教育。党的十八大提出“加快推进人才强国战略,努力形成人尽其才、才尽其用的生动局面”的人才战略,为新时期我国的人才培养工作指明了方向。人才工作,事关国家兴衰,谁能掌握优质的人才资源,谁就能在发展浪潮中勇立潮头;谁能掌握高端人才力量,谁就能引领发展潮流。同时,人才结构要与经济社会发展需求相适应,人才要为地方经济服务,这样才能为企业行业提供源源不断的活力和动力,发挥人才的真正价值和作用。中等职业教育作为我国教育体系的重要组成部分,为我国经济建设培养了大量地方性技能型人才。

一、人才的概念和类型

(一) 人才的概念

“人才”一词古已有之,最早见于《毛诗序》:“菁菁者莪,乐育材也,君子能长育人材,则天下喜乐之也。”《诗经 · 小雅 · 菁菁者莪》中将人才的成才比作茂盛的植物,希望人才为天下人所喜爱。在古代,人才主要是指有德行、有才能的人。

人才的概念发展至今已经形成了较为完备的理论体系,其中具有代表性的就是人才学理论。我国于 1979 年创立人才学。不同的学者对于人才的定义也不尽相同,其中最具代表性的观点由王通讯在《人才学通论》一书中提出:“人才,就是指为社会发展和人类进步进行了创造性的劳动,在某一领域、某一行业,或某一工作上做出较大贡献的人。”这个定义强调了人才的本质属性是创造性劳动,强调了人才要通过自己的活动推动人类社会的进步,为深入揭示人才的内涵做出了开创性的贡献。

随着时代的发展,人才学关于人才概念的界定也逐渐发生变化。20 世纪 90 年代,叶忠海提出,人才是指在一定的社会条件下,能够通过其开创性劳动,对社会或社会某方面的发展做出较大贡献的人。这种观点强调了人才是具有社会性的,人才的发展和价值都离不开社会历史条件,是社会的人才。2007 年,罗洪铁提出,人才是指既具有良好的素质,又能借助一定的外部条件不断地取得创造性劳动成果,可以对社会发展产生较大影响的人。这种观点强调了人才必须具有良好的素质,同时又要取得创造性劳动成果,且人才的成功要通过一定的外部条件来实现。

人才学在不同时期关于人才的不同定义,为我们科学说明其概念指明了方向。《国家中长期人才发展规划纲要(2010—2020 年)》中将“人才”定义为:具有一定的专业知识或专门技能,进行创造性劳动并对社会做出贡献的人,是人力资源中能力和素质较高的劳动者。

在企业中,人才是指具有一定的专业知识或专门技能,能够适应岗位能力要求,进行创造性劳动并对企业发展做出贡献的人,是人力资源中能力和素质较高的员工。企业的人才包括经营人才、管理人才、技术人才和技能人才。经营人才指企业的单位负责人和部门负责人;管理人才、技术人才是具有中级及以上专业技术资格或本科及以上学历的人员;技能人才是在生产技能岗位工作,具有高级工及以上技能等级或具有专业技术资格的人员。

(二) 人才的类型

人才根据不同的标准可以划分为不同的类型。

按照级别来分,可分为初级人才、中级人才、高级人才等。

按照年龄段来分,可分为中老年人才、离退休人才、中青年人才等。

按照满足社会生产的目的和过程来分,可分为研究开发型人才、高级应用型人才、技术技艺型人才、操作型人才和复合型人才。

按照国际上的分法,现在普遍认为人才分为学术型人才、工程型人才、技术型人才、技能型人才四类。

按照人才在生产过程中所发挥作用的不同性质,可将人才分为学术型人才和应用型人才。学术型人才具有理论创新能力和科技创新研究的兴趣,探究客观事物发展规律并能够发现科学原理,进而将其转化为基本原理。丰富的理论基础、灵活的思维能力和扎实的研究能力是学术型人才应具备的基本素质。应用型人才是相对于学术型人才而言的,他们的主要任务是把科学原理运用到现实中,并且能发明创造新事物,将新事物运用到社会生产实践之中,为社会经济发展服务,发挥转化、应用、实际生产和创造实际价值的作用。应用型人才应具备的最基本素质为综合应用知识的能力、复合能力、开拓创业精神。具体来说，应用型人才可以划分为工程型人才、技术型人才和技能型人才三种。

二、技能型人才的概念和特点

（一）技能型人才的概念

技能型人才是应用型人才的一种，是相对于工程型人才、技术型人才而言的。工程型人才是指将学术型人才总结的基本原理运用到实践中去，比如工程设计、工作规划、运行决策等。工程型人才的种类有很多，包括统计师、建筑师、经济师、会计师等。技术型人才是指主要从事理论技术的研究以及高技术的开发工作的人才。技术型人才注重技术创新，强调的是技术研究能力和创造性智力技能。技术型人才从事的活动包括组织管理生产、建设、服务等实践活动。技能型人才兼具工程型和技术型人才的部分特点，也可称为技艺型人才或操作型人才。技能型人才是指服务于一线生产和管理，掌握职业专门知识和技术，具有实际操作技能，并能在生产中运用自己技能的人才，如技术工人。随着社会经济的发展，对技能型人才的要求也在不断提高。

从等级划分看，技能型人才从高到低可以分为高级技师、技师、高级技工、中级技工、初级技工。而按照技能型人才所处的领域，可以将其分为以下三类：

1. 技术技能型人才

技术技能型人才是指不仅了解现代科学的原理和先进的科学方法，还能将这些原理和方法运用到生产实践中的技能型人才。技术技能型人才包括在企业一线生产中进行技术操作，具有较高操作技能，能解决实际操作问题的人才。主要分布的领域包括加工、制造、服务业等，比如高级钳工、服装剪裁师等。

2. 知识技能型人才

在知识经济时代，知识技能型人才是指掌握了现代科学知识理论和方法，并能借助熟练的心智技能进行生产实践的技能型人才。这类人才既具备较高水平的专业理论知识，又具备较高操作技能水平，且能够用所掌握的理论知识指导生产实践，创造性地开展工作。主要分布在高新技术产业和新兴职业领域。

3. 复合技能型人才

由于现代科学的各个分支互相渗透，生产服务的综合化、技术技能的相互交叉，产生了能够掌握多种不同技能的复合技能型人才。① 复合技能型人才是指在生产实践过程中掌握一门以上技能的人才。这类人才能够胜任多工种、多岗位的工作，解决生产过程的复杂问题，如综合服务一体化人才、机电一体化人才

---

① 陈宇：《中国高技能人才开发》，《中国培训》，2005 年第 3 期。

以及新兴的创意和操作一体化人才。

（二）技能型人才的特点

技能型人才的缺乏已成为制约我国经济发展的瓶颈。近些年来，国家大力发展职业教育，为经济建设和社会发展培养一大批技术型人才。但是，企业的发展不仅需要高端的技术人才，也同样离不开大量的技能型人才，尤其是生产或服务第一线的人员。服务于生产和管理一线的技能型人才具备的专业技能能够解决操作性难题。

具体来说，技能型人才具有以下几个方面的特点：第一，岗位是技能型人才的基础，如果没有了岗位，技能型人才就失去了其存在的基础。所以说，技能型人才是与岗位紧密联系的。如电工高级技师、钳工高级技师，他们都是与岗位紧密联系的，如果没有电工、钳工的岗位，也就谈不上高级技师的资格了。第二，技能型人才的成长离不开生产实践的训练，须要不断地学习生产知识和经验，不断进行积累，才能得到更好的发展。第三，技能型人才所从事的工作在职业分层上比工程型人才和技术型人才略低，是企业一线的实践者，既参与知识工作，也参与体力工作。第四，技能型人才的发展是一个动态的过程，随着时间的推移，他们在实践过程中能够发现技术设备的问题，可以通过不断自我提高，成为高层次的技能型人才。

值得一提的是，技能型人才与传统的“技术工人”是有所区别的。技工学校是传统技术工人的主要来源。但是，随着20世纪90年代技工学校大幅度减少，毕业生也不断减少，一度导致我国青年技能人才短缺。随着我国社会主义市场经济体制的不断改革，大量农村富余劳动力涌向城市，取代了技工学校成为我国技术工人的主要来源。

技能型人才与传统的“蓝领工人”也是有区别的。技能型人才思考的主要问题是如何做正确的事情，而蓝领工人思考的主要问题是学会如何正确地做事。对技能型人才来说，他们首先希望知道的是“做什么”，而不是让别人告诉他们“怎么做”，这正是两者本质的区别。

技能型人才中的佼佼者，诸如工作在生产、运输和服务等领域岗位一线，具备精湛的专业技能，能够解决生产操作难题的人员可视为高技能人才。

三、地方性技能型人才的概念和特点

（一）地方性技能型人才的概念

职业教育具有鲜明的地方性，地方经济是职业教育发展的重要基础，并对职业教育有一定的制约作用。地方性技能型人才是指受地方经济的所有制结构、产业结构、技术结构、劳动力结构、发展规模与速度制约，职业教育培养出来的适应地方经济发展的人才，他们主要从事具体的社会生产实践活动，如工程建设、加工制造等实际操作性的工作。

（二）地方性技能型人才的特点

1. 中等性

根据《中华人民共和国职业教育法》规定，从类型上看，我国职业教育包括职业学校教育和职业培训两大类；从层次上看，我国职业教育包括初等职业教育、中等职业教育和高等职业教育。本书中所讲地方性技能型人才是指中等职业学校培养的人才。教育部《关于制订中等职业学校教学计划的原则意见》中规定，中等职业学校的教育目标是使学生成为“与社会主义现代化建设要求相适应，德智体美等全面发展，具有综合职业能力，在生产、服务、技术和管理第一线工作的高素质劳动者和中初级专门人才”。中等职业教育本质上是指“中等职业技术水平的职业教育”。[①] 中等职业教育的人才培养定位决定了职业学校地方性技能型人才“中等性”的特点，这一点是相对于高等应用型人才而言的。

2. 职业性

职业是以有能力完成某一具体工作来界定的，是一种谋生手段。职业教育的目的就是要教会学生掌握某一谋生手段。中等职业教育培养的人才是与企业的需要对接的具有高素质和专门技能的人才，要求其具有较强的综合能力，能够在生产、服务、技术和管理的第一线，将自己所学的知识和技能运用到实践中去，为经济建设发展服务。我国目前正处于经济发展的关键时期，新兴工业化发展需要一大批在生产、服务、管理第一线的地方性技能型人才。深圳市劳动局的一项调查显示，企业技能型人才的档次是与企业的效率紧密结合起来的，技能型人才提升一个档次，劳动生产率可提高 10%—12%，商业企业效率可提高 11%—14%。[②] 我国经济的发展需要把巨大的人口压力转为人力资源优势，需要中等职业教育为地方经济发展培养技能型人才，以此提高生产力。因此，地方性技能型人才是与职业紧密结合的，具有职业性的特点。

3. 社会性

技能型人才的培养是为社会发展服务的，需要面向社会，与社会需求紧密结合。近年来，随着地方经济的跨越式发展，新领域、新行业、新技术不断涌现。与此同时，地方性技能型人才的匮乏阻碍了经济的发展，成为制约经济发展的瓶颈。在这样的情况下，中等职业教育要发挥其培养地方性技能型人才的职能，满

---

① 教育部教职成[2002]2 号文件：《关于制订中等职业学校教学计划的原则意见》。

② 张省豪：《深圳市首批民办技工学校全部落户宝安——我区技能培训独占鳌头》，《宝安日报》，2004 年 9 月 22 日。

足经济发展对技能型人才的需要。以金融服务外包行业为例，该行业是指银行、保险、证券、基金、期货等金融机构把原本应由自身处理的某些非核心业务，委托给本机构以外的第三方进行处理的经营方式，如业务流程、财务、人力资源等，以降低企业成本，提高核心业务竞争力，增强持续发展的动力。我国的金融服务外包行业从兴起到发展，不过十几年时间，但呈现出强劲的发展势头，即使在2012年金融业遭遇寒流的背景下，依然保持着旺盛的活力。我国被认为有机会成为继印度之后的全球第二大金融服务外包中心。然而，金融服务外包行业的技能型人才缺口很大，这无疑成为一项新的挑战，需要职业教育提供与之相匹配的专业技能型人才，以服务地区经济的快速发展。昆山花桥国际商务城中等专业学校根据地方经济发展的需要，面向社会培养金融服务外包人才。

4. 实践性

实践性是指地方性技能型人才是工作在生产或服务业第一线的高素质劳动者，必须具备较强的岗位实际工作能力。因此，地方性技能型人才既要掌握足够的技能理论知识，又要掌握实际操作能力，具备了解和应用科学知识的能力。但是，地方性技能型人才与工程型人才、技术型人才相比又有自身的特点。工程型人才和技术型人才更加强调人才的创新能力、管理能力、研究能力等，而地方性技能型人才更注重理论的实践操作性，可以将设计和方案变为具体的产品，因此具有鲜明的实践性。

5. 区域性

区域性指的是地方性技能型人才要与区域经济发展相适应，为地方经济服务。区域经济对人才的需求量决定了职业学校人才培养的数量，而区域经济发展的速度和结构又决定了职业学校的专业设置和人才培养计划。一般情况下，经济发展速度快、规模大、投资扩大，对从事生产、管理、服务一线的地方性技能型人才的需求量也就变大。相反，经济发展速度缓慢，发展规模变小，对从事生产、管理、服务一线的技能型人才的需求量也会减少。① 因此，地方性技能型人才培养的规模要与地方经济发展的速度、规模和需要相适应，人才培养的规格要与企业对人才的需求相适应。实践证明，只有与区域经济发展相适应的职业教育，才能培养出适合经济发展的人才，使中等职业教育成为促进经济发展的"蓄水池"。同时，职业与区域经济发展相适应，中等职业教育才能实现自身的可持续发展。因此，地方性技能型人才具有显著的区域性特征。

---

① 吕静锋：《区域中等职业教育可持续发展研究》，北京：人民出版社，2009年，第152页。

第二节 地方性技能型人才与地方经济社会发展

一、地方性技能型人才对地方经济社会发展具有促进作用

任何一个地方的经济社会发展都离不开人才，人才是经济发展的原动力。昆山花桥国际商务城的发展需要一定的人才支撑，其发展口号就是“新城市、新产业、新人才”。而在城市、产业和人才三者的关系中，城市的核心在于产业，产业的核心在于企业，企业的核心在于人才。可见，花桥国际商务城的发展关键在于人才，即能够适应花桥地方经济发展，为地方经济服务的技能型人才。地方性技能型人才对地方经济社会的发展具有重要的促进作用，主要表现在以下方面：

（一）缓解地方发展人才短缺难题

创新是地方经济社会发展的内在动力，创新的政府和社会才能带来地方经济的可持续发展。地方经济发展离不开一定的创新要素，地方政府要在地方经济发展模式的转型中推动创新，就必须想方设法地供给创新要素，包括人才、技术和信息，其中关键是人才，人才是技术和信息产生的前提。

人才是劳动力，是生产要素中最活跃的因素。人才培养、人才流动是人才资源开发和配置的两个环节。科学地进行人才培养，合理地促进人才流动，能够促进区域经济的增长，提高区域经济社会发展水平。同样，昆山经济社会的发展也离不开地方性技能型人才的科学培养。昆山目前有三所中等职业学校，分别是昆山第一中等专业学校、昆山第二中等专业学校、昆山花桥国际商务城中等专业学校。三所职业学校紧密结合昆山经济特色和产业结构开设了对接地方经济发展的专业门类，确立了“以就业为导向”的人才培养模式。三所中职校每年为当地培养、输送几千名技能型人才。地方性技能型人才的就地就业，一方面解决了自身的就业问题，另一方面有利于地方企业在短期内解决人才需求问题，同时这些人才对本地环境较为熟悉，能很快地适应环境，融入团队中去，促进地方经济社会的发展。

可以说，培养适应地方经济社会发展的地方性技能型人才是缓解“技工荒”难题的必然选择，是地方经济社会持续、稳定、健康发展的客观需要，也是整合职业教育资源、提升现代职业教育发展质量的重要之举。

（二）有利于提升地方竞争力

随着经济的快速发展和产业结构的不断优化升级，社会生产将从劳动密集型向技术密集型过渡。培养一大批技术熟练、职业素质高、掌握先进设备操作技术的技能人才，已成为地方经济社会发展的必然趋势和当务之急。地方性技能

型人才有自身独特的优势,区域性是其特征之一,是指人才是和地方经济结构融为一体的,二者是相互关联的。因此,处理好二者关系可以形成地方性人才发展和地方经济发展的良性互动。

2013 年 3 月 8 日,财政部和商务部发出《关于批复启动江苏省苏州市现代服务业综合试点的通知》,同意在苏州启动现代服务业综合试点,试点区域为苏州工业园区和昆山花桥国际商务城,花桥国际商务城主要试点电子商务和现代物流业。昆山花桥国际商务城中等专业学校秉承“植根商务城,服务商务城”理念,学校专业设置全面无缝对接地方产业,其中金融服务外包和现代物流服务专业为省级示范、品牌专业,极大地体现了地区性的特点,对接地方产业发展培养人才,大大提高了地方竞争力。

(三)催生“人才生根”和“产业生根”

昆山花桥国际商务城位于苏沪交界处,2005 年 8 月,江苏省委、省政府提出把商务城建成江苏省发展现代服务业的示范区,并列入省“十一五”规划重点服务业发展项目,是江苏省三大商务集聚区之一。2006 年 8 月被批准为省级开发区。2007 年 6 月又被列为江苏省国际服务外包示范基地。2013 年又成功获批“省级创业投资集聚发展示范区”。此次获批,将有效促进花桥经济开发区创业与股权投资产业的集聚发展,有助于打造良好的产业发展环境,吸引优质企业入驻、高等人才聚集、创新政策聚焦,并进一步完善创新金融服务体系,在运用创业投资促进实体经济持续、快速发展方面更好地发挥示范引领作用。昆山花桥国际商务城的区位优势、产业优势、政策优势及综合服务优势必将有利于人才扎根商务城,使得人才流动性大大减小。地方性技能型人才由于自身的区域性,其本身的流动性不强,在一定程度上催生了人才在花桥生根。人才生根才能带来产业生根,产业生根才能带来地方经济社会的长足发展。

二、经济发展为地方性技能型人才培养提供物质基础

中等职业教育具有鲜明的地方性特色,与地方经济是紧密联系的。中等职业教育与地方经济发展存在一种良性互动关系,这种互动关系是通过对地方劳动力的培养、吸收和使用而实现的。地方经济是地方中等职业教育发展的物质基础,并对地方职业教育有制约作用,它决定着区域中等职业教育的发展模式、发展方向和发展程度。因此,研究地方经济与地方性技能型人才培养的关系具有重要意义。

地方经济社会发展作为物质生产的主要形式,是社会赖以生存和发展的最基本的社会实践活动。地方经济社会的发展状况制约着包括职业教育在内的一切社会活动。人民生活水平的不断提高,加大了他们接受职业教育的迫切需求,

这也要求职业教育增加容量、提高效益和质量，在客观上促进了职业教育的特色化发展。并且，地方经济的发展也使其有能力为职业教育提供更多的投入。昆山花桥国际商务城以前是一个传统的农业小镇，在2006年后完成了一次华丽的“蜕变”。2006年起，花桥现代服务业每年以30%的速度递增。目前，花桥注册服务业企业1 714家，其中现代服务业企业630家。服务业中，总部经济、现代物流、金融服务外包、文化创意等现代服务业主导产业占75%以上，产业结构从当年的“二三一”变成了如今的“三二一”。2013年1—8月份，花桥完成GDP102.2亿元，同比增幅13.5%，服务业增加值70.9亿元，同比增幅22.6%，服务业占GDP比重达69%。

教育作为上层建筑，应当服务于当地的经济基础。与此同时，经济基础也为教育事业的发展提供了必要的物质条件。作为一个教育工作者，教师不能以赚钱为目的。但是，教师待遇的提高是激励教育者工作热情的重要手段之一。教师工资和教学设备等产生的一系列教学费用都需要有力的资金作保证。在以往的校企合作中，资金不足是职业学校存在的普遍问题，职业教育与普通教育相比，前者与经济的联系更为直接，更能体现这一纽带关系。企业到地方扎根需要人才，人才的培养离不开资金的投入，而处理好这种关系的关键取决于当地的经济发展状况。地方性技能型人才的培养要紧紧依托地方经济社会发展，要对接地方经济社会的发展，要服务于地方经济社会的发展。反过来，地方经济社会的发展为地方性技能型人才的培养提供基础性条件，如资金、物力和技术等。

职业学校的发展一要靠硬件，二要靠软件。硬件主要是指教室、实训基地、图书馆以及实训基地的仪器、设备，这些硬件的配备需要一定的资金支撑，而地方经济社会的发展可以在短期内为职业学校的硬件建设提供资金保障。总之，地方经济社会发展是培养地方性技能型人才的物质保障。

三、实现地方性技能型人才与地方经济社会协调发展的途径

职业学校是培养地方性技能型人才的基地，要造就千千万万合格的地方性技能型人才，必须大力发展当地的职业教育。一个区域中职教育的规模扩张只有与供给资源相匹配，才能有效保证教育质量和实现可持续发展。区域中职教育的发展规模与供给资源的适应度，也反映出各地区中职教育的发展现状与后劲。目前，我国大部分地区中职教育发展较快，资源供给难以适应规模发展的要求。今后一段时间，我国中职教育应该更加注重提高质量、调整结构和提高办学效益，做到中职教育和地方经济社会的良性互动，不断寻求突破创新，从而推动我国中职教育在整体上的健康发展和区域经济的持续快速发展。要坚持中职教育为地方经济社会发展服务的方针，因地制宜，因时而异，因行业而行，在专业设

置、办学形式、产品质量等方面，体现自身的区域性和独特性。职业教育和普通教育相比，它的生存动力主要来自于社会，来自于当地经济社会发展的推动。要实现职业教育的跨越式发展，一个重要突破口就是要加强其与当地企业的联系。因为学校和企业内在的关联性较强，通过合作可以实现职业学校人才培养和地方经济社会发展的良性互动，最终实现职业学校和当地企业的双赢。要实现校企良性互动、共同发展，就必须有当地政府的大力支持。

（一）抓住机遇，推动人才聚集和产业聚集良性互动

近年来，我国产业结构调整不断加快，区域经济版图渐趋明晰，对技能型人才的需求大幅度提高，职业教育发挥着愈加重要作用。职业教育是技能型人才的“蓄水池”，是经济发展的“润滑剂”，直接承担着为地方经济社会发展输送各类技能型人才的重任。2013 年 9 月 29 日，中国（上海）自由贸易实验区正式挂牌，这将给昆山的经济发展带来重大的机遇。

昆山市委书记管爱国表示，昆山要抓住经济发展的机遇就要正确处理和上海的关系，真正做到“大树底下种好碧螺春”。2013 年 10 月 16 日 8 点 30 分，来自上海轨交 11 号线的一辆列车缓缓停在了江苏昆山花桥经济开发区兆丰路站，全国首条跨省地铁正式开通，从此刻起，昆山和上海真正实现了“同城生活”。2013 年 10 月 17 日，以“金融新政与服务外包”为主题的第五届中国金融外包峰会在昆山花桥国际商务城落幕。中国金融外包峰会连续五年在昆山花桥举行，是对昆山金融服务产业发展的肯定和激励。

以上一系列事件对于昆山花桥国际商务城的发展来说都是重要机遇。中国上海自贸区的“辐射效应”，上海和昆山花桥“同城化效应”，金融峰会的“后期效应”，这些效应的叠加必将为昆山花桥国际商务城的发展提供强大动力。而要真正把握机遇，把潜在的效应转化为现实的发展，关键靠人才。可以预见，昆山花桥国际商务城未来需要大量的地方性技能型人才，这些发展机遇为此类人才在昆山花桥聚集提供了基础条件。人才的成长需要产业提供发展舞台，上海自贸区的“溢出效应”和上海—昆山“同城化效应”必将推动产业在昆山花桥的聚集，人才聚集和产业聚集实现良性互动，方可实现地方经济社会的协调发展和区域经济发展方式的转变。要实现区域经济发展方式的转变，促进区域经济可持续发展，必须坚持以人为本，突出人力资源在区域经济发展中的地位和作用，要明确地方经济发展的目的是增加地方人民群众的福祉。职业技能开发是区域人力资源开发的重要组成部分，是促进地方经济社会发展的战略手段。有了地方性技能型人才的强大支撑，地方产业就会有持续的动力，就能够实现人才聚集和产业聚集，就能够实现昆山花桥经济的协调可持续发展。

（二）政府推动，为培养地方性技能型人才保驾护航

地方经济社会的可持续发展需要地方中等职业教育的可持续发展与之相适应。与地方经济发展对中、高技能型人力资源迫切需要相比，普通劳动者的技能开发始终是整个地方人力资源培养中的一块短板，这恰恰说明了中等职业学校在培养普通地方性技能型人才中的重要地位和作用。如何把社会中存在的低素质劳动力转化为具有一定职业素养的熟练技能人才，已经成为地方人力资源开发的重要问题，这迫切需要中等职业教育发挥更加积极的作用。

从政府层面上看，政府和职业教育主管部门要创新管理，加大投入，统筹职业教育和区域经济协调发展。地方政府要解放观念，树立市场化的理念，积极制定和采取有利于当地职业教育发展的政策和措施，为地方职业学校的发展提供良好的软环境。昆山花桥国际商务城的建设发展需要大力发展当地的职业教育，作为以地方管理为主、面向地方经济社会发展需要的昆山花桥职业学校也需要当地政府的大力支持。地方政府要将职业学校的发展、地方性技能型人才的培养纳入当地教育事业发展的规划中，加大各项投入，加强对学校的领导和管理，制定切实可行的措施和政策，为职业学校人才培养提供有利条件。

近几年，昆山花桥国际商务城借助上海辐射效应和自身的区位优势，经济获得了迅速发展。地方经济社会的发展为当地职业学校发展提供了更大机遇。以昆山花桥国际商务城中等专业学校为例，在昆山花桥政府的支持下，该校顺利完成异地新建，配备了高标准的实训基地、教学楼、操场、图书馆等，并顺利通过了江苏省三星级中等职业学校的评估。该校为昆山花桥开发区输送了大量地方性技能型人才，办学质量一年一个台阶，社会认可度逐年提高。该校办学成绩的取得很大程度上得益于昆山花桥开发区政府的支持，得益于昆山花桥开发区社会事业局的正确领导，凸显了政府对教育的助推作用。综合看来，在加强校企合作、建立实习实训基地、学生招进分配、学生入职前培训等方面，地方政府要发挥自身作用。在昆山花桥开发区政府的协调下，昆山花桥国际商务城中等专业学校与当地著名企业，如远洋数据、中银商务、宝湾物流、希尔顿酒店等开展校企合作，以校企合作为平台，形成了地方性技能型人才培养的长足发展机制。同时，昆山安博服务外包产业园，这一得到地方政府支持的服务外包园区，承担了地方性技能型人才入职前的培训工作，为昆山花桥服务外包企业培训了大量的技能人才。

通过以上分析可以看出：地方政府的政策推动是培养地方性技能型人才的关键因素，好的政策软环境是技能型人才成长的“温床”，也是塑造良好社会形象的根基。纵观全球，在培养地方职业技能人才方面，其他一些国家的做法也值得我们借鉴。在新加坡，政府结合当地的经济社会发展格局制定了职业教育训

练法规，员工必须先接受培训，然后才能进厂工作，让“先培训，后就业”成为一种制度，从而确保职业教育政策的贯彻落实，使岗前培训工作制度化、法制化、规范化。韩国政府在培养地方性技能型人才方面的做法是，把地方职业教育和地方企业紧密结合起来，把地方性技能型人才的培养和企业发展结合起来，企业需要什么样的人才，职业学校就培养什么样的人才，也就是一种“量身定做”式的培养模式。地方经济发展、经济转型和经济结构的改变决定着地方性技能型人才的培养模式和数量，企业需求是地方性人才培养的标杆。在职业教育和地方企业之间，政府起着桥梁作用，是校企合作的“催化剂”和“融合剂”。韩国政府通过立法使企业承担起对职业人进行职业培训的义务，大力支持和推进“产学合作”，政府出面设立专门机构作为职业学校与企业之间的联系纽带，以此来推动地方性技能型人才的培养，为地方经济社会的发展提供强大的人才支撑。

昆山花桥国际商务城作为省级开发区，也是江苏省全力打造的服务外包园区，在政策上享有一定的优惠，当地政府可以借鉴国外的管理模式，想方设法拉近校企距离，通过政策推动，为地方性技能型人才的培养提供动力，培养出适应昆山花桥国际商务城发展的实用型技能人才，加速地方经济转型和发展。

（三）深化改革，为地方经济社会发展提供人才保障

地方性技能型人才是一种专业性人才，他们在生产实践中承担着改进生产技术和生产工艺的重任，他们能在使用、维护原有生产设备的基础上，适应新技术、新工艺和新设备的应用，并能在熟练使用新技术、新工艺和新设备的同时提高产品的附加值，从而提高企业经济效益。人才在任何时候都是经济和社会发展的最终推动力。21 世纪，人才资源是最重要的资源。地方经济社会发展到一定程度，必然会受到人才瓶颈的制约。这时，人才的结构和数量就在一定程度上制约着经济社会的发展质量和速度。昆山花桥国际商务城随着改革、开放的进一步推进，地方经济和社会结构急剧转型，需要大量的服务外包技能型人才。

职业教育要适应地方经济社会发展趋势，深入推进改革，以改革促发展。改革的重点就是建立地方性技能型人才培养机制，因为技能型人才的培养是职业教育的重心。昆山花桥国际商务城中等专业学校主动对接地方经济发展，进行了专业结构调整，针对该地区对服务外包技能人才的需求，坚持“植根商务城，服务商务城，努力打造中职服务外包特色学校”的办学方向，专业方向由传统制造业逐步向现代服务业转化。在地方性技能型人才培养的指导思想上，学校要坚持以地方经济社会需求为目标，以就业为导向，面向生产第一线，根据岗位所需能力与素质，提炼、整合课程体系，构建新型的适应时代要求的培养模式，培养实用型的地方技能人才。因此，昆山花桥国际商务城中等专业学校地方性技能型人才培养机制的构建，必须从当地产业结构调整和发展大局出发，综合考虑和

研究昆山花桥区域范围内的专业结构问题,重点发展服务外包专业,突出地方特色。在地方性技能型人才培养模式构建上,既要有超前思维,又要考虑区域产业结构特点;既要服从区域经济社会发展水平的要求,又要通过人才培养模式的优化,为地方培养出合格的技能型人才,更好地服务于区域经济社会发展。

地方性技能型人才是未来产业工人的骨干,是经济建设和社会发展的主力军,将在地方经济社会发展中发挥不可替代的作用。昆山花桥国际商务城经济社会的迅速发展对技能型人才产生了很大需求,作为地方职业教育机构要加强地方性技能型人才的培养步伐。未来几年,昆山花桥国际商务城中等专业学校将进一步对接地方经济社会发展,不断调整专业结构和人才培养模式,不断扩大招生规模,为昆山花桥国际商务城培养出大量的、质量较高的技能型人才。地方性技能型人才的培养关系到劳动者整体素质的提高,有利于提高服务业水平。培养地方性技能型人才是迅速提升职业教育对经济建设和社会发展支撑力、贡献力的根本举措,具有长远的战略意义。

地方性技能型人才培养和地方经济社会发展的互动关系告诉我们:必须重视职业教育,积极构建科学、高效的地方性技能型人才培养体系。作为政府要从政策和物质等宏观上推动地方性技能型人才的培养,引导人才培养的方向,使地方性技能型人才有良好的发展平台;作为培养地方性技能型人才的职业教育机构要紧跟时代、扎根地方、服务地方、造福地方,为地方经济社会的发展提供人才支撑。只有真正实现地方性技能人才培养和地方经济社会发展的良性互动,才能实现职业教育和经济社会的双赢。

(四)校企合作,推动地方职业教育和地方经济社会的融合、共生

《国务院关于大力发展职业教育的决定》中明确提出:“进一步建立和完善适应社会主义市场经济体制,满足人民群众终身学习需要,与市场需求和劳动就业紧密结合,校企合作、工学结合、结构合理、形式多样、灵活开放、自主发展,有中国特色的现代职业教育体系。”作为培养中级专业技术人才的中等职业学校,应站在改革开放的前沿阵地,加强校企合作,推进产教结合,把企业对人才的需要作为学校教学和育人的方向,树立学校为地方企业服务的理念。

中等职业教育有自身的独特性,作为一种职业教育,它主要是为企业培养专门人才,离开地方经济,离开地方企业,盲目地发展地方职业教育是毫无意义的,中等职业教育要想获得长足发展,就要植根于地方经济社会,为地方企业培养实用型的技能人才。

为了真正实现地方职业教育和地方经济社会的融合,近年来,昆山花桥商务城中专紧贴地方产业实际,着力强化专业设置与地方产业的契合度,针对花桥商务城金融服务外包和物流服务等支柱产业现状,合理确定了学校人才培养规格,

着力打造金融事务、旅游服务与管理、物流服务与管理、电子应用技术、美术绘画等五个主干专业，进一步明确了专业建设和特色发展方向，大力推动学校发展和地方社会发展一体化，实现地方职业教育和地方产业、社会的融合。商务城中专围绕昆山的总体规划和商务城专业人才的需求定位，实现错峰发展，加大特色品牌建设，重点推进物流服务与管理专业建设，根据企业需求及时调整学校实施性教学计划，以此实现学生培养和企业岗位的无缝对接，为更深、更广的校企合作奠定基础。目前，商务城中专已经与江苏远洋数据、华道数据、希尔顿酒店、宝湾物流等知名企业签订了长期合作协议，为学校“立足商务城、植根商务城、服务商务城”提供了机制保障。这种“产学结合、校企合作”的办学模式能发挥学校和企业的各自优势，实现学校和企业共同培养企业和市场需要的人才，培养能够在生产一线从事生产、管理、服务的技术应用性人才，推动地方职业教育和地方经济社会的融合、共生。

第三节　职业学校与地方性技能型人才的培养

职业教育是经济社会发展的产物，经济社会的发展离不开职业教育。职业教育的结构应与地方产业结构相适应并随着产业结构的变化而变化。职业教育是地方经济发展的助推器。随着我国经济的发展变化，企业的生产技术也不断升级，越来越多的新技术、新工艺、新设备运用到各产业领域，对人才的要求也不断提高。职业教育是为地方经济发展服务的，因此必须积极地应对区域环境的变化，依据本地区经济社会发展的特点，考虑学校的布局、专业设置以及学校的规模和层次，并充分借助地方资源和地方社区的优势，有目的、有计划地培养社会急需的各类职业技术技能型人才，以发挥地方优势并推动地方经济的发展。

一、职业学校培养地方性技能型人才的理论依据

（一）政治经济学视角

职业教育所处的历史时期不同，其属性也不同。但是，政治和经济属性在职业教育的发展过程中一直占据着主导地位。在新的历史时期，职业教育的政治和经济属性集中体现为职业教育是为社会主义经济社会发展服务的。党的十八大报告明确提出要“加快发展现代职业教育”，“坚持教育优先发展，全面贯彻党的教育方针，坚持教育为社会主义现代化服务的根本任务，培养德智体美全面发展的社会主义建设者和接班人”。《中华人民共和国中等职业教育法》指出：“职业教育是国家教育事业的重要组成部分，是促进经济、社会发展和劳动就业的重

要途径。”“实施职业教育必须贯彻国家教育方针,对受教育者进行思想政治教育和职业道德教育,传授职业知识,培养职业技能,进行职业指导,全面提高受教育者的素质。”

（二）教育社会学视角

教育社会学的系统研究源于近代西方社会。美国社会学家沃德认为人类有足够力量控制自然力和社会力以达到社会进步的目的,教育是实现这一目标的根本途径。杜威认为,学校制度的改变深受社会进化历程的影响,儿童学校生活应是自然、社会及个人三者的融合;教育的浪费在于学校与社会实际脱节。

随着经济社会的发展,教育和社会的关系日益密切。许多学者认为,科学技术的迅速发展会引起经济制度中的职业组合和人力结构的变动,而这一变动也必然影响到教育。比如,各国在实现现代化过程中,由于自动化生产的发展,对工程师与技工的需求剧增,对非技术工人的需求锐减。这就影响到教育制度的变化,必须发展职业教育以保持社会职业结构的平衡。

一些学者认为,社会政治结构与教育有密切关系。教育的贫乏落后,往往是政治专制落后等弊端产生的原因之一。而教育的兴旺发达,又常是政治开明、社会进步等的促成因素之一。总之,有什么样的国家政治制度,往往也有与之相适应的教育思想和教育实践。

教育社会学理论强调教育具有促进个体社会化的功能,旨在让年轻一代形成社会成员共同的价值观和信念。学校教育本质上就是学生系统地将社会所需要的知识技能、价值规范等内化,形成稳定的行为方式与个性特征,完成自然人向社会人转变的过程。受教育者经过上述社会化过程后,能够在适应社会和改造社会的过程中更好地发展自身。我国学者通过对职业教育功能的研究,普遍认为中等职业教育具有重要的社会服务功能,实施职业教育应当实行产教结合,为本地区经济建设服务,与企业密切联系,培养实用人才和高素质的劳动者。

（三）当代区域发展理论

当代区域发展理论包括区域竞争理论、非均衡理论、后发优势理论、城市化理论。

区域竞争理论认为国民素质与科学技术是提升区域竞争力的关键,而职业教育是促进国民素质与科学技术进步的核心要素,是区域竞争力提升和经济持续发展的主要途径。

非均衡理论认为,产业结构的更新换代是区域经济发展的动力,而产业结构的升级主要依托于职业教育。因此,职业教育是实现产业结构升级、促进技术创新和劳动者素质提高的核心要素。

后发优势理论认为,后发优势的实现主要依托于创新,而职业教育是创新的主要动力以及实现跨越式发展的关键。职业教育在促进人才的创新和技术的转化方面具有不可替代的重要作用，可以将劳动力资源转化为人才优势。

城市化理论认为，提升城市化水平既是提高区域发展综合实力、提高职业教育发展水平的共同要求，也是两者互动发展的一条重要途径。职业教育可以通过直接转换农业人口，提供人才、技术支撑，传播城市文明等手段提升城市化水平，而城市化水平的提升又可以为职业教育的发展创造更好的物质条件。

总的来说，区域发展的相关理论虽然侧重点不同，但都重视教育与经济发展、区域发展的关系，并普遍认为与地方经济发展相适应的职业教育是促进区域经济发展的核心要素。

二、培养地方性技能型人才是职业学校的基本职能

职业教育与经济发展密切相关，这是整个社会的共识。经济发展水平不仅影响着职业学校办学，更影响着个体对职业教育的选择与接受。没有一定的经济发展水平，职业教育的发展无论是自身的办学还是其生存环境都会受到很大的制约，而职业教育对经济社会发展的促进作用不仅仅是为社会提供初次进入岗位的一般就业人员，而且可以提供具有一定学习能力和技术含量的新增就业人员。

进入20世纪90年代末期，我国市场经济发展步伐加快，计划经济下的企业经营与管理模式被迅速打破，无论是企业规模还是企业生产方式都产生了很大的分化。一方面规模性生产企业不断增大，另一方面一些小型企业不断消失和产生，随之而来的是劳动力市场的加速分化，分为主要劳动力市场和次要劳动力市场。主要劳动力市场是指大公司、大企业和大机构中的工作岗位，它要求并发展稳定的工作习惯，一般情况下这些企业就业稳定、职业有保障、工资高、工作条件好、享有平等的权利和晋升的机会，但对教育的要求高。次要劳动力市场主要是小企业、小公司中的工作岗位，它不要求也不鼓励发展稳定的工作习惯，一般情况下这类企业工作不稳定、流动性大、工资低、工作环境差、规章制度严厉、晋升机会少。目前，在描述不同群体参与社会劳动时会使用就业和打工两种词汇，这两种词汇的使用实际上就是劳动力市场分化的一种反映。劳动力市场分化的直接结果是新增就业群体总是希望通过教育进入主要劳动力市场。从目前看，接受高等教育已逐渐成为进入主要劳动力市场的基本条件，这也是目前中等职业教育发展受到影响的重要因素。因为经济发展程度往往意味着劳动力市场的大小不同，两个劳动力市场所占比例也不相同。经济发达地区，劳动力市场往往很大，无论是主要劳动力市场还是次要劳动力市场皆是如此。而经济落后地区，由于二、三产业一般都比较落后，劳动力市场往往比较小，而且主要劳动力市场

比例更小，大部分是次要劳动力市场。

在经济发达地区，由于主要劳动力市场有充足的就业机会，当地新增劳动力总是希望通过高等教育进入，而且从劳动力流动看，由于经济落后地区主要劳动力市场很小，所以符合进入主要劳动力市场条件的新增劳动力总是由该地区向经济发达地区流动，即使难以进入发达地区的主要劳动力市场，由于经济发展水平差异所带来的收入差异也会使这些新增劳动力进入发达地区的次要劳动力市场。结果是，经济发达地区的一些工作较好的次要劳动力市场被一些受教育高的新增劳动力所占有，使得主要以接纳次要劳动力市场人员就业的小型企业，不断提高接受新增劳动力的受教育年限，出现所谓的“人才高消费”现象。随之而来的是所剩次要劳动力市场需求主要集中在一些生产简单、利润比较低、劳动强度大、工资比较低的劳动密集型企业。这些企业的生产主要是一些简单劳动，利润比较低，总是希望给出最低的工资招聘劳动者，以维持生产的基本运转。在这样的情况下，是否受到过职业教育对他们来说并不重要，因为其工作只需要简单的培训即可胜任。这就使中等职业教育处于很尴尬的局面，毕业生往往难以得到稳定的工作，且只能做一般的体力劳动。但由于生活是需要成本的，工资不可能低到无限，一方面是受国家最低工资标准制度的制约，二是当就业人员感觉其收入与自己的付出不相匹配时也会自动离开，这是近年来发达地区出现所谓的技工荒的主要原因，也是每年都会有大批的经济落后地区人员进入发达地区打工，也会有相当一批人员返回家乡的原因。

而在经济落后地区，由于整体就业市场很小，无论是主要劳动力市场还是次要劳动力市场，新增劳动力数量都可以满足需要，尤其是当主要劳动力市场过于小的时候，符合进入主要劳动力市场条件的新增就业人员会更大幅度地进入次要劳动力市场，这样也会使企业不断提高新进人员的受教育年限，直到工资水平难以被新进人员所接受而向发达地区流动。这样的过程对职业教育的生存空间无疑将产生较大影响。如果职业教育不能提供较好的技能教育，其毕业生只能在一些体力劳动领域就业，职业教育的作用将大打折扣。

这样的过程对职业教育会产生一个什么样的影响呢？仅从目前需求与供给看，学校职业教育所设专业技术含量越低，其存在的价值与功能就会显著降低，使得是否接受职业教育对就业无关紧要。因此，只有加大其人才培养的技术含量，才能在劳动力市场中争取到介于主要劳动力市场和次要劳动力市场中间的这些新增就业机会，即主要劳动力市场的低端岗位和次要劳动力市场的高端岗位，继而能够有机会晋升到主要劳动力市场。

之所以分析这样的过程，是因为教育对经济发展的推动作用，不仅仅是提供足够的劳动力数量，更是通过不断提高就业人口的受教育年限，使之跟上生产技术水平升级，从而推动经济的发展。也就是说，教育对经济的作用一是提供基本合格的初次进入岗位的劳动力；二是由于受教育年限长，学习能力强，适应新工作快，生产技术水平升级时能有足够的内部人员及时适应生产方式的提升和转变。由于我国劳动人口非常庞大，新增人员一般不是太大的问题，主要问题是人员在岗成长问题，这是我们经常看到的企业招聘人员要求有工作经历的原因。实际上，大多企业希望招聘到有经验的新员工，但这是不太可能的，员工的成长成本总是需要由企业来负担的，不切实际地一味招聘具有实际经验的人员反映了我国人力资源管理的不成熟。

从以上分析看，职业教育与社会经济发展是一个相辅相成的关系，没有一定的经济发展水平，无论是职业教育自身的办学还是发展环境都会受到很大的制约，而职业教育对经济社会发展的促进作用不仅仅是提供初次进入岗位的一般就业人员，更在于提供具有一定学习能力、掌握一定技术和具有技术含量技能的新增就业人员。

三、培养地方性技能型人才是职业学校自身发展的必然选择

（一）职业学校服务地方经济社会发展的必要性

1. 职业学校对地方经济社会具有极强的依赖性

一方面，区域经济社会是地方职业学校存在和发展的外部推动力。职业学校一般是由地方政府根据自身的经济社会发展现状，为满足本地区民众接受教育的需要而创办的学校。因此，为地方服务是职业学校的生存之基和活力之源。职业学校办学经费的绝大部分由地方政府提供，如果不能很好地履行为区域经济社会服务的使命，职业学校也就失去了存在的社会价值，政府和社会就不会在财政等方面给予支持。

另一方面，服务区域经济社会是职业学校实现自身发展的手段。地方经济发展的状况决定了地方政府所拨经费的多少，而办学经费的多少直接影响着职业学校的发展。对财政主渠道拨款数量较少的地方职业学校来说，要发展就必须自己“找米下锅”，通过主动服务经济社会发展来拓展办学资源，赢得地方经济社会的支持。

2. 区域经济社会发展要求职业学校强化服务

地方政府是发展区域经济的责任主体。随着经济增长方式的转变和经济发展方式的转换，地方政府越来越把教育放在了突出的位置，甚至把它作为经济发展和科技、人才资源要素的重要保障。诚然，经济的发展需要高端的技术人才，但企业同样离不开职业学校培养出的中端技能型人才。

以江苏省昆山花桥国际商务城为例，作为目前全国唯一的以现代服务业为

主导产业的省级开发区，具有“不是上海、就在上海”的地域优势，开发区的金融服务外包基地也成为用人需求方面的新亮点。昆山市政府在花桥国际商务城加大了金融服务外包基地的建设与政策扶持，引进了一批金融服务外包企业。商务城也在不断加速产业集聚，构建金融服务外包产业链。根据对花桥商务城金融服务外包业用工需求的调查，会计与金融事务、银行后台数据处理、呼叫服务等行业的技能型人才缺口较大。金融服务外包人才学历需求：中职学历占60%，大专学历占20%，本科及以上学历占20%。以坐落于江苏省花桥商务城的金融服务外包企业易方呼叫为例，该企业是上海最大的外包呼叫中心服务供应商，主要从事外包呼叫中心及电话销售服务，2010年员工达7 000人，其中5 000人为中职学历的呼叫坐席人员。地区经济的发展需要大量的技能型人才，呼唤职业学校为其提供知识、人才、技术等智力支持。

3. 服务经济社会能激励职业学校的改革发展

从系统论的角度看，职业学校只有与其赖以生存的外部环境系统进行信息、能量的交换才能生成发展活力和动力。从这个意义上说，职业学校开展社会服务更是激发自身办学活力的需要。当前深化教育教学改革一个重要的问题就是增强理论联系实际的能力，开展社会服务，为教学科研活动与社会发展实际相结合提供重要的渠道。

地方的职业学校通过社会服务能够开阔视野，使广大的师生从经济社会发展实践中发现不足，从而激发学习、研究的热情和动力。通过社会服务，职业学校可以了解经济社会发展对人才培养规格的需求，可以寻找到有真正意义的研究课题，从而有效检验和增强地方职业学校的教学与科研能力。地方职业学校服务经济社会发展的过程有助于学生实践能力和创新能力的培养，也有助于师资队伍的建设。

综上所述，地方职业学校需要尽快实现从被动适应型向主动服务型的转变，从注重规模、硬件、投入向注重服务、质量、效益的发展模式的转变，实现职业教育与社会互相依存、资源共享，推进终身教育体系建设，优化教育服务社会服务机制。①

（二）职业学校服务经济社会发展的途径策略

1. 进行地方性技能型人才培养和人才培训服务

地方性职业学校要面对社会开展教学服务，成为区域内重要的人才培养和技术培训中心。地方职业学校要围绕服务地方的目标，不断调整专业设置和教学内容，着力培养学生的实践能力、运用知识解决实际问题的能力和社会适应能

---

① 《服务型教育体系和区域社会和谐发展——教育服务经济社会国际学术研讨会综述》，《教育发展研究》，2006年第12期。

力，源源不断地为当地输送社会需要的合格人才。

2. 为地方经济发展提供技术和文化支撑

地方性职业学校要紧密围绕经济结构调整的需要，优化发展与高新技术产业相关的学科专业，重视发展直接为地方经济建设服务、适应劳动力市场变化的专业。鼓励教师和科研人员更多地为地方经济做好技术咨询和指导工作。有条件的职业学校还可以按照地方产业发展规划，依托地方资源，通过产学研结合的方式积极推动新兴产业的发展；实现地方传统产业的升级，提高产品的科技附加值，在地方产业转型升级中起到辐射带动作用。条件好的职业学校还要向社会开放文化设施，与社会共享文化资源，组织文化活动，开展文化传播，扩大学校的社会影响。

3. 建设有利于开展社会服务的体制机制

地方性职业学校要成立社会服务工作专门机构，将社会服务纳入学校的发展规划和工作计划中，统筹安排和具体实施学校的社会服务工作。大力宣传职业学校的社会服务职责，建立社会服务工作激励机制，将开展社会服务工作情况纳入考核指标体系，对干部教师提出明确要求，并且在人才培养计划中优化专业教学和实习实践的环节，组织多种形式和内容的学生社会服务活动，培养学生的社会服务意识和能力。

第三章

职业学校培养地方性技能型人才的专业设置和课程改革

第一节　职业学校的人才培养目标

一、我国职业教育培养目标的历史回顾

职业教育在我国古代就已经存在,主要是以学徒制的形式进行手工艺技艺的传递和延续。从奴隶社会到清朝洋务运动以前,在这漫长的几千年中,职业教育在我国的教育体系中虽然一直未被纳入主流教育,但却一直存在着。而确立职业教育在整个教育体系中的地位是洋务运动以后实业教育的发展,在我国第一部付诸实施的学制《奏定学堂章程》中体现出来。此时职业教育的目的是"救亡图存"。此后对我国职业教育发展影响重大的是黄炎培等爱国人士的教育活动。黄炎培在《实施实业教学要览》中给职业教育下的定义是:"凡用教育方法,使人人获得生活的供给及乐趣,一面尽其对群众之义务,此教育名曰职业教育。"黄炎培提出的"谋个性之发展、为个人谋生之准备、为个人服务社会之准备、为国家及世界增进生产力之准备"这些思想至今都影响着我国职业教育的发展。

新中国成立后,1951 年政务院公布实施《关于改革学制的决定》(以下简称《决定》)。这是新中国第一个学制,明确规定了职业教育和业余教育在学制中的适当地位。《决定》把中等教育的中学分为甲乙丙丁四类,其中丁类中等专业学校,分为技术学校(工业、农业、交通、运输等)、师范学校、医药及其他中等专业学校(贸易、银行、合作、艺术等)。技术学校又下分为技术学校(招收初级中学毕业生或具有同等学力者)、初级技术学校(招收小学毕业生或具有同等学力者),主要培养国家建设所需的中级技术人员、管理人员和中、初级技术工人。

但是,从改革开放至今,我国职业教育的人才培养目标也随着经济社会的发展而不断调整,主要经历了五次变化,如表 3.1 所示。

表 3.1　改革开放以来我国职业教育人才培养目标的五次变化

时段	主要培养目标	相关政策文件
20 世纪 80 年代	技术人员、管理人员、技工	1985 年《中共中央关于教育体制改革的决定》提出"社会主义现代化建设不但需要高级科学技术专家,而且迫切需要千百万受过良好职业技术教育的中、初级技术人员、管理人员、技工和其他受过良好职业培训的城乡劳动者"。 1986 年,国家教委职教司草拟的《关于职业技术学校学制的暂行规定(讨论稿)》对各级各类学校的培养目标作了分类说明。其中,职业初级中学培养"具有某种初步的职业基础知识和一定的职业技能的工人、农民和其他从业人员";中等职业技术学校(包括三年制中专和职业高中)培养"中初级技术管理人员、技术工人和其他从业人员";技工学校培养"中级技术工人";中等专业学校(四年制中专)培养"中级技术、管理人员";职业技术专科学校(含职业大学)培养"较高级技术员和相应层次的技术、管理人员"。
20 世纪 90 年代到 21 世纪初	实用人才	1994 年,国务院《关于〈中国教育改革和发展纲要〉实施意见》提出:"职业教育的培养目标应以培养社会大量需要的具有一定专业技能的熟练劳动者和实用人才为主。" 1999 年,国务院批转教育部《面向 21 世纪教育振兴行动计划》提出:"高等职业教育必须面向地区经济建设和社会发展。适应就业市场的实际需要,培养生产、服务、管理等第一线需要的实用人才。" 2002 年,国务院《关于大力推进职业教育改革与发展的决定》提出,职业教育应"培养一大批生产、服务第一线的高素质劳动者和实用人才"。
20 世纪 90 年代到 21 世纪初	应用型人才	1991 年,国家教委《关于加强普通高等专科教育工作的意见》提出:"普通高等专科教育是在普通高中教育基础上进行的专业教育,培养能够坚持社会主义道路、适应基层部门和企事业单位生产工作第一线需要的德智体美诸方面都得到发展的高等应用性专门人才。" 1998 年国家教委印发的《面向二十一世纪深化职业教育教学改革的原则意见》提出:"职业教育要培养同二十一世纪我国社会主义现代化建设要求相适应的、具备综合职业能力和全面素质的,直接在生产、建设、技术和管理第一线工作的应用型人才。" 2000 年,教育部《关于加强高职高专教育人才培养工作的意见》提出:"高职高专教育培养拥护党的基本路线,适应生产、建设、管理、服务第一线需要的德、智、体、美等方面全面发展的高等技术应用型专门人才。"

续表

时段	主要培养目标	相关政策文件
20世纪90年代末到21世纪初	技能型人才	1999年,教育部、国家计委印发的《实行按新的管理模式和运行机制举办高等职业技术教育的实施意见》提出:"……加快培养面向基层,面向生产、服务和管理第一线的职业岗位的实用型、技能型专门人才的速度……" 2003年,教育部《2003—2007年教育振兴行动计划》提出:"大力发展职业教育,大量培养高素质的技能型人才特别是高技能人才。" 2011年,《教育部关于推进中等和高等职业教育协调发展的指导意见》提出:"中等职业教育重点培养技能型人才,高等职业教育重点培养高端技能型人才。"
2012年	技术技能型人才	2012年,《国家教育事业发展第十二个五年规划》提出:"系统培养初级、中级和高级技术技能人才。中等职业教育重点培养现代农业、工业、服务业和民族传统工艺振兴需要的一线技术技能人才;高等职业教育重点培养产业转型升级和企业技术创新需要的发展型、复合型和创新型技术技能人才。完善高等职业教育层次,建立高级技术技能人才和专业级技术技能人才培养制度。"

可见,我国职业教育人才培养目标经历了由"技术员、管理员、技工"、"实用人才"、"应用型人才"到"技能型人才"、"技术技能型人才"的演变。其中20世纪90年代,一度存在"实用人才"、"应用型人才"、"技能型人才"等多种目标定位交叉共存的情况。

二、人才培养目标的内涵及其定位

(一) 人才培养目标的概念

培养目标也称"教育目的",它主要有两层意思:一是指国家教育事业发展的总目标,这个意义上的人才培养总目标关系到把受教育者培养成什么样的社会角色和具有什么样素质的根本问题,是国家教育活动的出发点,需要根据一定社会的生产力、生产关系的需要和人自身发展需要来确定。教育家潘懋元先生认为:人才培养总目标是在一定的社会中,要把受教育者培养成什么样人的根本问题,它是一切教育活动的出发点和归宿。二是指各级各类学校,甚至各专业的具体人才培养目标,它是在教育总目标的指导下,各级各类学校、各专业根据社会需要、所处区域环境、办学条件等内外因素确定的具有自身特色的具体人才培养目标。也就是说,中等职业学校的人才培养目标是在特定的内外条件下,依据一定的教育目的所进行的教育事业与教育活动所要达到的预期状态。中等职业学校作为培养大量技能型人才和高素质劳动者的专门机构，承担着人才培养、科学研究、社会服务、文化传承四项基本职能。其中，人才培养无疑是最基本的职能。中等职业学校人才培养目标介于教育方针与教育实践之间，是教育目的的体现，是教育思想的核心，是教育发展的指南，也是教育评价与教育监督的依据，在教育系统中占有重要地位。在新形势下，适应我国国情和现代社会发展需求，实施人才培养模式改革，确立正确的人才培养目标，对中等职业教育发展具有重要意义。

（二）人才培养目标的特点

通过对我国职业教育培养目标的历史梳理，可以发现在不同时期培养目标的表述不尽相同，但都存在共性。从中可以分析出我国职业教育培养目标的一些特点，简单归纳为以下三点：

第一，职业教育培养目标依据现实需要不断进行调整，具有时代性。学校培养的人最终是要走向社会的，职业教育人才培养定位于技能型人才，是要在生产第一线工作的劳动者。那么培养社会和职业所需的人就成为必然，但是社会是在不断发展变化的，职业也经历着重组或改造、消亡或新生。所以培养适应社会发展和职业发展所需的人才就会打上时代的烙印。新中国成立初，我们面对的是一片空白，社会和经济事业都处在恢复阶段，急需一大批建设人才，因为科学技术都还处于比较低的水平，所以需要更多的中、初级技术员和技术工人。但是随着改革开放，我国科学技术突飞猛进，经济快速发展，此时就需要更多的高层次应用型人才。而且随着服务业等第三产业的急剧发展，社会对劳动者的全面素质有了更高的要求，生产或服务第一线的劳动者不仅需要知识、技术，还要具备较高的素质。进入21世纪，我们与国际的交流更加频繁，经济全球化进一步影响中国，我国经济和社会进入一个更高层次，对劳动者的知识、能力、态度都有更高的要求。职业教育在强调服务功能，即让学生充分就业的同时，也开始关注学生作为“人”的发展。不同的历史时期都有其时代特点和主题，职业教育在这个大环境中必然受影响，培养目标的确定也是时代使然。

第二，职业教育培养目标受历史文化因素的影响，具有民族性。社会建构主义理论认为个人参与的活动都有历史和文化起源。人类心理功能的形成基于社会交往、文化、习俗和历史情境等因素的共同作用。职业教育活动也不例外，它也受我国长期以来的历史文化因素制约。所以培养目标也会有民族性的特征，体现我国传统文化的印迹。

职业活动是一种社会文化实践活动，它随着特定的文化需求而产生，并随之而发生变化，包含实践活动、价值观、技术、规章制度等，并在人类进化过程中得到强化。由于我国自古以来主要由儒家文化统治着人们的思想，“学而优则仕”、“重道轻器”的思想根深蒂固,所以“官本位”的文化制约着“技艺”的发展,使职业教育一直处于非主流或者低一级的地位。在西方进行文艺复兴,崇尚科学、民主的时候,我们的儒家文化还牢牢地钳制着人们的思想。即使是现在我们的思想已经解放了,但是这种文化仍影响着人们的价值判断。

新中国成立以后我们在肃清封建文化糟粕的时候,但一些深入我们骨髓的传统文化仍在影响着我们的各项决策。随着对职业教育重要性认识的深化,我国虽然大力发展职业教育,但是其培养目标的确定往往受传统文化的影响。首先是强调国家利益至上,个人服从国家安排,缺少人文关怀。直到 2008 年《教育部关于进一步深化中等职业教育教学改革的若干意见》中才体现出“以人为本”的思想。其次是培养目标的确定缺乏科学分析和依据,且往往缺乏法律保障。这是传统的人治而非法治的结果。2008 年人事与劳动社会保障部改为人力资源和社会保障部,这一举措说明我们已经认识到这个问题并在逐步走向人才管理的科学化和完善。

第三,职业教育培养目标强调社会本位。教育具有社会性和个人性,因此教育目的总是游离在个人本位和社会本位两极之间,且努力在两极之间寻找一个平衡点。但不同历史时期这个平衡点的观念也不同。西方历史上有名的卢梭、裴斯泰洛奇、福禄培尔等人是个人本位的支持者,他们认为个人价值高于社会价值。而涂尔干、凯兴斯泰勒等认为个人发展必须符合社会需要,教育的目的是把个体培养成符合社会准则的公民,以维系社会的稳定和延续。由于受到传统文化中的“天人合一”思想的影响,我们更多的是强调教育的社会价值,而往往忽视了个体的自由发展。自十七大提出“以人为本”以来,我们已经开始关注人的个性发展,重视个人作为完整的人的职业生涯发展。这也是寻找我国职业教育平衡点的探索。

(三) 职业教育人才培养目标的定位及基本准则

“定位”也就是“确定方位”,亦即通过仔细勘察来确定事物在一定环境中的位置,明确其场所和界限。《韩非子·杨权》曰:“审名以定位,明分以辨类。”刘勰在《文心雕龙·明诗》中也提出:“思无定位……鲜能通圆。”可见,古人很早就认识到,恰当、正确的定位是确保各项事务有序、有效开展的前提。同理,以培养人才为职能的中等职业学校也应依据自己的具体情况找准自己的位置,明确人才培养目标,培养出满足社会需要、适应社会发展的优秀人才,同时实现学校自身的良性发展。

通过对我国职业教育培养目标特点的分析和把握,我们可以清楚地看到其合理和不足之处。我们可以以此为基础,探索职业教育培养目标的科学定位。培养目标是对所要培养的人才的规格和质量的要求,它涵盖知、技、意三方面。

按照布鲁姆的目标分类学理论，这三方面即是对受教育者认知、情感和能力领域的要求。随着社会的不断进步和发展，职业结构也一直处于变动之中，因此人才培养要适应职业的变化，必须进行职业分析。现代人力资源理论日益成熟，人才培养和开发的技术也日益现代化。科学合理的培养目标可以以目标分类理论为基础，借助人力资源理论和技术，通过职业分析进行定位。同时，职业教育正逐步深入社会并走向市场，其培养目标的定位也开始走向开放式和动态发展。此外，人才培养目标是办学目标的构成要素之一，所以人才培养目标定位与办学目标定位都应遵循下列原则：

第一，遵循人的发展需要原则。一切教育的最终目的都是人的发展，使个人潜能得到充分的挖掘和发挥。职业教育在依据客观的人才结构进行目标定位时，必须照顾到个人的职业生涯发展。“阶梯状”人才结构模型理论为职业教育促进人的终身发展提供了理论基础。所以职业教育在指向工程型、技术型、技能型人才培养时，其培养目标的定位要考虑到受教育者的终身学习和可持续发展，并为之创造机会，也即在定位培养目标时，不能单纯地强调技能的学习和实践操作能力的培养，认知、情感、能力三个领域缺一不可，只有这三方面都健康发展才可能有一个完整的“人”或一个合格的劳动者。在我国计划经济转向市场经济的过程中，教育的社会本位和个人本位开始走向融合，教育对象作为独特的人的地位日益显现。在职业教育打出为学生充分就业服务、满足人力市场需求的口号时，我们应给予学生更多的发展空间，满足学生的发展需求。

第二，遵循我国职业教育特点原则。由于历史和文化原因，我国的职业教育有其自身的特点。虽然各个国家的职业教育作为教育的一种类型有共性特点，但是各个国家的发展特点不同并形成了各自的特征，如德国“双元制”、美国的“合作教育”、日本的“企业内培训”，只有结合国情、国家的发展状况及教育规律和特点确定培养目标，才能使教育真实有效。

由于我国职业教育还处于不断完善阶段，在办学、管理、财政支持、法律保障等方面都有其自身特点，所以培养目标的定位应基于各个地区和学校的现实条件，实事求是，在现实基础上最大限度地发挥优势，形成自己的特色，避免人才的浪费。也只有这样的培养目标才能真正满足个人和社会的需要。

第三，社会需求原则。中等职业学校培养的人才直接面向社会，因此，培养出的人才必须要满足社会需求。人才培养目标的一个重要方面就是对人才质量的要求，即人才培养规格，这个要求必须与经济建设和社会发展需要相一致。就某一中职学校而言，只能从不同的层次、不同的专业与学科、不同的培养目标及不同的办学特色等方面去满足现代化建设对各类人才的需要。

第四，整体优化原则。社会对人才的需求是多层次、多方面的。就人才培养而言，仅仅某一类中等职业学校是不可能满足社会对人才的多样化需要的，各类中等职业学校只能从不同的层次、不同的学科、不同的规格去满足社会某一层面的需求。如果各类中等职业学校都在同一层次、同一规格上培养人才，专业与学科性质也都相同，其结果必然是社会需要的某些人才学校没有培养出来，而学校培养的某些人才又出现过剩现象，造成供求的结构性不平衡和人才资源的浪费。如果各中等职业学校都争办同类专业，办学目标都定在同一层次与类型上，那么办学条件较差的学校必然竞争不过条件好的学校，从而影响自身的生存与发展。因此，各中等职业学校应从全局出发，根据各自的办学实际定位人才培养目标，既要考虑到社会对于人才的多样化需求，又要考虑到学校的生存与发展问题，所以整体优化是人才培养目标定位的一个重要原则。

第五，可行性原则。一所学校在进行人才培养目标定位时，仅仅考虑需求原则和整体优化原则还是不够的，还必须考虑学校自身办学条件的可行性，根据自身的办学历史、办学传统、资源配置、基础设施、师资情况、实验室及图书资料等条件确定合理的目标，衡量这些条件能否支撑得起预设的人才培养规格。所以，进行人才培养目标定位时必须要考虑是否可行，不能盲目拔高人才培养的层次。

第六，特色原则。“特色是一所学校的内在生命。”纵观优秀的中等职业学校，那些真正站得住脚的学校，总有自己的特色，要么是专业与学科方面的特色，要么是管理方面的特色，要么是文化传承方面的特色，但最终都体现在学校的人才培养方面。他们培养出的人才往往会得到社会的一致赞誉，能在某一领域独树一帜。就地方中等职业学校来说，上有学术性本科教育的“打压”和高职教育的竞争，下有民工的竞争，要在这两者之间谋求可持续发展，必须突出自身的办学特色。所以，进行特色人才培养定位，培养具有特色的技能型人才是地方中等职业学校立于不败之地的基石。

由于人才培养目标的来源比较丰富，必将带来人才培养目标的多样性。在具体定位时可以利用以上原则，对可能的人才培养目标进行筛选，按照上述原则确定符合地方中等职业学校自身发展实际的人才培养目标。

三、昆山花桥国际商务城中等专业学校人才培养目标——以“金融服务外包”专业为例

（一）总体目标

昆山花桥国际商务城中等专业学校紧紧围绕昆山四大主导产业体系——制造业企业区域性总部、金融机构后台处理中心、业务流程外移外包、物流采购中心，从花桥国际商务城企业用人实际需求出发，制定人才培养目标，在教学制度、教学方法、教学模式、校园文化等方面大胆创新，优化专业结构，转变人才培养模

式，培养适应当地主导产业和特色产业所需要的技术技能型、实用型人才，实现学校专业建设与地方产业发展无缝对接，从而提高中职人才就业生涯持续发展竞争力和学校的办学质量。

根据“以能力为本位、以职业实践为主线、以项目课程为主体的模块化专业课程体系”的总体要求，该校科学定位“金融服务外包”专业的总体目标，即立足花桥国际商务区，服务昆山，为地方经济和社会发展培养德、智、体、美、劳全面发展，具有良好素养和较好的自学能力、较强的实践应用能力的金融服务外包应用人才。

（二）具体目标

该专业的培养目标是：培养德、智、体、美、劳全面发展，热爱祖国、爱岗敬业，具有吃苦耐劳和勇于创新精神的高素质技能型人才。该专业学生应具有本专业的基本理论知识和操作技能，能够适应面向银行后台业务处理、金融服务外包、数据公司等企业，运用计算机及网络技术从事金融信息处理、呼叫服务、数据录入、信息处理咨询及其他相关工作。具体培养目标如下：

1. 素质结构目标

（1）具有良好的思想政治素质和职业道德，能在企业岗位安心工作；

（2）具有良好的技术业务素质，能很快适应一线岗位要求，能进行业务更新；

（3）能很快适应环境，胜任一线岗位工作，与同事合作融洽；

（4）具备注重团队合作的素质；

（5）具备勇于探索、积极创新的素质；

（6）具备综合运用专业知识的素质。

2. 知识结构目标

（1）具有基本的文化基础知识和专业理论知识；

（2）掌握计算机及网络技术的基础知识；

（3）熟悉我国有关银行、保险、证券等金融基础知识；

（4）掌握信用卡业务、会计、数据处理、呼叫服务专业基础知识。

3. 能力结构目标

（1）掌握计算机及网络技术的基础知识、网页设计的初级技能；

（2）具有商务信息处理的能力；

（3）具有处理金融事务（银行卡、金融后台处理等）的能力；

（4）具有较熟练地使用计算机处理业务工作的能力，如数据录入技能；

（5）具有熟练使用办公设备的能力；

（6）具有计算机软件的应用能力，如熟练使用办公自动化软件。

4. 证书要求

(1) 计算机网络技术等级证书;

(2) 通用英语初中级证书;

(3) 普通话水平测试等级证书;

(4) 呼叫服务员中级证书(呼叫服务方向);

(5) 会计上岗证书(会计与金融方向);

(6) 办公自动化中级证书(数据处理方向)。

第二节　职业学校地方性技能型人才培养的规格

一、人才培养规格的内涵

人才培养规格是指以教育规律为基础,以社会需求为依据,从数量和质量上对人才培养规模、标准、要求等的界定,是学校培养人才的质量标准,也是课程体系科学定位和调整的基础。人才培养规格是从“量”和“质”两个方面来约束的,其中“质”是根本,是重中之重。人才培养规格是一个教育实践活动过程中具有先决性的核心概念,是整个学校教育教学活动的依据、出发点和最终归宿。不同的培养规格从根本上反映的是潜隐的教育理念和哲学层面指导思想的差异。一般而言,学术性理论型研究人才的培养规格,其背后的哲学指导思想是人文主义理念;职业性技能型实用人才的培养规格,其潜在的哲学理念是功利主义;而应用型人才的培养规格则应该是实用主义指导思想下的一种产物。中等专业学校人才培养规格是中等专业学校各专业培养目标的细化,是学校对毕业生培养质量要求的规范,是学校制订教学计划和课程大纲,组织教学、检查和评估教学质量的依据,它解决了各专业人才培养的质量标准问题。

另外,不同的学科和专业都有着各自的特色,相应地也具有不同的人才培养规格。各专业人才培养规格就是按照国家政策和人才市场导向制定的符合各专业教育培养目标的综合素质要求,是对各专业人才培养的方向和所要达到的目标的概括性描述,以及经过规定年限的学习,各专业人才在知识、能力方面要达到的基本要求。这都充分表明人才培养规格具有多样性的特征,而这种特征是由社会需求的多样性、区域经济的特殊性、办学条件的差异性、个人专长的倾向性所决定的。

比较而言,中等职业学校的人才培养目标是对人才进行教育和组织教学的基本依据,是本质的规定;而人才培养规格则是对人才专业知识、业务能力和综合素质等方面如何进行教育、激发与整合的过程和标准,是人才培养目标的具体化。可见,人才培养目标与人才培养规格是人才培养中同源的两个方面,分别体现了中等职业学校教育活动的本质和特色。二者之间相互融合,但是内涵又不尽相同。人才培养目标侧重于解决中等职业学校人才培养的方向问题,是中等职业学校教育性质的规定;人才培养规格侧重解决人才培养的质量问题,是人才培养目标的具体化。人才培养目标如果不具体化为人才培养规格,就会缺乏可操作性,就无法控制教育的全过程。因此,中等职业学校人才培养规格的合理定位对教育教学过程的实施意义重大。

二、人才培养规格遵循的基本原则

各专业人才培养规格就是按照国家政策和人才市场导向制定各专业教育培养目标的综合素质要求,体现着所要达到目标的概括性描述,以及经过规定年限的学习,各专业人才在知识、能力方面所达到的要求。制定人才培养规格应遵循以下基本原则:

1. 突出学校的基本特征。地方中等职业学校有相当多的是普通综合类专业学校,这类地方专业学校有两个基本特征,即地方性和综合性。就地方性而言,人才培养规格的设计应当充分考虑区域经济的特殊性,充分考虑本地区经济社会发展的需要。就综合性而言,具有多学科的优势,具备培养各种复合型人才的教学条件,也具备向学生提供人文科学、自然科学、思维科学等宽广知识面的条件。因此,在人才培养规格设计时,应当充分发挥综合性学校具有多学科的优势,使不同专业之间优势互补,拓宽知识领域,注重培养复合型技能型人才。

2. 突出时代特征。21 世纪的人才培养规格应强调两个基本要求,即创新能力和创新精神。为了培养学生的创新能力与创新精神,必须让学生在知识结构方面具备系统的现代科学技术知识或人文社科知识,同时拥有相应的实践能力及技能。比如,工科专业的人才培养规格,在知识结构与能力结构方面,应突出计算机知识与计算机应用能力,包括计算机制图和计算机辅助设计能力;工商管理专业的人才培养规格应当是懂得电子商务的复合型人才;农学类专业的人才培养规格在知识结构与能力结构方面,应当突出生物技术与生物工程的知识与应用能力。

3. 处理好知识、能力、素质之间协调发展的关系。知识是认识客观事物和客观规律的基础,主要包括科学文化知识、专业知识和相邻学科知识。知识是能力和素质的载体,没有丰富的知识,就不可能有较强的能力和较高的素质。能力是在掌握了一定知识的基础上经过培养和锻炼形成的,主要包括获取知识的能力、运用知识的能力、创新能力和适应社会的能力等。丰富的知识可以促进能力的增强,较强的能力可以促进知识的获取。素质是把从外在获得的知识、技能,通过个体自身的认识和实践，养成的自身基本品质，包括政治思想素质、科学文化素质、业务素质和身心素质。较高的素质可以促进知识和能力的进一步扩展和增强，促进知识和能力更好地发挥作用。

知识、能力和素质三者紧密相连，其中知识是基础，能力是关键，素质是核心。中等专业学校技能型人才培养，只有坚持知识、能力和素质的辩证统一，注重知识教育，突出能力培养，加强素质养成，才能适应21世纪经济社会发展对人才的需要。人才培养规格设计目标之一是知识、能力、素质三方面协调发展，不同专业其具体内涵有所不同。比如，对基础性人才，其知识结构不但要求"基础扎实，知识面宽广"，而且要有一定的深度，即知识要厚一些；对技能型人才，则要求其应用能力、实践能力更强一些。

4. 处理好人才培养的统一性要求与多样化需求的关系。国家对中等职业学校人才培养规格的统一要求是为了保证人才培养质量而规定的基本质量标准，它与中等职业学校人才培养规格的多样性并不矛盾。中等职业学校人才培养规格的多样性，是在同一基础上的多样性。但是，人才培养规格的多样性并不是人才培养规格的随意性，而是根据社会需要的人才类型以及本地区、本校实际情况，进行科学的、合理的、精心的设计，包括对人才知识结构、能力结构、素质结构以及三者的整体结构进行科学的、合理的、精心的设计。而且，还要留出充足的时间和空间，创造各种条件，让学生在相对统一的规定性要求下，自主设计自己的知识结构、能力结构和素质结构。

三、地方中等职业学校人才培养规格设计应注意的问题

第一，转变思想，更新教育观念，科学务实地进行人才培养规格的设计。技能型人才是德、智、体全面发展的具有综合职业能力，在生产、服务、管理第一线工作的技术技能人才。首先，从办学定位看，在专业设置、教学活动、教学内容、人才培养规格等方面，技能型人才培养要瞄准社会需要，围绕市场和学生未来发展需要办教育；从人才观看，要坚持"以素质教育为主线，以能力培养为中心"的全面素质人才观，克服片面强调业务素质而忽视思想道德素质、文化素质和身心素质的教育。其次，要避免过分强调知识的传授和学习而忽视专业技术和能力的培养。从质量观看，技能型人才培养要树立以适应社会需要、科技进步、行业发展为主要评价指标的质量观，突出办学特色，教会学生解决问题的知识和能力。技能型人才培养的实践者是教师，落脚点是课程体系。教学内容的重组和建构，教学方法和手段的改革与创新，都必须由教师来实施，因此教师转变教育思想、更新教育观念是第一位的。教师要转变以知识传授、继承为中心的教学观念，提倡培养学生能力发展和个性发展的新教育理念，要实现从重"教"向重

“学”转变,要改变单纯的学科知识的课程观,树立专业能力整体化的课程观。

地方中等职业学校必须科学务实地进行人才培养规格的设计。许多地方中等职业学校人才培养规格追求高、大、精,向一些高等学校的专业看齐,而不考虑自身的实际情况,往往照搬高等教育专业人才的培养规格,这样必然不能保证人才培养质量。现代社会对人才的需求是多规格、多层次的,作为地方中等职业学校,在制定各个专业人才培养方案的时候,其人才培养规格必须符合培养技能型专门人才的办学总体定位,其专业人才培养规格要突出基础性和实用性。

第二,处理好综合能力与人格素质的关系。地方中等职业学校的人才培养目标是要培养与我国社会主义现代化建设要求相适应,德、智、体、美全面发展,具有综合职业能力,在生产、服务、管理第一线工作的技术技能人才。随着科学技术的进步和经济社会的发展,社会对学生提出了越来越广泛的技术要求,除技术能力外,健全的人格也非常重要。综合能力由知识应用能力、技术应用能力、生存和发展能力三方面构成。从中等职业学校学生接受教育的周期来看,发展能力成为最重要的能力,技术应用能力则成为生存与发展的重要内容,而人格素质是支撑这些能力形成和发展的核心要素。因此,在定位地方中等职业学校人才培养规格时,一定要处理好综合能力培养与人格素质提升的关系,促进学生综合能力结构与人格素质的和谐发展。

四、昆山花桥国际商务城中等专业学校人才培养规格——以“金融服务外包”专业为例

(一) 明确专业定位

昆山花桥国际商务城中等专业学校建立由专业负责人、骨干教师和行业企业专家组成的专业建设工作团队,制定本专业发展规划,根据“以能力为本位、以职业实践为主线、以项目课程为主体的模块化专业课程体系”的总体要求,对金融服务外包专业的人才培养规格科学定位,即立足花桥国际商务城,服务昆山,为地方经济和社会发展培养德智体美劳全面发展、具有良好素养和较好的自学能力、具有较强实践应用能力的金融服务外包应用人才。

目前花桥金融服务外包业务以银行后台业务处理为主,如数据录入、呼叫服务等。同时也有部分业务如财务、人事、采购等行业业务共同进行外包。而能够适合职业学校毕业生就业的却只有数据录入、呼叫服务业务,这类业务具有两个显著特点:一是学历要求不高,适合中职类毕业生学历层次;二是此类业务在金融服务外包产业中占比较大,能提供众多的就业岗位。

例如:金融服务外包产业业务——数据录入,主要是金融服务外包企业为银行、证券、保险等金融机构提供数据录入处理的外包工作。如 A 银行有 10 000

位客户申请了信用卡，填写了 10 000 份客户资料，现在需要将这 10 000 位客户的资料输入电脑并处理，而 A 银行没有专业数据录入工作人员。A 银行将这部分工作外包给金融服务外包企业完成，因此产生了专业从事数据录入业务的金融服务外包企业，同时也需要专业的数据录入人才。

◆ 学历层次

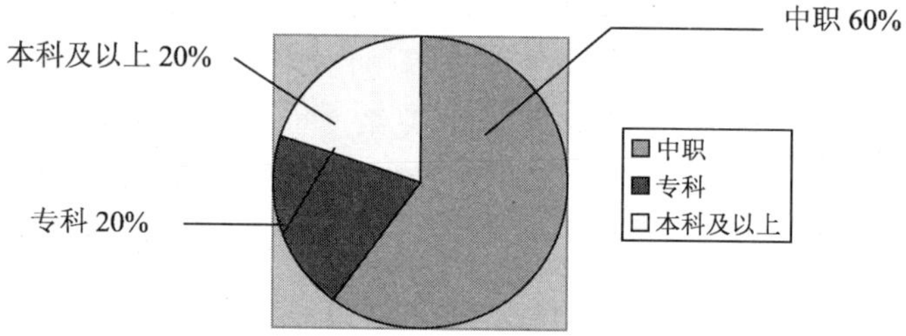

图 3.1　花桥商务城金融服务外包企业所需不同学历层次人才的比例

由图 3.1 可知，花桥商务城金融服务外包企业对中职毕业生的需求量是很大的，尤其是在数据录入和呼叫服务行业中存在人才缺口，而且呈递增趋势。这就为花桥国际商务城中等专业学校人才培养提供了方向和目标。学校在制定人才培养规格时，直接面向企业行业的岗位需求，让学校教育和企业岗位"零距离"对接，既提升了毕业生的就业率，又为地方企业填补了人才缺口。

◆ 岗位技能

目前中国金融服务外包的主体产业以保险业、信用卡业、证券业为主，20% 左右为中高端外包业务，80% 左右为低端外包业务，主要以保险业、信用卡业后台数据录入与后台呼叫服务业务为主。根据调查走访，花桥商务城 80% 左右的数据录入、呼叫服务业务对人才岗位技能有以下需求：

从事金融服务外包产业的人员须要掌握金融、银行、证券等行业的基础知识，有一定的计算机操作能力。数据录入岗位要求计算机文字输入能达到 80 字/分钟，而呼叫服务岗位要求学生有一定的沟通能力和技巧，能够熟练操作电脑即可。

（二）明确人才培养方向

对相应职业岗位进行广泛调研和深入分析，形成适应产业需求变化的岗位能力分析报告。通过对花桥商务城金融服务外包企业岗位人才要求的调查，明确了人才培养的目标。

根据对花桥国际商务城金融服务外包人才需求的调研，可得出表 3.2、表 3.3的结论。

表 3.2　金融服务外包企业与项目调查

年份	金融服务外包企业	金融服务外包项目(个)			投资额(亿)
		会计金融类	数据处理类	呼叫服务类	
2008	20	30 多个	60 多个	50 多个	130
2009	40	50 多个	100 多个	100 多个	200
2010	60	100 多个	200 多个	200 多个	400
2011	70	120 多个	200 多个	200 多个	450

表 3.3　金融服务外包专业用工规格与要求调查(至 2011 年)

专业方向	学历要求及人数		
	中职	大专高职	本科及以上
会计与金融事务	1 500	1 000	1 000
银行后台数据处理	15 000	5 000	1 000
呼入、呼出服务	15 000	5 000	1 000

中职、中专类金融服务外包专业学生岗位技能要求				
专业方向	知识	能力	态度	证书
会计与金融事务	一般	高	好	上岗证
银行后台数据处理	一般	高	好	计算机证书
呼入、呼出服务	一般	高	好	呼叫服务员证

昆山花桥国际商务城中等专业学校专业人才培养目标突出地方经济发展需求,强调品德养成和综合能力的锻炼,培养技能型专门人才。专业人才培养的规格突出基础性和实用性,注重知识和能力并重,技能与岗位对接,为地方经济的发展培养对口、适应工作需要的人才。

第三节　职业学校培养地方性技能型人才的专业设置

一、职业学校专业设置现状

近些年来,国家大力倡导发展职业教育,旨在为社会经济发展培养技能型人才,从而满足企业对人才的需求。然而,在推进发展职业教育的同时,也催生了部分职业学校专业设置的问题,如在专业设置上存在盲目性甚至随意性,不以市场的真正需求为导向,跟风似地开办“热门专业”,部分学校并不具备相应的办学能力，也盲目地开设，导致办学质量下降，雷同专业过剩，毕业生供大于求，也导致教育资源的浪费。另一种现象则是，部分学校对本地区的主导、新兴产业发展前景估计不足，相关专业的建设滞后，主动适应经济转型、社会变革的自我调整能力欠缺，专业设置的管理机制尚未形成，所以人才培养还不能适应地区经济发展的需要。以上现状，与职业学校的专业设置息息相关。专业设置，是一项重要的工作，它影响着职业学校在市场经济浪潮中能否健康发展。如何更好地让有限的教育资源得到合理的配置，学科专业如何与市场对接，是进一步提高教学质量、培养适应市场需要的人才、服务本地区经济发展的重大课题。

"专业设置"就是办学主体（一般指高等学校）根据教育主管部门提供的专业目录和社会经济文化发展需要设立的学业组织。① 专业设置是职业学校教育事业发展中十分重要的环节，无论对办学规模，还是办学效益、办学质量，都具有先导作用。同时，它又以经济发展为导向，因市场需求而更替，并以社会各项事业的发展为前提。地方性技能型人才的培养必须以相关专业作为其主要载体，以学生为主体、教师为主导，通过一系列的教学活动，以及相当学时比例的企业实践得以实现。因此，职业学校的专业设置在"适销对路"的人才培养过程中具有举足轻重的地位。

如果将学科门类比作一棵棵大树的话，那么与其学科知识体系相关的专业就是树上的分枝。比如体育与健身类学科，包括 3 种不同的专业，分别是运动训练、休闲体育服务与管理、体育设施管理与经营。根据教育部 2010 年颁布的《中等职业学校专业目录》，中等职业学校的专业有 19 个学科门类，下面我们看看江苏省中职学校的专业设置情况。

表 3.4　2011 年江苏 66 所中等职业学校专业设置情况统计分析

项目 专业大类	设置专业数量（个）	各专业所占百分比（%）	招生人数（人）	招生人数所占百分比（%）
加工制造类	278	25.14	17 808	26.84
信息技术类	178	16.09	10 766	16.23
财经商贸类	133	12.03	7 301	11.00
交通运输类	103	9.31	5 559	8.38
文化艺术类	94	8.50	4 702	7.09
旅游服务类	83	7.50	4 629	6.98
农林牧渔业	67	6.06	4 860	7.33

① 杜才平、张明龙：《地方性高校专业结构调整研究》，北京：知识产权出版社，2010 年，第 87 页。

续表

项目 专业大类	设置专业数量（个）	各专业所占百分比（%）	招生人数（人）	招生人数所占百分比（%）
土建水利类	64	5.79	3 905	5.89
石油化工类	24	2.17	1 445	2.18
医药卫生类	16	1.45	1 980	2.98
教育类	14	1.27	840	1.27
公共管理与服务类	9	0.81	381	0.57
轻纺食品类	7	0.63	395	0.60
体育与健身类	5	0.45	179	0.27
能源与新能源类	3	0.27	150	0.23
休闲保健类	2	0.18	80	0.12
司法服务类	2	0.18	330	0.50
资源环境类	0	0.00	0	0.00
其他	24	2.17	1 035	1.56
平均值	58	5.26	3 492	5.26
合计	1 106	100.00	66 345	100.00

资料来源：依据江苏 66 所中等职业学校 2011 年招生计划数据统计计算。

通过表 3.4 可知，2011 年江苏省的招生计划中，除资源环境类专业没有纳入其中，共覆盖了 18 个学科大类。朱明苑、曹晔对江苏省 66 所此类学校的抽样调查显示，中职学校累计专业设置数为 1 106 个。① 设置专业数量、各专业所占百分比、招生人数、招生人数所占百分比前四位的学科大类分别是：加工制造类、信息技术类、财经商贸类、交通运输类；排名后四位的学科大类分别是：体育与健身类、能源与新能源类、休闲与保健类、司法服务类。依照江苏省 2011 年统计年鉴数据分析可知，苏南地区排在前列的学科依然是加工制造、信息技术、财经商贸、旅游服务、文化艺术五类。从产业结构来看，第三产业所占比重最大，如表 3.5 所示。

① 朱明苑、曹晔：《江苏省中等职业学校专业设置与产业结构适应性探究》，《职教通讯》，2012 年第 34 期。

表 3.5　江苏中等职业学校专业结构、招生结构、产值结构和城镇从业人员结构对照

项目 区域	产业	专业结构（%）	招生结构（%）	产值结构（%）	从业人员结构（%）
苏南地区	第一产业	0.49	0.43	1.40	3.41
	第二产业	9.49	10.69	32.48	20.48
	第三产业	18.10	15.92	26.30	16.33

资料来源：依据江苏 2011 年统计年鉴数据和 66 所中职学校 2011 年招生计划数据统计计算。

昆山花桥国际商务城中等专业学校位于长三角经济圈核心区域的江苏省花桥经济开发区，花桥被称为江苏省的东大门，毗邻上海。2006 年起，花桥经济开发区被确立为全省唯一以现代服务业为主导的经济开发区。为了适应本地区的经济发展，该校适时提出构建金融服务外包专业，并积极开展学科和专业的探索与建设。经过几年的有效实践，尤其是市场调研、校企合作、实施课程改革、加大实训设备的投入，2009 年该校金融服务外包专业被评为苏州市优秀新专业，并通过了苏州市示范专业的验收，2010 年又被评为江苏省示范专业。

表 3.6　2011 年昆山花桥国际商务城中等专业学校专业设置与建设情况

序号	专业名称	开办年度	学制	在校生数	专任专业教师数	高级职称专任专业教师数	技师或执业资格证书专任专业教师数	专业实验实训设备总值（万元）	何时通过市教育行政部门合格认定或推荐合格
1	金融事务（金融服务外包）	2008	3	236	9	2	1	339.74	2011
2	电子技术应用	1984	3	210	6	1		448	2011
3	物流服务与管理	2007	3	186	5			580	2011
4	计算机应用	2002	3	130	5			952.76	2011
5	计算机网络技术	2011	3	46					
6	旅游服务与管理	2005	3	160	5			70	2011
7	酒店服务与管理	2009	3	28					

续表

序号	专业名称	开办年度	学制	在校生数	专任专业教师数	高级职称专任专业教师数	技师或执业资格证书专任专业教师数	专业实验实训设备总值(万元)	何时通过市教育行政部门合格认定或推荐合格
8	机电技术应用	1991	3	111	6			258	2011
9	数控技术应用	2008	3	120					
10	模具制造技术	2008	3	32					
11	会计	1994	3	144	4			65	2011
12	美术绘画	1995	3	122	4			300	2011
13	会展服务与管理	2006	3	65					
14	电子商务	2006	3	121	4			65	2011
15	商务英语	2010	3	75	2			10	
合计				1 786	50	3	1	3 088	

随着本地区经济的进一步发展,以及社会对人才的需要,保证人才“适销对路”,在充分斟酌眼前与长远、局部与整体、数量和质量等之间的关系,该校的专业也随之调整,保留社会持续热需的专业,剔除不相适应的专业,从而提升学校的办学品质,做好专业与经济社会的对接。截至2013年该校专业设置与建设情况,有了新的变化。

表3.7 2013年昆山花桥国际商务城中等专业学校专业设置与建设情况

序号	专业名称	开办年度	学制	在校生数	专任专业教师数	高级职称专任专业教师数	技师或执业资格证书专任专业教师数	专业实验实训设备总值(万元)	何时通过市教育行政部门合格认定或推荐合格
1	物流服务与管理	2007	3	324	12	4	12	509.352	2013.1.10
2	金融事务(金融服务外包)	2008	3	216	11	4	10	787.011	2013.1.10
3	计算机应用	2002	3	225	7.6	1	5.6	171.276	2013.1.10

续表

序号	专业名称	开办年度	学制	在校生数	专任专业教师数	高级职称专任专业教师数	技师或执业资格证书专任专业教师数	专业实验实训设备总值(万元)	何时通过市教育行政部门合格认定或推荐合格
4	电子技术应用	1984	3	410	13	3	0	292.01	2013.1.10
5	旅游服务与管理	2005	3	188	12	2	6	271.494	2013.1.10
6	酒店服务与管理	2009							
7	美术绘画	1995	3	151	1.5	0	1	148	2013.1.10
8	会计	1994	3	29	1	1	0		
9	商务英语	2010	3	58	1	0	0		
10	建筑表现	2012	3	39	0	0	0		
11	市场营销	2012	3	36	0.4	0	0.4	28.739	
12	人力资源管理实务	2012	3	40	0	0	0		
合计				1 716	59	15	35	2 207.882	

以上专业建设表,体现了该校专业设置与时俱进的特点。保留的专业有9个,分别是物流服务与管理、金融事务、计算机应用、电子技术应用、旅游服务与管理、酒店服务与管理、美术绘画、会计、商务英语。撤销了6个,只增加了3个,增加的分别是建筑表现、市场营销、人力资源管理实务。新增的专业与花桥国际商务城的人才需求基本相吻合,保留的9个专业则是该校传统优势专业,或者是现代服务业中的重要专业。从招生人数上来看,2011年总数为1 786人,2013年总数1 716人,减少了70人,但总体来看,学校在撤销6个专业的前提下减少了70人,应该说总体更适应社会经济发展的需要,在主导产业所需人才培养上反而是增加了。对于那些现代服务业急需人才的专业,该校的在校生人数逐年增加,有的是大幅增加。比如物流服务与管理专业,2011年人数为186人,到了2013年是324人;再看电子技术应用专业,2011年为210人,到2013年陡增为410人。从教学上来看,相关专业的专任教师的数量在增加,双师型教师的数量也呈现了大幅递增的态势。

综合上述分析,该校当前的专业设置呈现出紧紧围绕本地区的经济发展和人才需求的趋势。金融服务外包作为花桥经济开发区的重点项目,对国内来说还是新兴的产业，同时，本地区正处于产业转型与升级的过程中，尚有不稳定和不确定性因素存在。在这样的形势下，该校在该专业建设上还有一些问题，主要原因有四：1）金融服务外包是一个新兴产业，所有学校该专业的人才培养方案都在不断地滚动修订，逐步完善。2）专业技能课程标准与教材的吻合度不强，正处于开发完善阶段。3）学校正通过企业培训和转岗培训逐步提高师资队伍建设水平，以便更好地服务于教学活动。4）金融服务外包作为新的产业催生了金融事务等相关专业，但这方面的师资力量尚不足。

作为花桥国际商务城唯一的一所中职学校，该校在新产业、新规划、新发展形势下，需要更加敏锐，也需更为谨慎地进行专业设置，审时度势，未雨绸缪，面对社会经济发展的良好势头，果断做出正确的选择，抓住机遇，齐心协力，为本地区培养专业人才，从而更好地为本地区的社会经济发展服务。

二、职业学校专业设置的步骤

中等职业学校是进行专业教育的主要场所，专业设置是专业教育得以顺利实施的前提。在学校教育事业中，专业设置是办学活动的先导，它对于学校的办学效益、办学质量，乃至办学规模都具有十分重要的基石作用。因此，在中等专业学校的专业发展中，应率先重视这项工作，并且结合社会行情、校内条件，充分考虑到各方面的优劣得失来进行。

参照《高等学校本科专业设置规定》，中职学校在专业设置上也应该遵循前瞻性、可行性、系统化的原则。前瞻性原则，即是在专业设置之前，应该对社会总体人才需求、本地区人才需求有长期的关注，能及时了解经济转型、发展以及深入发展时人才需求的新形势、新理念、新要求，这是专业设置不滞后、能迎头赶上的必要条件，更能有效地避免专业设置的后知后觉。可行性原则，即在专业设置过程中，首先要有充分的市场调研与办学条件等各方面的论证，然后做出可行性报告。系统化原则，因为专业并非是孤立存在的，它必定有相关专业为依托，比如声乐专业，必须要以视唱、练耳、音乐史、作品分析、形体舞蹈等为依托，所以专业设置中也要考虑到构建专业群体，充分利用教学资源，实现专业结构的优化。其实这也是依据经济的“产业链”思路：支柱产业—主导产业—相关产业—附加产业，形成主干专业和相关专业紧密联系的专业群，这是专业设置要遵循的系统化原则。为了将专业设置工作全面、客观、有序地做好，须要经过以下几个步骤的仔细考量，再做决定。

1. 专业人才的市场调研

职业教育不同于普通教育，职业学校的招生具有自主性和灵活性的特点，原因就在于职业学校与社会联系得更为紧密。社会的当下需求和前景需求就是职业学校专业人才培养的风向标。在市场经济的背景下，招生就业都要学习市场经济规律，且特别注重人才市场的供求关系，以及引发供求变化的主导诱因。专业设置须要考虑地方产业政策以及支柱产业、主导产业的发展，还要具有前瞻性，即认清本地区的新兴产业也是牵动专业人才需求的重要因素。因此，在专业设置上，首先要做好本地区的人才市场调研工作，了解本地区的支柱产业、主导产业和新兴产业，熟悉这些产业需要怎样规格的专业人才，以及其发展趋势、技术状况、岗位设置、人才数量，必须通过反复论证，为专业设置提供科学依据。

2. 学校办学能力的掂量

在职业学校的专业设置范畴里，办学能力就是学校培养人才的能力，它主要包括硬件和软件两方面。硬件是学校里的各种专业教室、实训基地、实验室、运动场、食堂、图书馆、学生宿舍，等等；软件则是师资队伍，包括专业教师、双师型教师、高学历教师、骨干教师、学术学科带头人、辅导员，等等。在专业设置启动时，学校的硬件和软件必须结合专业设置的需要综合考虑，看是否具有培养专业人才的足够资本和能力，假设某种热门专业亟须开设，则要提前做好软硬件的充分准备，切不可盲目行之。

3. 人才培养目标的确定

人才培养目标是指专业教育的目的和人才培养的具体要求，也是专业设置的初衷和归宿，还是下一步工作开启的前提，比如制订专业人才培养方案，确定相关专业的课程设置。不同专业人才就有不同的专业培养目标，因此它并非笼统的总目标，而是具有明确的方向。在目标里不仅要求具有一定的文化理论素质，更要有过硬的该专业上岗的工作能力，这也是人才培养的规格。职业学校根据自身的能力和市场的要求，对专业人才的职业道德素质、业务能力、文化理论等方面所要达成的目标进行科学设计和规划，力求具体、全面、详细。特别是业务方面的能力要求不可松懈，这是人才培养规格的核心，不仅要合理而且要合乎人才市场的用人标准。

4. 实施性教学计划的制订

明确了人才培养目标和基本规格要求后，就诞生了总体规划以及各专业人才培养的实施方案，在此基础上将总体规划和实施方案具体化、细节化，就是教学计划的制订。教学计划是课程的总体规划，它规定不同课程类型相互连接的方式，也规定了不同课程管理学习方式的要求及其所占比例，同时对学校的教学、岗位实践、课外活动等也做了全面的安排，具体规定了学校应设置的学科、课程开设及课时分配。教学计划规定着学校教学内容的总方向和总体结构，并全面地安排了学校的教育教学活动，体现了人才培养目标和培养规格。由于不同专业有其自身的知识理论结构和实践活动，因此必须有适合不同专业的教学计划，它反映出国家或地区对某一类人才的具体要求，也体现了学校在专业人才培养方面的办学特色和定位。在制订教学计划过程中，应该秉持系统化、具体化、连续性、可行性的原则，按照国家对中等职业教育的课程理念要求，以人为本，注重理论贯穿于实践，职业道德服务于工作岗位。

5. 课程体系和教学内容的确定

课程体系是指在一定的教育价值理念指导下，将课程的各个构成要素加以排列组合，使各个课程要素在动态过程中统一指向课程体系目标实现的系统。① 同一专业不同课程门类按照门类顺序排列，是教学内容和进程的总和，课程门类排列顺序决定了学生通过学习将获得怎样的知识结构。课程体系是育人活动的指导，也是专业人才培养目标的具体化和依托。对于地方性职业学校来说，它直接为本地区培养专业人才服务。地方性职业学校的专业人才培养具有特别的针对性，可以认为它为本地区经济发展量身定制，强调培养知识和技能并举、侧重技能的技术应用型人才。但是，课程体系也必须处理好人文与科学、传统与现代、前沿与经典之间的关系，因此，课程体系和教学内容里要兼顾到文化基础与技能实践，乃至创新能力，还要注意文化课与专业课、选修课与实践课的比例，这样教学内容才不至于僵化、单一，从而有利于达成专业人才培养的基本规格和总体目标。

三、昆山花桥国际商务城中等专业学校“金融服务外包”专业建设探索

1. 金融外包专业蓬勃发展

进入21世纪之后，全球金融服务外包产业迅速发展，特别是中国自2001年加入WTO以来，我国的服务外包产业也进入快速发展阶段，对人才的需求与日俱增，积极探索并建立与服务外包产业发展相适应的专业人才培养体系也显得更为迫切。苏州市服务外包产业起步早、发展速度快、企业数量多、就业规模大。2009年，苏州市被国务院批准为中国服务外包示范城市。昆山市、太仓市、花桥经济开发区等8个开发区分别被认定为省级国际服务外包示范基地和示范区。近几年，苏州市的服务外包产业呈现出跨越式发展的特点，并取得了显著的成效。

从表3.8中不难看出，随着服务外包产业的不断深化发展，从业人数逐年攀升。目前，花桥国际商务城已引进华道数据、远洋数据、中金数据、易方呼叫、51BPO、邦助信息、法国凯捷等国际知名企业，其中华道数据、远洋数据、中金数据主要从事金融服务外包数据处理类业务，企业需求数据处理类技术人员

---

① 崔颖：《高校课程体系的构建研究》，《高教探索》，2009年第3期。

10 000人以上。易方呼叫、51BPO、邦助信息主要从事金融服务外包呼叫服务类业务,需求呼叫服务类技术人员 8 000 人以上。金融机构后台处理中心,包括银行、证券、保险等大型金融机构的财务结算中心、信用卡服务和客户呼叫中心等均需要大批的技术工人。这表明,花桥经济开发区未来需要大量的服务外包专业人才。

表 3.8 2008—2011 年昆山花桥经济开发区接包合同额和从业人数

	2008 年	2009 年	2010 年	2011 年
接包合同额(亿美元)	6.3	13.9	22.7	35.7
从业人数(万人)	3.6	8.8	12.0	16.0

资料来源:《中国服务外包产业发展报告(2012—2013)》。

(二) 职业学校发展金融外包专业的有利因素

职业学校发展金融服务外包专业是顺势而动,符合经济发展与人才供求关系的市场规律,也是为本地区输送专业人才的重要渠道,更是职业学校的主要职能所在。地方性职业学校人才培养的专业方向依托地方的主导产业和支柱产业,花桥经济开发区的当下经济发展模式和未来规划决定其以服务外包产业为龙头,金融服务外包更是花桥的主导产业之一。因此,花桥国际商务城中等专业学校在该专业设置上的决策带有鲜明的针对性、慎重的可行性、敏锐的前瞻性。

1. 政策优势

在着力发展服务外包产业的大气候下,各级政府都非常重视给予政策和财力上的支持。而花桥作为省级开发区,更受到省政府的直接关怀和扶持。为此,苏州市及地方相关政府部门为了加快服务外包产业的进一步发展,出台了一系列的地方政策和意见:苏州市出台《苏州市加快服务外包人才培养的若干意见》、昆山市出台《关于引进和培养服务外包人才的实施办法》等。为了广纳贤才,花桥经济开发区兴建了大量的人才公寓,以及医院、大型超市、电影城、运动城等配套的健康、生活、娱乐设施。

花桥国际商务城中等专业学校的发展与花桥的服务外包产业的崛起息息相关,从近几年来看,该校由一个鲜为人知的昆山第三职业高级中学,一跃成为在苏州市乃至省内颇有名气的花桥商务城中专,在不同领域、不同专业的创新大赛、技能大赛等赛事中均体现出长足的进步,学校的各项事业蒸蒸日上,呈现出跨越式发展的态势。与此同时,学校在花桥政府的支持下,于 2010 年异地兴建新的校园,2 幢实训楼内分设物流、动漫、呼叫、金融服务外包等 8 个实验实训中心，总价值达3 088万元。花桥政府十分重视该校的发展，在政策和财力上给予相当的支持和投入，而且，昆山市政府也特别关注该校近几年发展中所取得的成就，市政府主要领导先后几次来该校调研，指导工作。

2. 地域优势

花桥经济开发区位于苏沪交界处，被称为江苏的东大门，上海的后花园。全国第一条跨省城市轻轨（上海轻轨11号线）从上海延伸到花桥，同时陆路交通也极为便利，沪宁高速、312国道等皆经过花桥。根据功能策划和总定位，花桥国际商务城将充分发挥靠近上海的区位优势，主动融入上海，接受上海辐射，承接上海商务外溢，着力打造服务外包基地和国家级金融服务外包示范区，大力发展四大产业——服务外包、金融机构后台处理中心、制造业企业的区域性总部、物流采购中心，力争通过5—10年的努力，基本形成拥有30万商务和服务人口、1 000万平方米建筑面积的城市构架，努力打造"昆山服务"、"昆山办公"品牌，建设成为上海国际大都市的卫星商务城。花桥的基础设施完善，城市规划科学合理。所谓近水楼台先得月，该校具有得天独厚的地域优势。在招生方面，由于便利的交通能吸引许多文化素质相对良好的学生，甚至外县市的学生；培训和就业方面，服务外包专业与本地区的产业是对接的，所以相比而言也是水到渠成。

表3.9　花桥国际商务城中等专业学校金融外包专业近三年社会培训情况

2010年培训人次	2011年培训人次	2012年培训人次	三年平均培训人次
176	153	187	172

表3.10　花桥国际商务城中等专业学校金融外包专业毕业生近三年就业情况

近三年累计毕业生总数	毕业生就业人数及比例		毕业生对口就业人数及比例		毕业生劳动合同签订人数及比例	
211	198	93.8%	167	79.1%	198	93.8%

表3.9、表3.10显示，该学校在发展金融服务外包专业方面体现出独有的地域优势，学生毕业即可参加相关专业岗位工作，同时还能承担与此专业有关的专业培训。另外，该校距离花桥金融服务外包产业园只有五六公里，无论是企业人员来校培训，还是该校学生顶岗实习都极为便利。

3. 资源优势

在本地政府的大力支持下，经过近几年的开拓进取，该校相继被评为"苏州市服务外包人才培养培训基地"、"苏州市服务地方经济转型升级先进学校"、"中国服务外包（昆山）人才培养基地"。学校的硬件设施也日趋完善，甚至大部分实训室、实验室处于省内领先水平。由于该校2010年重建校舍,所以学校的教学区、生活区、活动区、实训区、图书馆等都焕然一新,这些硬件资源无疑为发展金融服务外包专业提供了优良的物质保障。通过表3.11即可看到该校在这方面所做的努力。

表3.11 花桥国际商务城中等专业学校专业实验实训设备及其所藏书刊情况

专业实验实习设备总值(万元)	生均专业实验实训设备值(元)	专业藏书数量(册)	专业期刊(种)
787.011	36 435.69	6 000	37

在智力支持方面,虽然该校开设该专业才短短几年,但发展迅速,这得益于学校注重专业教师队伍建设。目前,该校已初步打造成一支双师型、业务精干、理论扎实的专业教师队伍。从年龄结构和职称上来看呈金字塔形,位于塔形基座的是高学历年轻教师,而年轻教师善于与学生沟通,容易接受新事物、新理念、新思维,富有创造性,且精力充沛,工作充满热情,这些因素也为该专业的发展提供可持续的智力支持。

此外,学校也鼓励教师多学习,多参加企业实践,不断为教师创造学习的机会,经常性地组织专业教师外出调研、观摩、参加培训等,并定期邀请知名专家来校做专题讲座。从人才培养方面来看,物质保障是外因,智力支持是内因,事情要朝着良好状态变化发展,必定是内外因共同作用的结果。

4. 校企合作优势

为谋求培养高规格的专业人才,该校采取与企业合作的方式,有针对性地为企业培养人才,注重人才培养的实用性与实效性。依托地方的金融服务外包产业优势,将该专业学生的在校学习与企业实践结合起来,充分利用企业资源,实现信息、资源的共享,达成“双赢”的效果。总之,该校的校企合作做到了应社会所需、与市场接轨、与企业合作、实践与理论并举。目前,该校该专业已与十多家金融服务外包企业建立了校企合作关系,开展了共建实训基地、引企入校、设立奖学金、师生培训、企业员工培训等多种形式合作。与该校有长期合作的知名大型企业分别为华道数据、江苏远洋数据、易方科技、51BPO、上海邦助信息技术、中银金融商务。合作的基本情况见表3.12。

学校通过企业的反馈与需要,有针对性地培养人才,同时结合市场导向,注重学生实践技能,旨在培养出社会需要的人才,也更加直接地让学生得到岗位的锻炼,促使技能的增强。从企业的层面来看,由于该校的专业贴近地方产业,与这些企业空间距离很近,企业也不必为培养人才担心场地问题,实现了学生在校学习与企业实践的有机结合,让学校和企业的设备、技术实现优势互补,节约了教育与企业成本。这一项优势为该校金融服务外包专业可持续发展解除了后顾之忧,也是促成毕业生顺利就业的重要保障。

表 3.12　几家企业与花桥国际商务城中等专业学校合作情况

合作企业名称	企业是否为区域内专业骨干企业	合作开始时间	合作协议签订时间	三年来接受本专业学生实习人数	三年来开展订单培养学生人数	三年来开展专业教师企业实践锻炼人数	三年来为企业开展职工培训人次	其他合作情况及效益
华道数据处理(苏州)有限公司	是	2008 年	2008 年	128	51	9	166	共建实训基地、设立奖学金、引企入校、订单培养
江苏远洋数据有限公司	是	2008 年	2008 年	54		6	100	共建实训基地、师资培训、学生就业
易方科技有限公司	是	2008 年	2008 年	40		4	80	共建实训实习基地、学生就业
51BPO 集团上海易才实业有限公司	是	2008 年	2008 年	40		3	35	共建实训基地、师资培训、学生就业
上海邦助信息技术有限公司	是	2008 年	2008 年	60		3	35	引企入校、师生培训
中银金融商务有限公司	是	2008 年	2008 年	80		6	100	共建实训基地、师资培训

(三) 金融服务外包专业的构建

2006 年,昆山花桥国际商务城被确立为全省唯一以现代服务业为主导产业的经济开发区,因此花桥国际商务城全力推进金融服务外包、总部经济、物流展示和商贸服务四大主导产业的发展。根据 2011 年前的统计数据,已引进现代服务业项目 400 多个,其中形成规模的项目 120 个,总投资超过 450 亿元,服务外包已经形成较为完备的产业链。花桥国际商务城中等专业学校自 2007 年开始规划开设金融服务外包专业,组织相关专业教师开展市场调研,撰写论证报告,研究制订实施性教学计划,研究并制订课程改革方案、课程教学模式改革方案、专业建设方案,并通过了专业委员会和专家的论证,得到了政府的支持。在做好一系列的准备工作后,该校金融服务外包专业于 2008 年

9月正式开始招生。

同时，学校在政府的支持下，将大量资金投入到专业实验实训设备的添置以及专业书籍期刊的订购中。经过几年的建设、探索和办学经验总结，金融服务外包专业不断为该校创造良好的声誉，提升了该校的办学品质和整体竞争力。该专业也于2010年先后被评为“苏州市优秀新专业”、“江苏省示范专业”。

第四节 职业学校的人才培养方案

人才培养方案是职业学校人才培养工作的顶层设计，是人才培养目标、培养规格及培养过程的具体化、实践化形式，是人才培养的教育行动框架和教育管理规范，是职业学校保证教学质量和人才培养规格的指导性文本，是组织教育教学管理过程、安排教学任务、确定教学编制的基本依据。如何根据人才培养目标及规格要求，科学构建教学内容和课程体系，实现人才培养方案的整体优化，是构建地方性职业学校人才培养模式的核心内容。人才培养方案的制订与修订工作是学校的一项重大工程，关系到职业学校各专业所培养的人才应具备什么样的知识结构和综合素质，关系到如何适应社会经济和产业发展的需求，关系到如何提高毕业生就业质量等问题。同时，这项工作关系到学校的办学方向和教育质量，涉及教学的各个环节，对人才培养质量乃至学校的整体工作都有着重大的影响。通过对人才培养方案的适时修订，能够使职业学校培养的学生适应社会、服务社会的能力更强，发展的后劲更足。因此，明确人才培养方案的内涵，领悟制订和优化职业学校人才培养方案的必要性，了解制订和优化职业学校人才培养方案的原则，探索如何设计与制订技能型人才培养方案，对提高职业教育教学水平和技能型人才培养质量具有十分重要的意义。

一、人才培养方案的内涵

人才培养方案，按广义的理解，包括专业培养目标、专业培养要求、修业年限、课程设置、教学进程总体安排等。按狭义的理解，包括课程设置（含课程性质、类型、学时或学分分配、教学方式、开课时间、实践环节安排等）和教学进程总体安排（含分学年、分学期的教学进程计划，即教学计划年度或学期运行表，落实每学期课程及其教学环节的教学任务、教学进度、考核方式等）。这里所说的人才培养方案主要内容由培养目标、专业培养要求和课程体系三大部分组成，其中还包括主干学科、学制、授予学位、主要课程、毕业条件、课程学习安排、学时学分结构表、教学进程计划表等。

在人才培养方案制订过程中占主导地位的是专业培养目标的确定，它规定的人才培养规格和质量标准，是职业教育实施过程的逻辑起点和归宿。专业培养要求必须围绕专业培养目标而提出，它是人才培养质量标准的具体化，是开展一切教育教学活动所要达到目标的理论指标。为了达到所提出的专业培养要求，则需要通过一套课程体系的实施来实现，因此，课程体系是针对专业培养要求而构建的。这样，专业培养目标、专业培养要求、课程体系三者相邻间的逻辑关系应是充分必要的。如果三者互相脱节，或者不能较好地相互支撑，就不能很好地实现培养目标，从而也就不能很好地实现教学计划。

另外，还要认识到，课程的学时学分结构应是作为设计教学计划表的充分条件（之一）而非"必要条件"来使用。从理论上讲，课程的学时学分结构应该属于课程体系构建的思考基础之一，是给各类课程合理分配学时学分的一种原则，必须是在经过充分讨论、科学论证的基础上，提出课程体系框架，并根据一定原则给各模块课程规定相应比例的学分，然后再在规定的学分量内精心设计课程及内容。如果以上逻辑关系颠倒，整个课程体系的学时学分结构将失去原则和依据，只能成为由课程结构统计出来的一种"既在事实"的数据而已。①

课程体系是人才培养方案的核心，集中反映了人才培养目标的具体要求和专业特色，规定了学生为达到培养目标所应学习的基本内容，决定了学生的智能结构。它基本上是思想道德、科学与人文知识课程，学科基础知识课程，专业性知识和技能训练课程的组合。第一类课程是对学生进行全面素质教育所必需的基础，大体属通识教育课程，而第二类和第三类课程则是为培养技能型人才的专业目标所规定的。这三类课程组合模式体现了"以能力为本位、以职业实践为主线、以项目课程为主体的模块化专业课程体系"的原则。而在专业培养目标之下构建的课程体系结构是否有自己的特色，是课程的组合优化问题，应该用系统论的观点和方法定性、定量地来考虑，要以课程体系结构特色来凸显专业特色。

二、人才培养方案的制订与修订

（一）人才培养方案制订与修订的必要性

按照党的十八大会议精神，职业教育培养技能型人才要始终坚持以育人为根本、以服务为宗旨、以就业为导向，对接行业企业岗位需求，这要求职业学校制

---

① 季桂起、宋伯宁：《地方本科院校创新性应用型人才培养模式研究》，济南：山东大学出版社，2013年，第87页。

订人才培养方案的时候，要遵循技术技能人才成长规律，系统构建职业教育课程体系，改革创新人才培养模式，着力培养学生职业道德、职业技能、就业创业能力和可持续发展能力，全面提升职业教育质量，为地区经济的快速发展提供强有力的支撑。“十二五”后，社会经济发展方式转变、结构调整带来的社会变化使职业教育迎来了新的发展契机，职业学校人才培养理念日趋成熟，人才培养目标日趋明确，人才培养由模仿高校向建立自己的特色转化，体现适应性人才培养要求的人才培养方案的制订和修订势在必行。

1. 职业学校人才培养方案制订和实施过程中存在问题

江苏省教育厅对职业学校的人才培养目标定位是：培养与我国社会主义现代化建设要求相适应，德、智、体、美全面发展，具有综合职业能力，在生产、服务、管理一线工作的技术技能人才。中等职业教育重点培养现代农业、工业、服务业发展需要的一线技术技能人才。在多年的就业推荐安置实践中，企业对中等职业学校培养的学生，最为关注的是职业态度与素养、专业技能、社会能力、学习能力和发展潜力等，因此，中等职业学校培养的目标应定位于一般技能型人才，且这种技能型人才是可持续发展的，不应仅仅强调其技能性，也应注重其综合素养。但目前，职业学校在人才培养方案制订和实施过程中还存在着一些问题：

(1) 沿袭与错位。一些职业学校在制订人才培养方案的时候，往往借鉴高校甚至复制高校，导致专业定位与人才培养目标产生错位。这些职业学校虽然将培养目标定位于技能型人才培养，但在制订人才培养方案时，更多是沿袭高校的专业培养目标，过多地强调理论课程的设置，片面地强调学科在专业培养方案中的地位和作用，没有研究学校的专业特征，未能对应技能型人才培养的社会需求进行调研，从而导致第二个错位——方案设计与社会需求错位。另外，还存在培养目标与能力分析、能力分析与课程体系、教学目标与教学内容、教学方法与培养要求之间的错位问题。我们知道，社会对职业学校学科专业设置、人才培养模式及培养规格的要求与对大学的要求是不一样的，中职教育培养的应是“宽基础、技术扎实、善于合作、责任心强”的学生，这与大学的“厚基础、强实践、求创新、高素质、重责任”是有区别的，这使得职业教育的人才培养既不能太低，也不能太高。

(2) 课程过多与学时膨胀。这是传统培养方案的一大弱点。传统的人才培养方案制订方式是以教育部规定的公共必修课程加上老牌中职学校人才培养方案中设置的专业基础课，以及综合各类职业学校专业方向设置的专业选修课程，再由学校教管部门拟定、审核，报分管副校长审定即可执行，缺乏一定的科学论证，造成大量理论课程堆积，理论课时过多，实践课程太少。同时，这些理论课程由于缺乏知识体系的梳理和教材的科学甄别,存在教学内容重复、知识点顺序颠倒等缺陷,不利于学生系统掌握专业知识。一个完整的人才培养方案应该包括制订和实施两个环节,但是很多时候,职业教育往往重视制订环节,轻视实施环节。尤其是实施阶段疏于管理,缺乏对方案实施进行细化和过程监督,同时在实施过程中由于双师型教师短缺或设备设施不到位等问题又存在一定的随意性,包括对教学计划的随意修改,课程安排中因人设课,课时的随意增减,实践课程的开设不足等,都会影响培养方案的执行效果,再加上缺乏对实施结果进行有效的评估和反馈,致使人才培养方案的效用递减。

(3) 稳定与变化。人才培养方案的一个重要特性便是稳定性,朝令夕改的人才培养方案不能适应人才培养需要。但是,人才培养方案不可能一成不变。首先,时代不同综合知识及其能力的掌握是不同的,现在的中职生和以前的相比,许多方面的能力明显提升,如计算机应用能力、外语应用能力、社会适应能力等,都较先前有了很大提高,因此在课程设置上显然须要进行调整。其次,随着经济的发展和市场的需求,职业教育质量观也在不断变化,不同类型的职业学校,其人才培养规格、目标也会随之变化,因此人才培养方案也要做出相应调整。另外,社会经济发展方式转变对职业学校人才培养方案的稳定性形成了冲击,促使职业学校不断修订人才培养方案以求培养适应社会发展需求的技能型人才。

2. 构建现代职业教育体系对人才培养方案提出新的要求

依据《国家中长期教育改革和发展规划纲要(2010—2020 年)》《国家中长期人才发展规划纲要(2010—2020 年)》,2012 年国家教育部提出《现代职业教育体系建设规划(2012—2020 年)》(以下简称《规划》),指出"现代职业教育是面向现代生产方式、培养生产服务第一线技术技能人才的教育类型。建立现代职业教育体系,系统培养技术技能人才,建立国家技术技能积累、传承机制,是发展实体经济和新兴经济、实现自主增长的核心因素,是经济结构战略性调整的关键支撑、社会稳定和谐发展的重要支柱"。同时,《规划》提出要"促进职业教育体系内部的开放衔接。根据社会经济对技术技能人才的需求,明确各级职业教育的定位,统筹设计各级职业教育的专业设置、课程体系、教学内容等人才培养方案"。十八届三中全会关于教育改革中亦提出要建立现代职业教育体系。2012 年江苏省教育厅下发了《关于进一步提高职业教育教学质量的意见》,明确提出要优化人才培养方案,"中等职业教育实行'2.5 +0.5'的人才培养模式,五年制高等职业教育实行'4.5 +0.5'的人才培养模式,加强校内文化基础、实训教学和校外认知实习、教学实习,校外顶岗实习原则上不超过半年。职业学校要严格执行国家和省有关要求，科学制订专业实施性教学计划或人才培养方案”。这就对中等职业教育提出了新的要求，因此职业学校绝不能照搬照抄原有的人才培养方案，要根据现有的学制重新修订和完善，以适应新一轮的改革。

3. 技能型人才培养须要修订培养方案

地方性职业学校在经历了规模扩张和人才培养的模仿和借鉴过程后，在全面提高职业教育质量的形势下，加强内涵建设，转变人才培养理念，全面提高人才培养质量成为地方职业学校谋求可持续发展的核心任务。在这种背景下，学校的可持续发展关键在于能否培养出在生产、服务、管理一线工作的技术技能人才。近年来，江苏昆山花桥国际商务城中等专业学校适应地方产业的发展，提出了培养“热爱祖国、敬业爱岗，具有吃苦耐劳和勇于创新的科学精神、具有综合职业技能、面向地方经济建设和社会发展的技能型人才”的培养目标。技能型人才既不同于大学提出的学术型创新人才，也不同于职业院校提出的技能型创新人才。其核心是技能，是培养具有实践操作能力、专业理论和经验知识的技能型、岗位性人才，技能型人才是能够创造性地运用所学的基础知识，将设计和方案变为具体的产品，将理念和思想落实为具体的服务或行动，他们有较强的岗位工作能力，有应用科学知识的能力和动手能力。地方性技能型人才的培养目标与规格，须要通过人才培养方案的修订来贯彻落实。

（二）人才培养方案的制订与修订原则

1. 基础性原则

要强调职业教育阶段的基础性，加强包括自然科学和人文社会科学在内的基础知识、基础理论、基本技能的教学及基本素质的培养，确保基础课程的门类和学时学分要求，要注重理论课与实训实习课的相互渗透和交叉，使学生不仅能做好专业人，适应岗位的要求，而且能学会基本的职业素养和道德情操，做好社会人。

2. 全面发展原则

要坚持以科学发展观为指导，促进学生全面发展的原则，将素质教育贯串人才培养的全过程，加强学生人文素质和科学素养的培养，促进学生知识、能力、素养协调发展和综合素质的全面提高，为学生可持续发展奠定良好的基础。促进人的全面发展是马克思主义和马克思主义者奉行的社会发展的基本原则。“全面实施素质教育，深化教育领域综合改革，着力提高教育质量，培养学生创新精神。”十八大报告这一论述，体现了在科学发展观统领下，教育事业的科学发展必须坚持以人为本，全面实施素质教育，促进学生全面发展。这就为职业教育明确了方向，即不仅要培养学生的道德素质和科学文化素养，还要提高他们的心理素质和身体素质，通过教育、竞争和激励机制，全面发挥他们的才能，激发他们的积极性、主动性和创造性。在人才培养方案的制订中，既要考虑学生眼前的初次就业，也要考虑学生的长远利益，培养学生可持续发展的终身就业能力，拓宽学生的知识面，强化技能训练，尽可能多地开设有利于学生自主发展的选修课程。①

3. 整体优化原则

系统论认为，事物"各组成部分孤立的特征和活动的总和，不能反映最高等级的事物的特征和活动的方式"。"客体，尤其是系统只能通过联系（从广义上说）即通过组成部分的相互作用来说明。"②人才培养方案反映了人才培养的知识体系结构，是一个完整的系统，方案的制订不能只注重某一部分，要根据专业培养目标和学制的要求，统筹培养全过程，科学处理德智体美、基础与专业、课内与课外、理论与实践、主干学科与相邻学科、教育学之间等各方面的关系，明确每门课程或每个培养环节的教学目标和作用，注意它们之间的主次和层次、内在联系和相互配合，确定合理的时间比例；要注重学科间的相互渗透，合理调整各专业的课程体系，进行课程的重组和整合，精选教学内容，剔除陈旧的课程内容，突出经典性和前沿性，使最新的研究成果体现在课堂教学中；减少课程内容的重复，提高课程的综合化程度；课程与学时、课型与场所、课内与课外、校内与校外的教学活动要形成有机整体。③ 要贯彻"多课少时"的原则，压缩理论课学时，增加实践教学学时，适当压缩必修课学时，增加选修课数量与课时，有目标地整合课外活动课程，重视学生进行自主学习和独立思考，为学生的个性发展和可持续性发展提供依据。

4. 适应社会需求原则

服务地方经济是职业教育的重要职能，市场经济时代，社会需求决定人才的培养价值，因此人才培养方案的制订要适应社会需求。

值得注意的是，在制订培养方案的时候，绝不能闭门造车、纸上谈兵，职业教育必须紧密联系企业行业的实际需求，由社会需求主体参与人才培养方案的设计。学校要对企业的岗位要求和人才规格进行充分调研，邀请企业行业专家共同制定人才培养模式，依据"首岗适应、多岗迁移、可持续发展"的原

① 许丹雅：《高职高专商科类专业人才培养方案的研究与探索》，重庆：西南财经大学出版社，2010年，第39页。

② ［奥］路·冯·贝塔朗菲：《普通系统论的历史和现状》，王兴成译，《国外社会科学》，1978年第2期。

③ 季桂起、宋伯宁：《地方本科院校创新性应用型人才培养模式研究》，济南：山东大学出版社，2013年，第95页。

则，处理好教学内容与职业岗位能力培养之间的关系，“依据每个职业岗位能力要求与企业共同确定学生的职业能力（职业素质、职业素养、职业道德等）、关键能力（学习能力、工作能力、创新能力等）和技术（技能）能力……以企业岗位目标要求为基础来进行课程内容编制，以学生适应企业将来的实际工作要求为着眼点，学以致用，并有较强的针对性”。① 因此，人才培养方案的制订，应引入社会力量参与，主动让社会需求主体参与教学计划、教学大纲和课程计划设计以及革新，实现设计从“生产者”为主导到以社会需求为主导的转变。②

5. 理论与实践相结合原则

在人才培养方案的课程结构设计中，应高度重视学生实践能力的培养，体现职业教育职业性与实践性的特色。“教育理论与教育实践脱离的问题是一个多年煮不烂的老问题。”③这句话在一定程度上也反映了职业教育的通病。在职业教育领域，理论教学与实践教学的脱节，或者说重理论轻实践的教育误区一直是困扰职业教育人才培养质量的老问题。因此，在制订人才培养方案的过程中，应通过与企业的通力合作，带动专业调整与建设，引导课程设置、教学内容和教学方法的改革。

6. 产教研合作原则

在人才培养方案的制订和实施过程中，各专业应主动邀请相关行业专家深度参与专业人才培养方案的制定，按照职业学校人才的通用标准和行业用人规格共同确定专业人才培养的标准，共同建设课程体系和教学内容，共同实施培养过程，共同评价培养质量。在课程体系设计中，充分利用社会办学资源，创新实践教学管理模式，加强学生在生产、管理、服务第一线的实践训练，强化学生的职业素养、职业技能培养，贯彻“教、学、做”一体化的思想，以学生为主体，以提高学生的职业能力为目标，使理论教学与实践教学相互渗透、相互依存。以产学合作为载体，推进“教、学、做”一体化向深度和广度发展。

---

① 杨安：《基于“校企共同体”的高职模具设计与制造专业课堂重构研究》，《职教通讯》，2012 年第 11 期。

② 肖曙光：《我国高校人才培养的社会需求内部化及制度改进》，《教育与经济》，2010 年第 1 期。

③ 叶澜：《思维在断裂处穿行——教育理论与教育实践关系的再寻找》，《中国教育学刊》，2001 年第 4 期。

(三) 人才培养方案制订(修订)的工作流程图和基本框架

1. 人才培养方案制订(修订)的工作流程

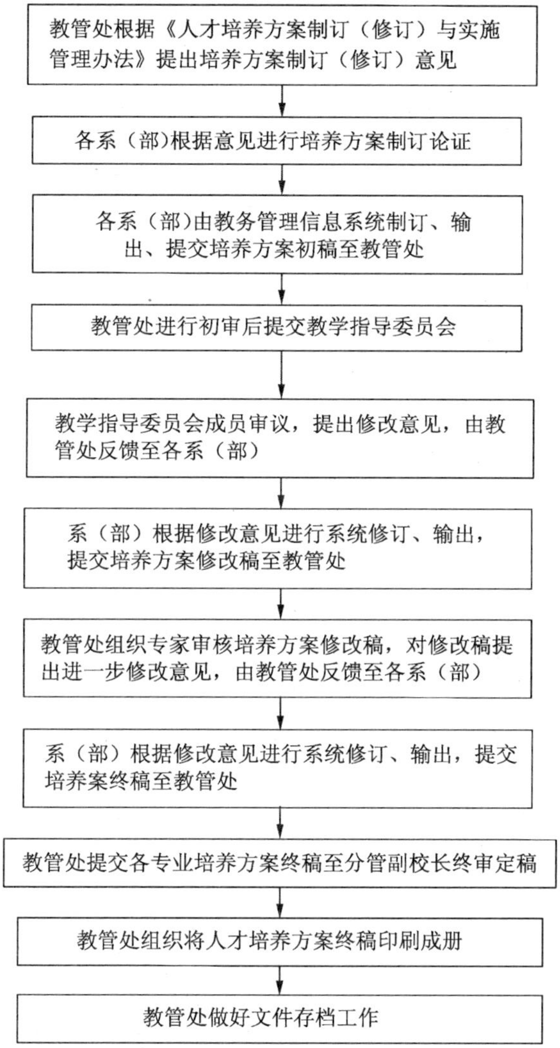

图 3.2　人才培养方案制订(修订)的工作流程

2. 人才培养方案的基本框架

人才培养方案应包括以下基本内容：

(1) 专业(专业代码)与专门化方向；

(2) 入学要求与基本学制；

(3) 培养目标；

(4) 职业(岗位)面向、职业资格及继续学习专业；

（5）综合素质及职业能力；

（6）课程结构及教学时间分配表；

（7）教学进程安排；

（8）专业主要课程教学要求；

（9）专业教师基本要求；

（10）实训（实验）基本条件；

（11）编制说明。

（四）人才培养方案各项目制订的基本要求

根据2013年颁发的《关于印发江苏省中等职业教育和五年制高等职业教育指导性人才培养方案（试行）的通知》（苏教职〔2013〕34号）要求，职业教育的人才培养方案制订主要包括以下11项内容：

1. 专业（专业代码）与专门化方向

专业代码须依据国家教育部门制定的代码进行填写。

2. 入学要求与基本学制

入学要求：初中毕业生或具有同等学力者。

基本学制：三年。

3. 人才培养目标

（1）培养目标的原则：培养能胜任生产、服务、管理一线工作的高素质劳动者和中等技术技能型人才。

（2）培养目标表述要点：适应岗位群、人才规格、基本知识、能力、素质结构。

（3）培养规格表述要点：应准确定位三个层面的规格内容：1）思想品德、身体和心理素质；2）必备的基础理论知识和专门知识；3）从事（×××职业岗位或岗位群）实际工作的基本能力和基本技能。

4. 职业（岗位）面向、职业资格及继续学习专业

（1）职业（岗位）：适合岗位群的分析，包括以本专业为主的行业及岗位群，或是与本专业相关的行业及岗位群，潜在的职业岗位群。

（2）职业资格要求：每个专门化方向可根据区域经济发展对人才需求的不同，任选一个工种，获取职业资格证书，持证上岗。

（3）继续学习对应专业。

5. 综合素质及职业能力

◆ 综合素质

（1）具有良好的道德品质、职业素养、法律意识；

（2）具备较强的服务意识、安全意识及节能环保意识；

（3）具备良好的人文和科学素养，形成稳固的专业思想和良好的生活态度；

(4) 具备吃苦耐劳、积极进取、敬业爱岗的工作态度；

(5) 具备良好的人际交往能力、组织协调能力和应变能力；

(6) 具有健康的身体素质和心理素质。

◆ 职业能力

(1) 行业通用能力；

(2) 职业特定能力。

6. 课程结构及教学时间分配

表 3.13 课程结构及学时、学分分配

课程类别		所占比例	学时	学分	原来比例
公共基础课	德育课	5.52%	180	10	4%
	文化课	29.16%	950	60	32%
专业技能课	基础平台课程	20.87%	680	40	25%
	技能方向课程	11.05%	360	20	5%
	职业资格考证	3.31%	108	6	3.5%
	毕业实习(含毕业教育)	16.57%	540	18	21%
任选课程		10.74%	350	20	7%
其他类教育活动		2.76%	90	3	2.5%
合　计			3 258	177	

7. 教学进程安排

(1) 理论教学进程表。该表是安排教学任务的实施性文件，应包括课程类别、能力模块、课程编号、课程名称、课程计划学时、教学进度及周学时、考核方式等内容。

(2) 实践教学安排表。该表要求反映出四种实习层次的不同阶段的时间和内容安排，应包括实践类别、实践模块(实践内容)、实践时间及安排、考核方式等内容。

8. 专业主要课程教学要求

根据各专业的不同特点，课程教学要求主要包括：课时、课程主要内容、能力要求。

9. 专业教师基本要求

(1) 专任专业教师与在籍学生之比不低于 1∶30；具有研究生学历(或硕士以上学位)者占 5%，具有高级职称者占 15% 以上；获得与本专业相关的高级工以上职业资格者占 60% 以上，或取得非教师系列专业技术中级以上职称者占 30% 以上；兼职教师占专业教师比例 10%—40%，60% 以上的人具有中级以上技术职称或高级工以上职业资格。

(2) 专任专业教师应具有本专业类本科以上学历;三年以上专任专业教师,应达到《省教育厅办公室关于公布〈江苏省中等职业学校“双师型”教师非教师系列专业技术证书目录(试行)〉的通知》文件规定的职业资格或专业技术职称要求。

(3) 专业教师具有良好的师德修养、专业能力,能够开展理实一体化教学,具有信息化教学能力。专任专业教师普遍参加“五课”教研工作、教学改革课题研究、教学竞赛、技能竞赛等活动。平均每两年到企业实践不少于2个月。兼职教师须经过教学能力专项培训,并取得合格证书,每学期承担不少于30学时的教学任务。

10. 实训(实验)基本条件

根据各自专业人才培养目标的要求及课程设置的需要,按每班35名学生为基准,校内实训(实验)教学功能室配置应符合国家要求,配齐、配好相应的设施设备,包括教学功能室、主要设备名称、数量(台/套)、规格和技术的特殊要求等几方面。

11. 编制说明

(1) 人才培养方案要依据《省人民政府办公厅转发江苏省教育厅〈关于进一步提高职业教育教学质量的意见〉的通知》(苏政办发[2012]194号)和《省教育厅关于制订中等职业教育和五年制高等职业教育人才培养指导方案的指导意见》(苏教职[2012]36号)编制。

(2) 人才培养方案应充分体现构建以能力为本位、以职业实践为主线、以项目课程为主体的模块化专业课程体系的课程改革理念。并突出:一要根据专业职业岗位能力要求,结合职业资格技能标准、学生职业生涯发展及继续学习的需要设置课程和教学环节,为学生终身发展奠定良好基础。二要突出“平台课程+方向课程”的基本思路,学校可根据区域经济和行业特点自主设置选修课,确定专业方向,学生可根据个人兴趣和条件自主选择课程及专业方向。

(3) 中等职业学校依据本方案制订实施性人才培养方案:

一要落实“2.5+0.5”人才培养模式,学生校内学习5个学期,校外顶岗实习不超过1学期。每学年为52周,其中教学时间40周(含复习考试),假期12周。第1—5学期,每学期教学周18周,机动周2周,按28~30学时/周计算;第6学期顶岗实习20周,按30学时/周计算。

二要注意第1—4学期集中安排整周教学周(实训周),如德育、体育、艺术和计算机应用基础等课时达不到省教育厅规定的最低要求时,各校可结合实际情况予以补足。

三是任意选修课程可结合学生个性发展需求和学校办学特色有针对性开设。以下课程仅供参考：

① 人文素质类任选课程：美育基础知识、演讲与口才、文学作品赏析、音乐欣赏、书法、毕业生就业指导、文学名著欣赏、音乐鉴赏、摄影及欣赏、大众健美操等，或语文、数学、英语课程的拓展内容。

② 专业技能任选课程：结合本专业开设相应的课程。

③ 社会实践课程：市场调查、企业参观学习、参与短期企业生产实践、实训室综合训练、工学交替等。

三、昆山花桥国际商城中等专业学校人才培养方案的优化与管理

（一）人才培养方案管理中存在的问题

1. 未能形成完善的人才培养方案管理机制

人才培养方案的制订是职业学校人才培养的关键，但是制订的目的在于实施。一个好的方案，如果在实施环节不能得到严格执行，就无法达到预期的效果。因此，严格执行人才培养方案，是确保人才培养质量的重中之重。目前职业学校普遍缺乏人才培养方案的管理机制，对于方案执行情况的监督流于形式，一般仅通过教管处上课情况检查、督导专家听课、“六认真”检查等方式进行监督。但是这仅是一种定量的检查，对于人才培养方案的执行质量，人才培养效果却难以检验。

2. 人才培养方案的制订与实施脱节

人才培养方案直接决定职业学校人才培养与社会人才需求的适切程度，涉及社会需求、政府要求、教师教学和学生学习四个不同的层次，需要制订者对社会的发展、专业学科知识以及学生特点等诸多因素有较深入的了解，这仅凭个人的经验是难以胜任的。而实际上，目前人才培养方案的制订多是由专业教研室主任独自完成，方案制订后，其审核程序完全行政化，缺少交流、探讨、审议等环节，没有专业教师和学校其他部门以及社会力量的参与，方案的制订因受个人的特质和专业背景的限制，导致培养目标实际操作难度大、课程体系不严谨、社会需求体现不充分、方案的学术性低等问题。这样一来，广大教师、学者的积极性得不到充分调动，专业教师就难以完全按照方案执行，造成执行过程难以操控、管理困难。

（二）人才培养方案的优化

1. 调整与优化专业结构布局，服务区域经济社会发展

随着科学技术和社会政治经济文化的飞速发展，我国的产业结构、行业结构、职业结构发生了非常大的变化，新兴行业不断形成。面对这种变化，如何紧

紧跟上产业、行业结构调整的步伐，不断调整产业结构，提升人才的社会适应力，成为职业学校积极关注的重要问题。

昆山花桥国际商务城中等专业学校紧靠花桥商务城，毗邻上海，属于江苏省东大门，商务城依托优越的区位交通和产业环境，正在加快电商物流行业的集聚发展，目前已引进阿里巴巴、亚马逊、唯品会、迪卡侬等一批行业标杆，在深化两岸产业合作试验区获国家批准和现代服务业综合试点正式启动的良好环境下，商务城发展电商物流的优势更明显、空间更广阔。为推进职业教育与就业教育接轨，对接区域产业结构升级和行业发展，昆山花桥国际商务城中等专业学校分别在2008年、2009年、2011年、2013年对已有专业进行了评估。通过专业评估，学校摸清了各专业建设的详细情况，适时对学科专业建设发展规划进行调整，确立了从提高各专业建设的群体效应出发，调整专业方向，改造传统专业，整合相近专业，优化专业结构；积极扶持新兴专业，培植重点专业，提升优势专业，重视发展直接为地方经济建设服务、适应劳动力就业市场变化需要的服务性专业。专业的积极调整，使之形成了整体优化、结构合理的学科专业结构布局。特别增设了一批适应区域经济和产业结构优化升级需要的专业，增强了人才培养的社会适应性。学校原来以机械、机电、电子等专业为主，根据昆山市教育局“合理布局、错位发展、突出重点、服务产业”的原则，围绕花桥国际商务城总部经济、服务外包、现代物流、展示展销四大产业，专业方向由传统制造业逐步向现代服务业转变。为满足地区企业行业对呼叫服务、物流服务与管理、数据录入等技能型人才的需求，昆山花桥国际商务城中等专业学校于2008年在全省率先开发了金融服务外包专业，为地区金融服务外包企业提供了智力支撑。随着花桥商务城物流业的兴起，学校开设了物流服务与管理这一专业，并积极打造精品专业课课程，在继物流服务与管理创建为“江苏省品牌专业”、仓储作业实务与单证实务创建为“苏州市精品课程”之后，学校积极建设物流实训基地，并结合商务城电子商务的发展优势，将原有的物流实训基地改造为物流商务实训基地，并于2013年被江苏省教育厅确立为“江苏省高水平示范校实训基地”项目。学校对照省教育厅《关于印发江苏省中等职业教育和五年制高等职业教育指导性人才培养方案（试行）的通知》（苏教职〔2013〕34号）要求，在人才培养方案中调整了实训实习的时间，明确培养目标，并加强了与校外实训基地的联系，保证了该专业学生能到相对应的物流企业实习，加强了学生的实践能力。该专业学生毕业后，直接签约到物流企业，成为企业的员工，实现了校企合作的“双赢”。

2. 进一步优化课程体系，搭建科学的育人平台

职业学校人才培养方案的制订应该注重突出课程体系优化性特点，为技能型人才培养搭建一个良好的平台。构建一套融先进性、科学性与实用性、地方性

为一体，具有鲜明特色的课程体系，必须以科学理论为指导。系统科学为课程体系的编制提供了科学的路径，一个系统可以区分为子系统和分系统两类：子系统基于系统构成成分，反应的是系统要素之间的分布关系；分系统基于系统构成活动，反映的是要素之间的活动关系。从系统科学的角度来研究课程体系的性质和作用，子系统涉及课程体系的结构，可以用于寻求和确定实现目标的具体课程，是课程体系框架的横向关系；分系统涉及具体课程培养目标，如知识、素质与能力等培养目标的实现，体现了课程的人才培养功能，是课程体系框架中的纵向关系。在明确了课程体系构建中子系统和分系统的功能作用后，再通过“课程链”的功能作用进一步明确某一门课程在“课程链”中的位置以及与其他课程之间的关系，一方面保证每一门课程内容体系的优化，另一方面也保证课程体系的完整性和目标的实现，发挥课程体系的整体育人效果。

3. 围绕人才培养方案的实施，加强人才培养方案的管理

（1）加强师资队伍建设

制订好的人才培养方案，如果没有高水平的教师去实施，效果就会大打折扣，因此地方性职业学校一定要把教师队伍建设和双师型队伍建设放在学校各项工作的首位，积极采取有效措施提高教师素质。地方职业学校人才培养方案的显著特点是适当减少了理论课学时，增加了实践技能课的学时，强调了技能型人才的培养。所以，职业学校的师资队伍建设要把工作重点放在两个方面：一是高水平教师的培养，二是双师型教师的培养。只有拥有了足够的高水平教师和双师型教师，新的人才培养方案才能得到有效的执行。

高水平教师培养需要我们做好七方面工作：第一要加强学科建设，为优秀教师成长和名师成长搭建平台；第二要加强教师培训，建立和完善教师培训、轮训进修等制度，不断提高广大教师的知识水平；第三要加强制度创新，建立起鼓励探索创新的文化氛围；第四要加强人才引进力度，出台各种吸引人才的政策，注重发掘、引进一些极具发展潜力的优秀青年教师，发挥人才的群聚效应；第五要进一步完善相应的措施，给广大教师营造一个积极向上、宽松和谐的环境；第六要建立能吸引人才、凝聚人才、留住人才、稳定人才，激发青年教师发挥其创造潜能的科学机制；第七要形成一整套综合性的使用人才、评价人才，能上能下，有利于优秀人才脱颖而出的公平有效的制度。只有这样，才能培养出教学大师和领军人才。一个领军人物可以创造一个品牌专业，形成一门优势学科，带起一个学术梯队。

双师型教师的培训需要学校与企业行业的通力合作，第一是从接受学生实习的企业单位直接聘请高级专业技术人员担任学生实习指导教师；第二是选派专业教师定期到企事业单位参加顶岗实习，提高教师的实践能力，了解掌握企业

行业的新技术、新工艺。

（2）强化实践教学

实践教学是技能型人才培养的重要环节，传统的验证式、观摩式、浏览式、帮工式的实验、实训与实习所培养的学生很容易出现眼高手低的现象。如何使培养的人才走出这一怪圈，是地方职业学校人才培养中急需解决的问题。昆山花桥国际商务城中等专业学校在这方面进行了两个有效的探索：一是改革了实验教学的模式和手段，减少验证性实验，突出综合性、研究性、创新性实验，增加学生实际动脑、动手的实验时间，创造条件增设开放性实验和模拟生产、模拟科研等实验，为学生提供自发设计实验内容的条件，使实训课真正发挥培养学生实践能力、创新能力的作用；二是开展校企合作，增加具有实际操作作用的顶岗实习、实训，通过建立稳定的校外实训、实习基地的方式，为学生能够真正参与实际的生产、工作过程创造条件。

（3）加强过程监督与管理的指导

人才培养方案的形成是由教学单位通过学习、理解上级相关文件精神及规定，广泛调查社会、经济和科技发展对人才的要求，依据学校提出的制（修）订人才培养方案的原则性意见，精心编制而成的，要经过教学和单位学术小组讨论审议，校学术委员会审定，分管教学工作的副校长审定签字后才能执行。因此，人才培养方案的执行体现权威性和严肃性，教学单位必须根据人才培养方案落实每一门课程的教师、大纲、教材，安排好各教学环节，并以此进行规范的教学管理，人才培养方案中设置的课程、学时及开课学期等任何单位和个人未经学校同意不得随意变更。为了保证新人才培养方案的实施，学校制定了《昆山花桥国际商务城中等专业学校关于人才培养方案制（修）订与实施管理办法》，对执行人才培养方案的过程中教学计划的微调和各环节落实都做出了明确要求。通过强化执行过程的监督管理与指导，确保了新人才培养方案的有效实施。

人才培养方案优化与实施过程中的管理是一项科学复杂的系统工作，涉及学校教育教学以及社会需求的方方面面，既要科学创新，又要理性驾驭，唯有如此，地方职业学校才能在人才培养、科学研究、社会服务等方面准确定位，办出特色，科学发展。

（三）技能型人才培养方案实施的保障措施

1. 切实加强技能型人才培养工作的组织领导

培养技能型人才，必须要加强教学管理组织体系建设。昆山花桥国际商务城中等专业学校通过完善由校长负责、教管处牵头、专业教研组为基础、各职能部门配合的教学管理组织体系，从组织上形成了技能型人才培养的保障机制。学校定期召开专业人才培养会议，研究人才培养与教学工作的新情况、新问题，不断推进技能型人才培养的观念创新、制度创新和工作创新。教管处、学工处、教科室、人事处、资产管理处等部门和各教学单位，围绕培养技能型人才，分别制订了具体方案和工作措施，分阶段、分步骤组织实施，保证了技能型人才培养工作的目标和各项措施得以贯彻落实。近年来，昆山花桥国际商务城中等专业学校人才培养的中心地位得到了进一步强化，教学管理体制和机制不断完善，教学管理制度建设稳步推进，教学条件明显改善，从整体上形成了完整的教学质量保障体系，为培养技能型人才奠定了坚实的基础。

2. 不断深化技能型人才培养模式改革

培养技能型人才，须要强化全面发展、人人成才、多元评价、终身学习、系统培养等观念在教育教学中的落实，探索实现学生个性化发展的培养机制，实现因材施教、分类培养。既关注学生系统、扎实的基础理论知识学习与储备，更关注学生适应当前与未来产业发展与技术变革的创新性能力。近年来，昆山花桥国际商务城中等专业学校按照"通识教育＋学科专业教育＋实践动手能力教育"的培养模式，根据各专业特点、培养目标、社会需求和学生个性发展的需要，探索和实施个性化、多样化的人才培养模式，不断完善培养技能型人才的导师制模式。以培养学生的素质为导向，改革考试内容和评价方案，合理运用多种考核评价方式，强化对学生的思考判断、分析综合、实践动手等能力的考察，注重考评学生的学习、实践、科研、创新等多方面素养的提高，全面科学地评价学生的学习状况和综合素质。

3. 建立技能型人才培养的运行机制

一是扎实推进学校与企业、学校与行业的密切合作。校企合作是培养技能型人才的重要途径，一方面，学校通过鼓励各教学单位采用"请进来、走出去"的方式，聘请具有学校与企业、学校与行业合作关系的企业经理、高管、技术骨干和行业管理人员进校担任教师，为学生开设专业讲座和课程；另一方面，合作成立具有管理职能的学校与企业、学校与行业合作机构，参与学科专业调整和建设、培养目标确定、人才培养方案的制订、教学过程管理、实习基地建设、实习实训方案的实施、师资培养等方面的指导工作，建立学校与企业、学校与行业合作的长效机制。

二是加强特色专业和人才培养模式改革创新实验区的建设。以省级、校级实训基地为依托，按照优势突出、特色鲜明、新兴交叉、社会急需的原则，突出重点专业与特色专业的建设；通过加强专业建设实践，探索专业建设思路，丰富专业建设理论，形成专业建设、人才培养与经济社会发展紧密结合的专业建设格局和人才培养方案，切实为学校专业建设和同类型职业学校相关专业建设起到示范和带动作用，逐步形成具有示范和带动作用、特色鲜明的校级龙头专业，部分专业成为省内领先、国内有一定知名度和较高社会声誉的专业；制定政策，鼓励和支持人才培养模式改革创新实验区在教学内容、课程体系、实践环节、教学运行和管理机制、教学组织形式等多方面进行综合改革和探索，形成一批具有示范性和推广价值的人才培养创新成果，从而推进昆山花桥国际商务城中等专业学校教学理念、培养模式和管理机制的创新，为技能型人才培养提供新思路、新经验和新方法，争取省级人才培养创新实验区的建设项目。

三是建设适应技能型人才培养的高水平教学团队。积极开展多种形式的教师培训工作，从教学理念、队伍结构、培养模式、人事分配制度等各方面改革探索，促进广大教师更新观念、拓展视野、增强责任、提高创新教育能力。加强教学名师培养和优秀教学团队的建设，大力推进学科带头人、专业负责人、教学名师、教学团队的培养和建设，努力建设一支德才兼备、富有创新精神、能够担当创新人才培养重任的新型教师队伍。以培养青年教师的创新精神、教学水平和综合素质为目标，对其进行业务培训，使青年教师在教育理念、课堂教学、实践教学、教学研究、运用现代化教育技术等方面有较大提高。

四是健全有利于技能型人才培养的教学监控与评价机制。教学监控与评价机制是技能型人才培养的必要条件。培养技能型人才，一要建立用人单位、教师、学生共同参与的教学质量保障与评价机制，形成社会和企业对课程体系与教学内容的评价制度、课堂教学评估制度、实践教学评估制度、领导和教师听课制度、同行评议制度、学生定期反馈制度及教学督导和学生实训实习制度等，加强对人才培养过程的监督和管理。二要充分发挥学校教学工作评估中心的作用，建立教学评估专家库，组织专家开展专业、课程、教研室、教师、实践教学和教学管理水平评估工作研究。① 三要充分发挥职业教育服务地方经济的导向作用，建立健全保障技能型人才培养质量的长效机制。

4. 积极推进“三创”教育

实施创业认知教育、创业体验教育、创业实践培育三层递进的“金字塔”创业教育体系，引导学生树立科学的创业观、就业观、成才观。在专业教育基础上，以创业意识和创业能力为核心，设置与专业课程体系有机融合的创业类课程；突出专业特色，通过举办校企讲座、职业规划、职业论坛等方式，丰富学生的创业知识和体验；广泛开展创业实践活动，将创业实践活动与专业实践教学有效衔接；创造条件，建立学生创业实践基地，建立创业项目或孵化基地。

---

① 季桂起、宋伯宁：《地方本科院校创新性应用型人才培养模式研究》，济南：山东大学出版社，2013 年，第 115 页。

（四）昆山花桥国际商务城中等专业学校人才培养方案案例

旅游服务与管理专业人才培养方案

一、专业（专业代码）与专门化方向

专业名称：旅游服务与管理（130200）。

专门化方向：旅游管理（13020028）。

二、入学要求与基本学制

初中毕业生或具有同等学力者，基本学制为3年。

三、培养目标

本专业培养与我国社会主义现代化建设要求相适应，德、智、体、美全面发展，具有良好的心理素质，有一定的组织、协调、应变能力，掌握旅游服务与管理专业对应岗位必备的知识与技能，能从事导游、旅行社门市接待、旅行社票务、展览讲解等工作，具备职业生涯发展基础和终身学习能力，能胜任服务、管理一线工作的高素质劳动者和中等技术技能型人才。

四、职业（岗位）面向、职业资格及继续学习专业

专门化方向	职业（岗位）	职业资格要求	继续学习对应专业	
旅游管理	普通话导游 旅行社门市接待 旅行社票务	全国导游证（初级）	高职： 1. 旅游管理 2. 涉外旅游 3. 导游 4. 旅行社经营与管理	本科： 旅游管理

五、综合素质及职业能力

1. 综合素质

（1）具有良好的道德品质、职业素养、法律意识；

（2）具备较强的服务意识、安全意识和节能环保意识；

（3）具备良好的人文和科学素养，形成稳固的专业思想和良好的生活态度；

（4）具备吃苦耐劳、积极进取、敬业爱岗的工作态度；

（5）具备良好的人际交往能力、组织协调能力和应变能力；

（6）具有健康的身体素质和心理素质。

2. 职业能力（职业能力分析见附录一）

（1）行业通用能力

① 服务接待能力：具有接待客户、导游服务、提供票务服务、展览讲解服务的能力。

② 语言表达能力：具有服务接待会话、流利讲解的能力。

③ 沟通交际能力：具有倾听客户需求，提供准确信息的能力；具有建立和维持客户关系的能力；具有根据客户特点采取不同服务方式的能力。

④ 产品推销能力：具有推荐、销售旅游产品的能力。

(2) 职业特定能力

① 讲解能力：具有沿途讲解、旅游景区景点讲解、展览馆讲解的能力。

② 写作能力：具有旅游景区景点导游词、展览馆讲解词编写的能力。

③ 应变处理能力：具有妥善处理客户（游客）要求的能力，具有处理旅游活动中常见问题及事故的能力，具有提醒客户（游客）预防常见问题及事故的能力。

④ 组织协调能力：具有组织、安排旅游活动的能力，具有协调旅游活动中吃、住、行、游、购、娱等环节的能力，具有与旅行社不同部门之间协调、合作的能力，具有与其他旅游企业之间协调、合作的能力。

(3) 跨行业职业能力

① 具有适应岗位变化的能力。

② 具有旅行社经营管理能力和旅游企业管理的基础能力。

③ 具有创新和创业的基础能力。

六、课程结构及教学时间分配

1. 课程结构图

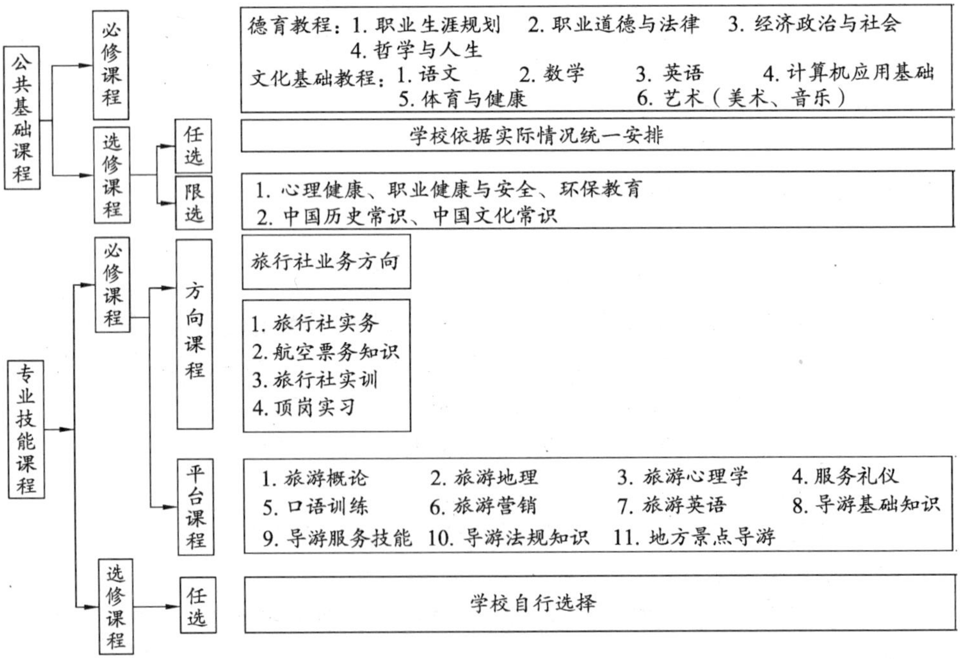

2. 教学时间分配表

学期	学期周数	教学周数		考试周数	机动周数
		周数	其中综合的实践教学及教育活动周数		
一	20	18	1(军训/入学教育)	1	1
二	20	18	1(社会实践)	1	1
三	20	18	1(社会实践)	1	1
四	20	18	1(旅行社实训/展览讲解实训)	1	1
五	20	18	1(旅行社实训/展览讲解实训)	1	1
六	20	20	19(顶岗实习)	/	/
			1(毕业教育)	/	/
总计	120	110	25	5	5

七、教学进程安排

课程类别	序号	课程名称			学时数		课程教学各学期周学时					
					总学时	学分	一	二	三	四	五	六
							17+1	17+1	17+1	17+1	17+1	19+1
公共基础课	1	德育课	必修课	职业生涯规划	34	2	2					
公共基础课	1	德育课	必修课	职业道德与法律	34	2		2				
公共基础课	1	德育课	必修课	经济政治与社会	34	2			2			
公共基础课	1	德育课	必修课	哲学与人生	34	2				2		
公共基础课	1	德育课	限选课	心理健康、职业健康与安全、环保教育等选择1门	34	2					2	
公共基础课	2	文化课	必修课	语文	238	14	4	4	4	2		
公共基础课	3	文化课	必修课	英语	204	12	4	4	2	2		
公共基础课	4	文化课	必修课	数学	204	12	4	4	2	2		
公共基础课	5	文化课	必修课	体育与健康	170	10	2	2	2	2	2	
公共基础课	6	文化课	必修课	计算机应用基础	136	8	4	4				
公共基础课	7	文化课	必修课	艺术(音乐或美术)	34	2	2					
公共基础课	8	文化课	限选课	中国历史常识/中国文化常识	34	2				2		
公共基础课	公共基础课小计				1 190	70	22	20	12	12	4	

续表

课程类别	序号	课程名称			学时数		课程教学各学期周学时					
					总学时	学分	一 17+1	二 17+1	三 17+1	四 17+1	五 17+1	六 19+1
专业技能课	9	基础平台课程		旅游概论	34	2	2					
	10			旅游地理	68	4	2	2				
	11			旅游心理学	34	2		2				
	12			服务礼仪	68	4	2	2				
	13			口语训练	68	4	2	2				
	14			旅游营销	68	4			2	2		
	15			旅游英语	68	4					4	
	16			导游基础知识	136	8		2	2	2	2	
	17			导游服务技能	102	6			2	2	2	
	18			导游法规知识	102	6			2	2	2	
	19			地方景点导游	102	6			2	2	2	
		基础平台课程小计			850	50	8	10	10	10	12	
	20	技能方向课程	旅游管理	旅行社实务	68	4			4			
	21			旅行社实训	56	2				1 周	1 周	
	22			展览讲解基础知识	68	4			4			
		技能方向课程小计			192	10			8	1 周	1 周	
	23	顶岗实习		顶岗实习	570	30						19 周
		专业技能课合计			1 612	90						
任选课程	24	人文类			102	6			2	2	2	
	25	专业技能类			170	10					10	
	26	社会实践类			56	2		1 周	1 周			
	任选课程小计				328	18		1 周	2+1 周	2	12	

续表

课程类别	序号	课程名称	学时数		课程教学各学期周学时					
			总学时	学分	一	二	三	四	五	六
					17+1	17+1	17+1	17+1	17+1	19+1
其他类教育活动		军训/入学教育	28	1	1周					
		毕业教育	28	1						1周
		其他类教育活动小计	56	2						
合计			3 186	180	30	30	30	28	28	

注:1. 总学时3 186。其中文化基础课1 190课时,专业课1 612课时,文化基础课与专业课的比例为4.2∶5.8;任选课328课时,占总课时10.2%。

2. 总学分为180学分。学分计算办法:第1—5学期每学期16～18学时记1学分;军训/入学教育、社会实践活动、毕业教育等活动1周记1学分,共4学分。

八、专业主要课程教学要求

课程名称(课时)	主要内容	能力要求
旅游概论 (34课时)	(1) 旅游的产生及其科学概念 (2) 旅游的本质、属性与特征 (3) 旅游的发展历程及其时代特征 (4) 旅游活动的构成要素 (5) 旅游业的构成 (6) 旅游市场 (7) 旅游与旅游业的影响和作用 (8) 旅游与旅游业的发展前景	(1) 能运用旅游活动的性质和特点等知识来分析旅游现象 (2) 能结合当地旅游业发展状况,对旅行社、旅游饭店、旅游交通现状和发展等进行分析 (3) 能运用旅游市场知识对当地旅游市场进行细分 (4) 能正确认识旅游业产业地位的确立以及在国民经济中的地位
旅游地理 (68课时)	(1) 地图的认识 (2) 旅游地理区划 (3) 黄河中下游旅游区 (4) 长江中下游旅游区 (5) 东南沿海旅游区 (6) 西南旅游区 (7) 青藏旅游区 (8) 西北内陆旅游区 (9) 东北旅游区	(1) 能熟练掌握中国地图,了解各种区域划分的方法 (2) 能熟练掌握七大旅游区各区域的具体方位和地理概况 (3) 能简要介绍七大旅游区的代表性景点及其特色 (4) 能学会看地图、用地图

续表

课程名称(课时)	主要内容	能力要求
旅游心理学 (34课时)	(1) 如何对旅游者进行鉴貌辨色 (2) 培养良好的旅游服务心理素质 (3) 旅游者的兴趣、需要及动机 (4) 旅游者的个性 (5) 旅游业员工的心理保健 (6) 旅游服务心理 (7) 旅游投诉心理	(1) 能运用心理学基础知识,简单分析心理学现象 (2) 能从心理学的角度分析、提升自己的职业素养 (3) 能运用所学知识预测客人的心理需求
服务礼仪 (68课时)	(1) 礼仪概述 (2) 旅游服务意识塑造 (3) 职业形象塑造 (4) 服务礼仪养成 (5) 服务岗位接待礼仪 (6) 宗教礼仪 (7) 民族礼仪 (8) 涉外礼仪	(1) 能形成良好的职业意识 (2) 能注重自身形象塑造,具有良好的职业形象和心理素质 (3) 能把握客人的心理,准确分析客我关系,有极强的人际交往能力和抗挫折能力
口语训练 (68课时)	(1) 导游口语概述 (2) 不同场合的口语运用技巧 (3) 导游口语的用词技巧 (4) 导游口语的语音技巧 (5) 导游口语的修辞技巧 (6) 导游幽默语的运用 (7) 导游口语技巧基本功训练	(1) 能综合运用导游口语词汇、语音、修辞技巧进行导游讲解服务 (2) 具有扎实的导游语言表达能力及语言技巧 (3) 能运用幽默的语言进行导游词创作
旅游营销 (68课时)	(1) 旅游营销概述 (2) 旅行社营销 (3) 旅游目的地营销 (4) 旅游饭店营销 (5) 旅游商品营销	(1) 能运用营销知识开展旅游营销业务的基本技能 (2) 初步具备一定的旅游营销策划能力
旅游英语 (68课时)	(1) 饭店英语 (2) 在机场、飞机上 (3) 旅游观光 (4) 购物 (5) 在银行、邮局	(1) 能熟悉饭店英语,了解餐厅、前厅、房务等英语常用词汇和情景会话,并灵活运用 (2) 能熟悉在机场、飞机上的英语常用词汇和情景会话,并灵活运用 (3) 能熟悉旅游观光英语,掌握著名景点的英文名称和情景对话,并灵活运用 (4) 能熟悉娱乐和购物方面的英语词汇和情景对话,并灵活运用

续表

课程名称(课时)	主要内容	能力要求
导游基础知识 (136 课时)	全国导游基础知识 (1) 中国历史概述 (2) 中国的年节民俗 (3) 中国自然景观 (4) 中国四大宗教 (5) 中国古代建筑 (6) 中国古典园林 (7) 现代建筑和主题公园 (8) 中国旅游文学知识 (9) 其他基础知识	(1) 能灵活运用历史、民俗、自然景观、宗教、建筑、园林等知识,并掌握典型景观的讲解 (2) 能熟练掌握中国著名手工艺品和土特产品知识,做好带团工作中游客购物环节的服务 (3) 能掌握中国主要菜肴(如八大菜系)知识,在导游工作中能根据游客的口味安排他们的餐饮
	江苏导游基础知识 (1) 江苏概览 (2) 区域旅游资源 (3) 风物特产	(1) 能灵活运用江苏的地理知识、历史概述、旅游资源来介绍江苏 (2) 能介绍江苏三大旅游区的城市概况及其主要景点 (3) 能从江苏工艺美术、风味美食等方面来介绍江苏的特产
导游服务技能 (102 课时)	(1) 导游服务程序与内容 (2) 导游讲解服务 (3) 旅游故障及其处理 (4) 旅游者个别要求及其应对 (5) 导游服务水平的提高 (6) 旅行社、饭店与旅行常识	(1) 掌握导游工作(全陪、地陪)程序 (2) 能根据游客的特点进行导游讲解服务 (3) 具有良好的职业道德与法制意识 (4) 能具备一定的才艺,具有活跃团队气氛的能力
导游法规知识 (102 课时)	(1) 法的基础知识 (2) 合同法律制度 (3) 消费者权益保护法律制度 (4) 旅行社管理法规制度 (5) 导游人员管理法规制度 (6) 旅游饭店管理法规制度 (7) 旅游安全管理法规制度 (8) 旅游出入境管理法律、法规制度 (9) 旅游法	(1) 能具备严谨、守法的工作态度和良好的法律意识 (2) 能运用旅游法的知识,分析和解决旅游接待中出现的实际问题 (3) 能在导游工作中正确运用及宣讲国家的方针政策

续表

课程名称(课时)	主要内容	能力要求
地方景点导游(102课时)	(1) 地方概况 (2) 各地区5—10个景点(建议以导游考证景点为主) (3) 导游模拟讲解	(1) 掌握本地区自然、历史、经济、文化、旅游等方面的知识 (2) 掌握地方景点的历史、文化、线路等知识 (3) 能进行15分钟以上的城市概况介绍和即时的沿途讲解 (4) 能对各景区的指定小景点进行5分钟导游讲解 (5) 能依据游览线路进行30分钟以上的导游讲解 (6) 能在导游讲解过程中运用多种讲解技巧和组织技巧
旅行社实务(68课时)	(1) 旅行社简介 (2) 旅行社产品设计 (3) 旅行社计调操作实务 (4) 旅行社外联操作实务 (5) 旅行社接待操作实务 (6) 旅行社同业操作实务 (7) 旅行社人力资源管理	(1) 能熟悉旅行社各部门的基本业务 (2) 能根据产品流程设计常规旅游线路 (3) 能对设计的旅游线路进行成本核算并对外报价 (4) 能开展团队的行程制作、报价以及操作信息反馈等计调、组团业务
航空票务知识(68课时)	(1) 民航、航空公司概况 (2) 飞机基本常识 (3) 机票基本常识 (4) e-Term系统简介和基本代码、指令的掌握 (5) 在e-Term系统上订票、出票 (6) 退票、改签的常识	(1) 了解民航、机票、航空公司的基本知识 (2) 能熟练掌握票务销售、票务预订等方面的操作技能 (3) 能进行e-Term订票软件的操作
旅行社实训(56课时)	(1) 门市接待实训 (2) 票务实训	(1) 熟悉旅行社门市接待工作流程 (2) 能独立进行客户咨询、接待工作 (3) 熟悉旅行社票务工作流程 (4) 能独立进行机票、火车票的查询、预订工作
展览讲解基础知识(68课时)	(1) 职业道德教育和实践 (2) 博物馆基础知识 (3) 发声知识 (4) 普通话语音基础知识	(1) 掌握博物馆基础知识 (2) 掌握普通话知识 (3) 掌握语言表达基础知识 (4) 熟悉与文物有关的法律法规 (5) 熟悉安全常识
展览讲解(中级)(68课时)	(1) 接待 (2) 讲解 (3) 讲解词编写	(1) 掌握展览讲解员应具有的接待技能 (2) 掌握展览讲解员应具有的讲解技能 (3) 熟悉讲解词的编写技能

续表

课程名称(课时)	主要内容	能力要求
展览讲解实训 (56 课时)	(1) 展览讲解工作流程 (2) 展览讲解服务实训	(1) 熟悉展览讲解的流程 (2) 能运用展览讲解技能独立进行讲解工作 (3) 熟悉展览讲解服务中常见突发事故的处理程序和方法

九、专业教师基本要求

1. 专任专业教师与在籍学生之比不低于 1 : 30;具有研究生学历(或硕士以上学位)者占 5%,具有高级职称者占 15% 以上;获得与本专业相关的高级工以上职业资格者占 60% 以上,或取得非教师系列专业技术中级以上职称者占 30% 以上;兼职教师占专业教师的比例为 10%—40%,60% 以上具有中级以上技术职称或高级工以上职业资格。

2. 专任专业教师应具有旅游类专业本科以上学历;三年以上专任专业教师,应达到《省教育厅办公室关于公布〈江苏省中等职业学校"双师型"教师非教师系列专业技术证书目录(试行)〉的通知》文件规定的职业资格或专业技术职称要求,如旅行社经理、导游员(普通话)、出境旅游领队等。

3. 专业教师具有良好的师德修养、专业能力,能够开展理实一体化教学,具有信息化教学能力。专任专业教师普遍参加"五课"教研工作、教学改革课题研究、教学竞赛、技能竞赛等活动,平均每两年到企业实践不少于 2 个月。兼职教师须经过教学能力专项培训并取得合格证书,每学期承担不少于 30 学时的教学任务。

十、实训(实验)基本条件

根据本专业人才培养目标的要求及课程设置的需要,按每班 35 名学生为基准,校内实训(实验)教学功能室配置如下:

教学功能室	主要设备名称	数量(台/套)	规格和技术的特殊要求
1. 网络教室	1. 电脑	36 台	须配置: 1. 航空票务系统 2. 旅行社管理软件 3. 模拟讲解软件
	2. 耳麦	36 套	
	3. 投影	1—2 台	
	4. 打印机	1—2 台	
2. 形体训练室	1. 音响	1 套	/
	2. 镜子	3 面	/
	3. 把杆	3 个	/
3. 导游实训室	与旅游有关的实物、模型、沙盘、展板、多媒体等	由各学校自行安排	须配置: 1. 地方景点软件 2. 模拟讲解软件

十一、编制说明

1. 本方案依据《省人民政府办公厅转发江苏省教育厅〈关于进一步提高职业教育教学质量的意见〉的通知》(苏政办发[2012]194号)和《省教育厅关于制订中等职业教育和五年制高等职业教育人才培养指导方案的指导意见》(苏教职[2012]36号)编制。

2. 本方案充分体现构建以能力为本位、以职业实践为主线、以项目课程为主体的模块化专业课程体系的课程改革理念,并突出以下几点:

(1) 专业课程设置清晰,符合职业岗位需求。本方案依据旅行社接待、旅行社票务、导游员、展览讲解员等职业的岗位需求,通过对旅行社门市接待、旅行社票务、导游员、展览讲解员的职业能力分析来构建课程体系,开设"旅行社业务"、"航空票务知识"、"导游基础知识"、"导游服务技能"、"导游法规知识"、"地方景点导游"、"展览讲解"等专业课程,保证学生能够掌握从事本专业领域实际工作的知识和技能。

(2) 加强口语训练内容,凸显职业特定能力。旅游服务与管理专业最主要的职业特定能力是讲解能力,本方案在课程设置中特别加强了学生口语训练的内容,如第1、2学期开设"口语训练"课程,从语音、语调方面对学生进行语言表达的训练;第3、4、5学期开设"地方景点导游"、"展览讲解"课程,从专业讲解方面对学生进行语言表达的训练。

(3) 将大赛融入专业课程,贯彻教学改革理念。本方案结合江苏省职业学校技能大赛导游项目中职组比赛内容,将技能大赛的要求融入专业课程中,全面贯彻江苏省职业教育教学改革理念。如针对笔试项目开设"导游基础知识"、"导游服务技能"、"导游法规知识"等课程;针对导游讲解项目开设"口语训练"、"地方景点导游"等课程;针对才艺表演项目,在任选课的专业技能课程中建议开设"综合才艺"课程。

(4) 人文课程丰富多样,提高学生综合素养。本方案尊重学生特点,发展学生潜能,加强德育、智育、体育、美育课程的同时,在任选课程中多开设人文类课程,促进学生思想素质、文化素质、业务素质、心理素质与身体素质的全面发展,奠定学生终身发展的良好基础。

3. 中等职业学校依据本方案制订实施性人才培养方案。

(1) 落实"2.5+0.5"人才培养模式,学生校内学习5个学期,校外顶岗实习不超过1学期。每学年为52周,其中教学时间40周(含复习考试),假期12周。第1至第5学期,每学期教学周18周,机动周2周,按28~30学时/周计算;第6学期顶岗实习20周,按30学时/周计算。

(2) 第1—5学期集中安排整周教学周(实训周、实验周和理实一体化教学周)，如德育、体育、艺术和计算机应用基础等课时达不到省教育厅规定的最低要求时，各校可结合实际情况予以补足。

(3) 任意选修课程可结合学生个性发展需求和学校办学特色有针对性开设。以下课程仅供参考：

① 人文类课程主要是促使学生人文素养提高，如普通话、名著赏析、书法、形体训练、形象设计、饮食文化、公共关系学、摄影技巧、健美操、体育舞蹈……人文类课程建议开设在第3—5学期，每学期2课时。

② 专业技能类课程主要开设专业技能拓展类课程，如综合才艺、旅游英语/日语、财务基础知识、旅游娱乐服务与管理、食品营养与卫生、餐饮服务、菜点酒水、茶艺、插花、地方旅游工艺品鉴赏、旅行社计调、景区服务与管理、目的国概况……专业技能类课程建议开设在第5学期，每学期10课时。

③ 社会实践类课程分为参观考察类、市场调查类、志愿服务类……参观考察类主要是考查景区线路，参与旅游博览会、旅游交易会、会展活动等；市场调查类主要是为景区、旅行社等旅游企业进行市场调查；志愿服务类主要是参与旅游景区志愿者服务活动。社会实践类课程建议开设在第2、3学期，总课时为56个(2周)。

附录

一、旅游服务与管理专业职业能力分析

<table>
<tr><th>职业岗位</th><th>工作任务</th><th>职业技能</th><th>知识领域</th><th>能力整合排序</th></tr>
<tr><td rowspan="6">普通话导游</td><td>1. 接待</td><td>能熟悉接待计划，做好物品准备、知识准备、形象准备等
能做好旅游团队的迎接服务</td><td rowspan="6">服务礼仪、旅游心理学、导游基础知识、导游服务技能、导游法规知识、地方景点导游</td><td rowspan="6">一、行业通用能力
1. 服务接待能力
(1) 具有接待客户的能力
(2) 具有导游服务的能力
(3) 具有提供票务服务的能力
(4) 具有展览讲解服务的能力
2. 语言表达能力
(1) 具有服务接待会话的能力
(2) 具有流利讲解的能力
3. 沟通交际能力
(1) 具有倾听客户陈述需求，提供准确信息的能力
(2) 具有建立和维持客户关系的能力
(3) 具有根据客户特点采取不同服务方式的能力
4. 产品推销能力
具有推荐、销售旅游产品的能力</td></tr>
<tr><td>2. 导游讲解</td><td>能根据旅游团队的需求、特点进行相应的导游讲解</td></tr>
<tr><td>3. 组织协调</td><td>能按照接待计划认真安排旅游团队的旅游活动项目</td></tr>
<tr><td>4. 维护安全</td><td>能在旅游活动中多次提醒旅游团队注意人身安全、财产安全等</td></tr>
<tr><td>5. 处理问题</td><td>能及时、规范地处理旅游团队中出现的问题</td></tr>
<tr><td>6. 送行</td><td>能在旅游活动结束后进行旅游团队的送别服务</td></tr>
</table>

续表

<table>
<tr><th>职业岗位</th><th>工作任务</th><th>职业技能</th><th>知识领域</th><th>能力整合排序</th></tr>
<tr><td rowspan="5">旅行社门市接待</td><td>1. 电话咨询</td><td>能使用礼貌用语接受客户旅游咨询，并介绍相关旅游产品</td><td rowspan="5">服务礼仪、旅游心理学、旅游地理、导游基础知识、计算机应用基础、旅游营销</td><td rowspan="13">二、职业特定能力
1. 讲解能力
(1) 具有沿途讲解的能力
(2) 具有旅游景区景点讲解的能力
(3) 具有展览馆讲解的能力
2. 写作能力
(1) 具有旅游景区景点导游词编写的能力
(2) 具有展览馆讲解词编写的能力
3. 应变处理能力
(1) 具有妥善处理客户(游客)要求的能力
(2) 具有处理旅游活动中常见问题及事故的能力
(3) 具有提醒客户(游客)，预防常见问题及事故的能力
4. 组织协调能力
(1) 具有组织、安排旅游活动的能力
(2) 具有协调旅游活动中吃、住、行、游、购、娱等环节的能力
(3) 具有与旅行社不同部门之间协调、合作的能力
(4) 具有与其他旅游企业之间协调、合作的能力
三、跨行业职业能力
1. 具有适应岗位变化的能力
2. 具有旅行社经营管理能力和旅游企业管理的基础能力
3. 具有创新和创业的基础能力</td></tr>
<tr><td>2. 客户登记</td><td>能使用礼貌用语、服务礼仪接待客户，做好登记工作</td></tr>
<tr><td>3. 接待客户</td><td>能按照工作规范接待客户，认真倾听客户陈述旅游需求</td></tr>
<tr><td>4. 推荐产品</td><td>能根据客户需求推荐相应的旅游产品</td></tr>
<tr><td>5. 资料收发</td><td>能运用计算机收集、整理、归纳客户资料</td></tr>
<tr><td rowspan="4">旅行社票务</td><td>1. 查询</td><td>能根据客户要求查询、提供票务信息</td><td rowspan="4">服务礼仪、航空票务知识、航空票务操作系统</td></tr>
<tr><td>2. 预订</td><td>能根据客户要求预订机票(含电子客票)或火车票</td></tr>
<tr><td>3. 出票</td><td>能根据客户要求购买机票或火车票</td></tr>
<tr><td>4. 结算</td><td>能对客户已购的机票或火车票进行结算</td></tr>
<tr><td rowspan="4">展览讲解</td><td>1. 接待</td><td>能熟悉接待计划，做好物品准备、知识准备、形象准备等
能做好旅游团队的迎接服务</td><td rowspan="4">口语训练、旅游心理学、服务礼仪、导游服务技能、展览讲解员基础知识、中级展览讲解员技能</td></tr>
<tr><td>2. 讲解</td><td>能根据旅游团队的需求、特点进行相应的讲解</td></tr>
<tr><td>3. 讲解词编写</td><td>能根据工作需要编写展览讲解词</td></tr>
<tr><td>4. 业务指导与活动策划</td><td>能结合展览馆的特色进行相关业务指导和活动策划</td></tr>
</table>

二、调整说明

1. 考虑到我校该专业学生为对口单招升学方向的学生，因此根据江苏省对口单招招生专业设置，本专业的专业方向为旅游管理。

2. 该专业方向学生的主要去向是进入江苏省对口单招招生学校继续深造。为对接高校的专业设置，我校该专业技能方向课程为旅行社实务、旅行社实训、展览讲解基础知识。

第五节　职业学校培养地方性技能型人才的校本课程开发

一、职业学校校本课程开发相关概念解析

（一）课程与职业教育课程的含义

1. 课程的含义

课，指课业，就是教育内容；程，含有程度、程序、程限、进程的意思。目前，关于课程的定义繁多，各种课程定义都有助于我们对课程的理解。各种课程定义可大致归纳成六种类型：1）课程即教学科目，强调学校向学生传授学科的知识体系。2）课程即有计划的教学活动。这种定义把教学的范围、序列和进程，甚至教学方法和教学设计等教学活动都组合在一起，以期对课程有一个较全面的认识。3）课程即预期的课程结果。这种课程定义认为，课程不应该指活动，而应该直接关注预期的学习结果或目标，也就是要把重点从手段转向目的。4）课程即学习经验。也就是说，唯有学习经验，才是学生实际认识到的或学习到的课程。5）课程即社会文化的再生产。这种定义认为，任何社会文化中的课程，实际上都是这种文化的反映。学校教育的职责是再生产对下一代有用的知识、技能。该定义的实质在于使学生顺应现存的社会结构，从而把课程的重点从教材、学生转向社会。6）课程即社会改造。这种定义认为，课程不是要使学生顺应现存的社会制度的束缚。课程的重点应该放在当代社会问题、社会的主要弊端、学生关心的社会现象等方面，要让学生通过社会参与形成从事社会规划和社会行动的能力。①

各种课程定义，从不同的角度、在不同的程度上，涉及了课程问题的某些本质，同时，各自又存在明显的不足和缺陷。每一种课程定义都有其社会背景、认识论基础和方法论依据，而且，它们所指的课程并不处于同一层次上。

因此，在当前，很难用简短的几句话给课程下定义。如果一定要下的话，我

---

① 张华：《课程与教学论》，上海：上海教育出版社，2000 年，第 66 页。

们的观点是:课程是为师生共同学习所设计的教育环境,以及在这个环境中所进行的范围广泛的教育活动。

2. 职业教育课程的含义

由于职业教育课程所具有的定向性、适应性、实践性、双重性以及昂贵性,决定了它在课程形态上与普通教育课程是有差异的。

(1) 定向性

职业教育课程定位于特定的职业或职业群,它最终的成功不仅仅是以学生的学习成绩来衡量,更重要的是以学生在劳动世界中被认可的程度来衡量。因此,职业教育课程在定位于学习和活动的同时,更定位于产品。这就使得如何处理工作与课程的关系成为职业教育课程开发的核心环节,意味着脱离行业参与的职业教育课程开发是难有效果的。

(2) 适应性

职业教育课程是为了适应特定区域、特定职业的需要而开发和实施的。根据社会需要培养实用人才是职业教育的根本任务。需要是不断变化的,因此,职业教育课程必须适应这种变化,并能根据需要的变化及时调整,这就决定了职业教育课程开发必须是一个不断进行的动态过程。

(3) 实践性

职业教育是为具体工作做准备的教育,它所培养的学生必须能够有效地完成工作任务。对于职业教育,我们往往问得更多的是学生学会了什么,而不是知道了什么,在这里,“会做”比“会说”重要,因为工作中所依赖的知识大部分是实践知识。因此把工作实践的过程设计成学习过程,就成为职业教育课程的内在要求。

(4) 双重性

双重性的含义是指,职业教育课程评价要依据两个标准进行,即校内成功标准和校外成功标准。校内成功标准是指判断学生成功与否不是看分数高低,而主要看实际操作能力。校外成功标准要求学生在劳动世界中证明自己的成功,其主要指标包括技术水平、求职能力、职业生存能力以及创业能力。

(5) 昂贵性

实施职业教育课程,区别于普通教育课程的最大之处在于,它须要额外建设实训基地,这就涉及购买实训设施及耗材、维修及更新设备,等等。要教给学生先进的技术知识,就必须购置现代化设备,这些都需要雄厚的资金予以保障。①

---

① 石伟平、徐国庆:《职业教育课程开发技术》,上海:上海教育出版社,2006 年,第 6 – 8 页。

职业教育存在的基础是工作体系，即职业领域的工作体系，职业教育课程的本质特征应是职业性。所以，我们可以这样定义职业教育课程：为师生共同学习所设计的职业教育环境，以及在这个环境中所进行的主要与职业工作对接，有效地培养职校生职业能力的范围广泛的教育活动。

（二）课程开发的概念

1974年在日本东京举行的"课程开发国际研讨会"明确提出，课程开发是表示新课程的编订、实施、检验—改进—再编订、实施、检验……这一串活动过程的整体。

中外学者为课程开发下了多种定义。如国内学者黄克孝认为，课程开发是课程工程涉及的第一个领域，它是指在一定（教育）宗旨及课程观指导下，系统完整地规划编制一个或一类课程的一连串作业过程。其任务是把社会发展的客观要求、知识增长的课程趋势和学生成长的客观需要，转化为具有适当水准、适当内容且结构化功能优越的新课程。

钟启泉教授认为，所谓课程开发是借助教育计划，对新课程进行研究设计实施和评价，以改进课程功能活动的总称，即课程开发是表示新课程的编订、实施、检验—改进—再编订、实施、检验……这一连串作业过程的整体，类似于课程改革的概念。

在《教育大词典》中，"课程开发"被界定为"旨在使课程的功能适应文化、社会、科学及人际关系需求的持续不断的课程改进活动"。可见，课程开发是属于课程范畴的实践活动，是一个连续的动态的构建新课程或革新课程的分析、规划、设计、实施和评价实践活动的过程。①

本书中所说的课程开发主要指职业学校校本课程的开发。

（三）校本课程开发的概念

按照课程开发的主体和对象来区分，可以区分为国家开发课程、地方开发课程、学校（或学校与企业）开发课程、教师开发课程，可分别简称为国家课程、地方课程、校本课程和师本课程。②

校本课程又称"以学校为本位的课程"或"学校课程"，它是由实施课程的学校自己决策、自己设计的课程。也有学校指出，校本课程就是某一类学校或某一级学校的个别教师、部分教师或全体教师，根据国家制定的教育目的，在分析本校外部环境和内部环境的基础上，针对本校、本年级或本班级的学生群体，编制实施和评价的课程。

---

① 王利明等：《高等职业教育课程开发与实施技术》，北京：中国轻工业出版社，2011年，第10－11页。

② 同上书，第12－13页。

"校本课程"这个概念往往同"校本课程开发"联系在一起。①

1973年,在爱尔兰阿尔斯特大学召开的国际课程研讨会上,"校本课程开发"这个概念最先是由菲吕马克和麦克米伦两位学者提出。

1974年,在日本东京的国际课程研讨会上,"校本课程开发"也是一个重要的研究议题。之后,许多学者纷纷就此提出个人观点。如斯基尔贝克、沃尔顿、埃格尔斯顿、科恩、马什等。

不同学者从不同侧面对校本课程开发进行了界定。有的界定强调的是校本课程开发的过程,如张嘉育认为,校本课程开发是指学校为达到教育目的或解决学校教育问题,以学校为主体,由学校成员如校长、行政人员、教师、学生、家长与社区人士主导,所进行的课程开发过程与结果;有的界定把校本课程开发视为课程管理体制的一种变革,如我国台湾省学者黄政杰认为,校本课程开发是以学校为中心,以社会为背景,透过中央、地方与学校三者权利责任的再分配,赋予学校人员权责,由学校教育人员结合校内外资源与人力,主动进行学校课程的规划、实施和评价;有的界定把校本课程开发作为建设学校的一部分,如徐玉珍认为校本课程开发是在学校现场发生并展开的,以国家及地方制定的课程纲要的基本精神为指导,依据学校自身的性质、特点、条件以及可利用和开发的资源,由学校成员自愿、自主、独立或与校外团体或个人合作开展的,旨在满足本校所有学生学习需求的一切形式的课程开发活动,是一个持续和动态的课程改进过程。

从不同学者对校本课程开发的概念界定中,我们可以总结出校本课程开发是一种自上而下的思想解放,它具有民主性、独特性、差异性以及动态性等特点。我们可以将校本课程开发定义为:学校根据自身的办学理念,以满足学生的发展需求为宗旨,以学校为基地,结合学校的性质、特点、条件以及可利用和开发的资源,由学校教育人员和校外相关人员合作进行的课程的规划、设计、实施和评价。

鉴于职业教育课程的特殊性,在这里我们结合职业教育课程特征,可以总结出职业学校校本课程开发的实质是以学生未来职业岗位需求和人的全面发展为导向,紧贴地方产业发展,以学校为基地,结合学校的性质、特点、条件以及可利用和开发的资源,联合政府、家长、学生及行业企业参与,以职业学校教师为主自主进行课程的规划、设计、实施和评价。

① 范蔚、李宝庆:《校本课程论:发展与创新》,北京:人民教育出版社,2011年,第3页。

二、职业学校校本课程开发的过程

职业学校进行校本课程开发不能盲目为之,必须考虑校本课程的实际操作问题,也就是说,要考虑怎样开发适合本校实际情况和特点的课程,课程的开发大致要经过哪些阶段。同时,校本课程的开发什么时候才能进行,要满足什么条件,须遵循什么原则,都是职业学校在进行校本课程开发时需要考虑的问题。

(一)职业学校校本课程开发的条件分析

1. 学校可以进行开发

不是所有学校都可以开发校本课程。在不同的历史阶段,不同国家或地区,不同学校,有关校本课程开发的政策并不一样,也就是说,校本课程的开发首先要看学校有没有开发的政策依据。

要真正进行校本课程开发,至少要从两个方面入手:一方面,国家要有相关的管理制度或者出台一定的法律法规,从宏观的层面来保障校本课程的开发得到国家、地方等学校上层部门的允许;另一方面,学校应该建设一种开放的课程领导和民主的教师文化,这样才可能使校本课程开发落到实处。

2. 学校愿意进行开发

客观条件的许可只是校本课程开发的前提,校本课程的开发还需要校本课程开发主体的主观参与。具体来说,主要体现在两个方面:一是学校领导愿意引导校本课程的开发。学校领导是校本课程开发的重要主体,校本课程开发过程中的协调安排、组织引导、经费提供等都离不开学校领导。只有学校领导真正愿意进行校本课程开发,有效地引导校本课程的开发,校本课程才有一个良好的发展空间。二是教师和学生积极主动地参与到校本课程的开发中来。教师和学生是校本课程的实践主体,只有教师和学生积极参与,校本课程开发才能真正成为课程实践的一部分。

3. 学校能够进行开发

第一,学校要具有自己的办学传统,尤其是要有自己独特的教育哲学。学校只有在达到国家对于学校培养目标基本要求的基础上,结合自身独特的教育资源、教育环境形成自己独特的教育哲学,才能确定自身独特的发展方向。

第二,要有民主开放的组织机构。校本课程开发不是学校一方能够独立完成的,它是多方人士进行民主决策的过程,包括教师、专家、家长、学生、政府、教育机构以及社区人士等。这就需要学校这个主体民主开放,多方面听取其他人员的教育观点和要求,融进社会生活的实际变化,使校本课程真正跟上社会的需求。

第三,教师具备一定的工作时间与专业技能。校本课程开发过程长,涉及面广,这就要求开发者不仅要有充分的时间来保障开发活动的正常进行,而且还要具备各学科领域的知识和有关课程开发的知识和技能。校本课程开发的主体是教师群体,要保证校本课程开发能够高质量地完成,教师必须有足够的时间可以自由支配,必须具有课程开发的知识和技能,否则只能是纸上谈兵,不可能真正地开展起来。

(二)职业学校校本课程开发的原则

1. 学校为本,基于数据

校本课程开发的基地和主体在学校,它所贯彻的是本学校的办学思想和培养目标,凝结成为学校的办学特色。校本课程开发一旦脱离学校的独特性和差异性,就很难成为真正意义上的校本课程。所以,校本课程开发必须与学校的具体条件和实际需求相一致。而职业教育培养的人才主要是为地方经济建设服务的,这也就要求职业教育的课程设置与改革必须建立在对地方经济发展现状分析的基础之上。那么,学校课程是否需要编制,应该查找与学校、行业企业有关的数据来论证;怎样取舍课程内容,需要对学生的个性特征、职业特性及它们的匹配程度等一系列数据进行考察;课程内容质量的高下,同样需要从教师、学生那里收集信息数据来证明。总之,校本课程开发需以学校为本,建立在足够的数据资料上。

2. 教师为主,合作互补

为了保证校本课程开发的质量,防止教师以个人本位,同时考虑到我国现在很多一线职业教师的课程认识和开发能力欠缺,因此,要进行校本课程开发就须要坚持合作互补原则。在这里,合作互补原则有两个层面的含义:

一是指中等职业学校教师与大学或科研院所等机构的课程教学专家合作。专业教育研究人员有着良好的研究意识和研究训练,而中等职业学校是教育的实施场地,教师对于学校的教育实践活动有着真切的感受,是校本课程的直接实施者。这两者可以互相取长补短,专家们在课题选择与设计、假设的形成和方法的运用、破译实践者自我认识的意义以及成果的表述等方面提供帮助。中等职业学校教师们则可以充分利用自己熟悉现场的优势,调动和贡献自己的实践智慧。

二是指中等职业学校与社会相关企业的合作。为了使职业教育课程内容符合工作岗位的要求,满足企业对于人才的要求,就必须让企业的专业人员参与到职业教育课程开发中去。他们能够清晰明了地提出需要学生掌握什么技能,具备什么素质,也能够及时给职业学校提供最新的技术动态,使学校课程内容跟上技术发展的步伐。

3. 课程整合,立足职业

职业教育不同于普通教育,它是以职业能力为本位的教育,注重的是学生技术实践能力的培养。因此,在进行职业学校的课程设置时,首先应该立足于职业进行课程整合。在职业教育里,课程整合包括以下几个方面:

(1) 文化课与专业课的整合。文化课和专业课应该在有利突出职业教育的特点、有利节省理论教学时间、有利减轻学生学习心理负担、适度、够用的原则下进行整合。要立足于专业课来整合文化课与专业课,从专业教学需要出发,来确定文化课的教学内容。要区分文化课为专业服务的功能和传承文化的功能。通过文化课和专业课的整合,形成具有鲜明职教特色的、能较好地为专业课服务和培养学生基础素质的文化课知识体系。

(2) 专业理论课与专业实践课的整合。根据需要,既在学生进行专业实践时讲理论,又在教师的理论教学中演示实践操作,突出专业技能训练。同时,尽可能地把验证性的实验转变为岗位操作性的实训。这样,既围绕培养职业能力和专业技能讲理论,又建立起多学科共同支撑职业能力和专业技能的专业理论体系。

(3) 学科专业技能与综合职业技能的整合。专业技能与职业技能的整合就是将学科专业技能迁移到职业技能上,把学科中的专业实验、专业实践、实训活动落实到相关职业岗位的操作技能上,使专业实践教学更好地与职业技能鉴定工作接轨。

4. 面向学生,适时评价

职业学校校本课程的主要任务是提高学生的专业能力,为学生就业做准备。为此,就要改变学校教育远离学生生活实际、发展水平和发展需求的课程运行模式,尊重学生的个性及不同的学习风格,将他们的兴趣爱好和要求融入学校的课程计划之中,把学习和发展的主动权交给学生,使他们的能力和个性得到充分、自由的发展。

校本课程的开发到底进行得如何,有哪些须要修改的地方,这些都离不开评价。在进行校本课程开发过程中,每一步、每一环节,都应该注重反馈调节、诊断状态、发现问题,提出合理有效的调整方案,使课程逐步达到最优化。所以适时评价在校本课程开发中是不可缺少的。

(三) 职业学校校本课程开发的操作流程

职业学校校本课程开发的过程是指学校开发校本课程所要经历的步骤或工作进程。从已有的某些校本课程开发的实践来看,校本课程开发的操作流程主要包括以下六大步骤(见图3.3)。

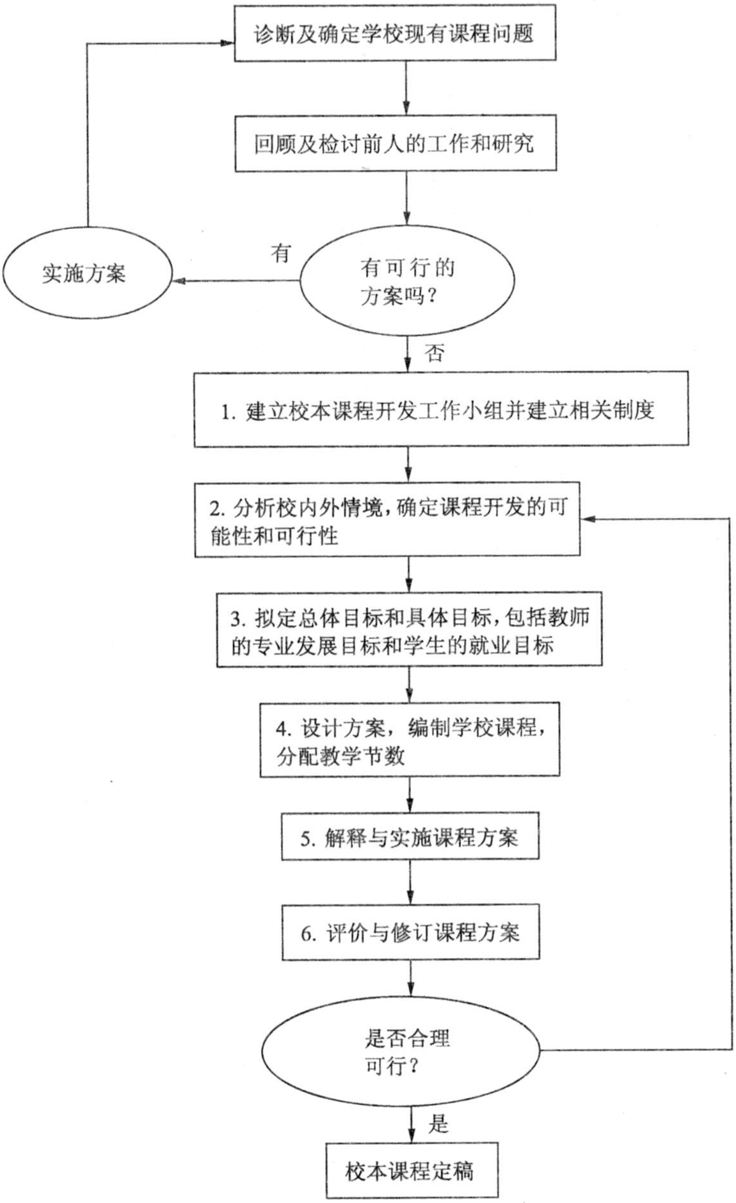

图 3.3 校本课程开发的操作流程

1. 建立组织机构和相关制度

(1) 建立组织机构

进行校本课程开发前，首先要分析学校目前的课程现状，找出存在的问题，并对以前的工作和研究进行回顾和总结，从而确定本校校本课程开发的方向。

课程开发之前，学校须要建立校本课程开发工作小组。

校本课程开发工作小组一般由校长、教学副校长、教务主任、教研组长、社区人员、企业代表、家长代表及学生代表组成，主要负责校本课程开发的决策、组织、管理、监控、检查、宣传、协调和服务。学校应事先出台“校本课程开发工作小组设置办法”，将其职责、组成人员、产生方式以及运行方式等规定清楚，经由行政会议讨论后，高效快速地成立校本课程开发工作小组，推动校本课程开发。

总之，校本课程开发的组织机构应该具有民主、开放、科学和合作的精神，把教师的主动参与，社区、企业及家长的热情支持和学生的积极配合融为一体，共同推进校本课程开发。

（2）建立相关制度

为了保证校本课程开发的顺利进行，学校有必要建立一些相关制度，如《校本课程审议制度》《校本课程教师岗位职责》《校本课程教师激励制度》等。这样，有利于教师了解校本课程开发的一些具体要求，能够判断参与课程开发是否对自身的专业发展有帮助。同时，制度的建立有助于学校对课程开发的管理，有利于激励教师参与课程开发的工作热情和主动性。

2. 情境分析

情境包括校内情境和校外情境。

校外情境包括很多方面，主要有社会及企业需求、地方资源状况、家庭情况等。当代社会，科技发展日新月异，社会上的职业岗位内涵不断变化，新的职业岗位不断涌现，企业对技术人才的技能和素质要求也发生着相应变化。职业学校要想跟上时代步伐，培养出企业满意的人才，它的课程设计必须符合社会及企业需求。所以职业学校在进行校本课程开发前，对社会需求的评估就显得尤为重要。

校本课程的开发离不开学校所在的地方资源的支持。地方的经济状况如何，主要发展哪些产业，主要有哪些企业，这些都与校本课程开发息息相关。而学校所处的地方实际上会产生显著的或潜在的影响，影响学校的教育。因此，职业学校在进行校本课程开发时要充分了解地方资源的情况，把地方资源融入学校的课程设计中来。

家庭是养育孩子的主要场所，而家长则是孩子们的终身老师。因此，在开发校本课程时，学校应该掌握和分析学生家庭的组合结构、经济条件、社会层次、就业状况、文化层次、教育期望等信息，为后面的课程设计提供数据支撑，因为孩子的学习状况与家庭状况有着直接关系。

校内情境主要指学校资源状况。

对学校资源状况分析主要是对学校人力资源、物质资源和财政资源的分析。

对学校人力资源状况分析有两个方面:一是学生状况,包括学生人数、年龄、男女生比例等基本情况,以及家庭背景、生理发展状况、心理发展状况、情感与社交的发展状况。二是师资状况,包括教师专业水平、专业技能、价值观念、兴趣爱好、对学生的期望、对课程开发的态度等。评估时可以采用访谈法、座谈法、问卷调查法。

对物质资源的分析是指考察学校现有的教学设施设备的数量、质量、品种等,尤其是相关的实训设施设备是否能够支持校本课程的开发。而对财政资源的分析则是指对学校的经费来源、经费数量的评估,分析进行校本课程开发是否有强大的资金保障。

3. 目标拟定

校本课程开发的目标拟定至少应该包括两个相互关联的方面,一个是针对教师专业发展目标,另一个是针对学生的就业目标,即校本课程开发既要促进学生的特长发展,同时也要促进教师的专业发展。课程目标应该有总体目标和具体目标。

具体目标的拟定尤为重要,应该认识到不同学生的学习需求、发展的水平和潜能是有很大差异的,那么课程目标就要具有不同的层次要求,满足不同的学生。对于职业学校来说,课程目标的拟定应该着重于学生在学习过程中应该获得的能力与态度,偏重于实践能力,以就业为导向。

4. 方案设计

学校课程编制主要是由教师编制课程方案、课程大纲和校本教材等课程文件,既有课程的总体设置情况,也有全学年教学节数的分配情况。在教师进行课程编制时,应该由教务处负责牵头,组织教师先学习并掌握课程编制的方法和手段,然后再逐步进行。教务处还应该做好协调工作,对参与教师进行分工,通过整体组织的运作来完成学校课程的建构。

5. 解释与实施

课程方案设计出来后,学校需要跟教师、家长沟通和说明,听取他们的意见,争取他们的支持与合作,必要时修正方案。在实施前,学校还需要重点做好教师培训。校本课程是否能够实施成功的决定性因素是教师的专业素养和专业水平,因为教师是课程开发的主体。教师只有在掌握了课程开发的理论知识、开发技术、实施策略、研究方法等之后才能有效地进行。在整个课程开发过程中,教师的培训应该持续进行,随着课程开发的深入,培训也应该随之改变内容和形式。

6. 评价与修订

由于各个学校的特点、情况不同,对其进行的校本课程开发的评价也不可能有统一的标准,而是因校而异,各自采取适合本校特点的评价标准和手段。组织机构建立后,评价也就应该产生了。通过评价,使学校和教师获得反馈信息,及时调整、改进学校课程的设计,以确保校本课程开发的质量和水平。

以上讨论的校本课程开发的操作流程,看起来是一个连贯的、缺一不可的完整过程,但是在实际的开发中并不是严格按照这一流程进行的。校本课程开发是一个滚动发展的动态过程,须要根据学校的实际情况不断进行调整和补充。

三、金融服务外包专业校本课程开发个案

（一）金融服务外包专业状况

昆山花桥国际商务城中等专业学校现有专任专业教师 11 人,外聘教师 2 人,平均年龄 35 岁,专业课教师中具有中级以上职称者占 78%,高级职称者占 37%。苏州市优秀双师型教师一名,苏州市级学科带头人三名,多人在苏州市财会组技能大赛中获奖。

该校投资 700 多万元建成金融服务外包实训中心,其中包括数据处理实训室、呼叫中心实训室、财经商贸实训室等。目前该专业已与十多家金融服务外包企业建立了校企合作关系,开展了共建实训基地、引企入校、设立奖学金、师生培训、企业员工培训等多种合作形式。2009 年该校金融服务外包专业被评为苏州市优秀新专业并通过了苏州市示范专业的验收,2010 年又被评为江苏省示范专业。

（二）金融服务外包专业校本课程开发准备

1. 建立组织机构

在进行校本课程开发前,为了更好地明确校本课程开发的方向,便于后续工作的顺利展开,首先该校成立了金融服务外包专业校本课程开发领导小组和工作小组(名单如下)。

昆山花桥国际商务城中等专业学校

金融服务外包专业校本课程开发领导小组名单

组　长：沈建兴(校长)
副组长：徐惠华(副校长)
　　　　何哲文(副校长)
　　　　陈昌明(教务处主任)
　　　　张慧玲(学科带头人)
　　　　蒋秀娟(专业负责人)

昆山花桥国际商务城中等专业学校

金融服务外包专业校本课程开发工作小组名单

组　长：蒋秀娟
成　员：张慧玲　陈丽梅　（学科带头人）
　　　　邹静燕　孟　彦　孙　良　（专任专业教师）
　　　　张燕琴　潘　婷　唐薇晨　（专任专业教师）
　　　　倪　琳　郭艳丽　（企业技术骨干）
　　　　王　磊　郭振亮　（家长代表）
　　　　方　卓　姜彭州　（学生代表）

2. 制订校本课程开发工作计划

成立校本课程开发小组后，两个小组先后召开了二次会议，经过共同讨论，制订了该校校本课程开发工作计划，详见图3.4。

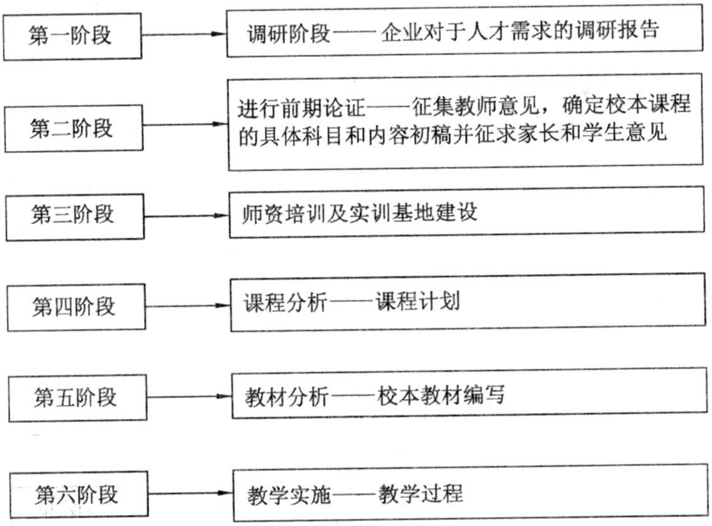

图3.4　昆山花桥国际商务城中等专业学校校本课程开发工作计划

（三）金融服务外包专业校本课程开发实施过程

1. 企业调研及前期论证

该校组织校本课程开发小组成员深入花桥国际商务城的十多家相关企业进行调研，在大量数据的支持下，确定了金融服务外包专业校本课程开发的可行性和方向。随后，经过多次开会研讨，多方征求专家意见，初步形成了此次校本课程开发的具体科目和内容。通过问卷调查的方法，征求了大量家长和学生的意见，吸收了有价值的建议，并对初稿进行了适当修改，开始着手校本课程开发的实施。

2. 师资培训及实训基地建设

该校采取“引进来”和“送出去”的方式,通过“听讲座”、“进企业学习”、“下企业锻炼”等方法,让专任专业教师更好地了解课程开发的理论知识和方法,吸收企业最先进的技术知识。正因为有了这些培训,在校本课程开发的过程中,教师们有了出色的表现。

学校邀请行业专家和企业技术骨干参与制订学校实训基地建设方案及设备选购方案,按照企业标准,建成了“会计模拟实训室”、“银行后台实训室”、“证券期货实训室”、“金融数据处理实训室”。

3. 课程体系改革

该校教师根据校本课程开发的目标,对该专业学生必须掌握的文化知识、专业知识和技能等进行了重新梳理和整合,构建了“文化基础课＋专业基础课＋专业技术课＋岗位技能实训”的课程体系(详见图3.5)。

4. 校本教材的开发

该校校本教材的开发从满足企业岗位的用工需求和满足学生可持续发展的需求出发,基于区域经济、行业发展需要,注重实用性和普适性,先后自编“理实一体化”校本教材:《语言文字基础知识》《电话营销与电话礼仪》《行业后台数据录入实训》《呼叫中心及行业发展》《呼叫岗位与座席员职业发展》《公共关系与客户服务》《会计综合模拟实训》这七本金融服务外包专业校本教材。校本教材的编写以“实践导向”为理念,以活动任务为中心,紧密结合学校实训设施建设情况,突出技能操作。在实施过程中,广泛接纳学生和教师的反馈意见,进行适时的调整,受到了师生的一致好评。

5. 校外课程资源的开发

与企业联合培养人才,是职业教育的必然要求。该校充分利用本地区的经济发展优势和产业群优势,根据自身情况,通过共建实训基地、学生顶岗实习、工学交替、订单式培养、产教结合这些培养方式,不断加强与行业、企业的联系,从而拓展了校本课程开发资源,为校本课程开发提供了有力的保障。该校已先后与十多家金融服务外包企业建立了校企合作关系,形成了互惠互利、优势互补、共同发展的动力机制。

6. 校本课程开发的管理

(1) 建立民主开放的课程开发制度

该校校本课程开发领导小组成员根据学校自身的特点,经过多次研究讨论,广泛征求广大教师的意见后,反复修改,最终建立《校本课程审议制度》《校本课程教师岗位职责》《校本课程教师激励制度》。

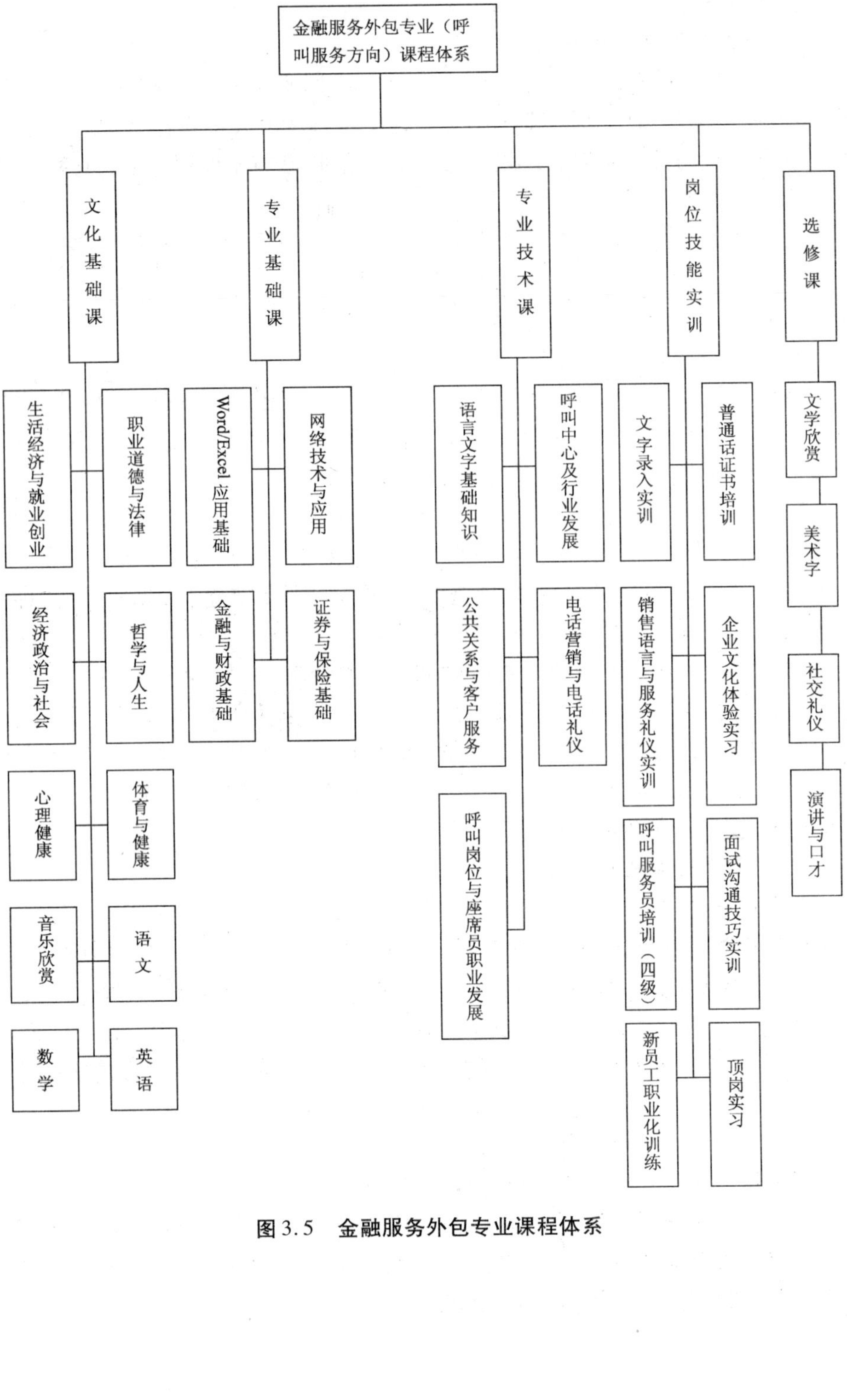

图3.5　金融服务外包专业课程体系

（2）校本课程开发的质量监控

对于校本课程开发的质量监控主要从两个方面进行：第一，课堂教学常规的管理。该校每天都有专人进行巡视，了解教师和学生的上课情况，加强对教师的出勤管理和学生组织纪律的管理。每周会不定期对施教教师进行随堂听课，并检查教师的备课情况。第二，学生学业成绩的管理。该校从学生平时出勤、作业、课堂学习、实训情况、期末成绩等多方面来评价学生的学业成绩。对于专业课尤其注重学生实践能力的考核。

（3）校本课程开发的资源管理

通过建立课程资源库对校本课程开发资源实行管理。该校分别从学校层面、教师层面、学生层面对校本课程开发过程中的各种制度、方案、问卷、教材、学生作品、课程纲要、活动记录等进行收集和管理。同时，该校在对资源进行收集和管理时还充分利用了现代网络技术，提高了效率，强化了直观性。

7. 校本课程的评价与改进

（1）学校层面的自主评价

在课程开发的整个过程中，该校课程开发小组采用多种评价方式，对课程实施情况定期从需求评估、总体目标、课程结构与门类、实施效果、保障措施等方面进行评价，提出改进计划，及时完善和修订课程实施方案。

（2）对学校校本课程开发教师的评价

尝试对学校校本课程开发教师进行系统全面的评价：坚持评价主题的多元化，自我评价、同行评价、学生评价、校本课程开发领导小组评价、企业人员评价相结合；坚持评价方式的多样化，结果评价与过程评价、定性评价与定量评价结合起来。

（3）对课程本身的评价与改进

为了提高评价的效度和信度，对课程本身主要用以下几种方法进行评价，并不断改进。

① 观察法

课程开发领导小组会定期深入到教室和实训场所，观察学生的表现，通过摄像和文字记录来研究学生是否有浓厚的兴趣，学生的能力是否能够提高，教师的教学是否合理有效，等等。但考虑到这种方法往往也带有人为的主观性和武断性，一般把观察所得的结果作为评价的一个参考。

② 座谈法

通常二个月举行一次座谈会，召集学生、执教教师、部分家长、企业相关人员进行座谈，共同讨论课程的有效性，并提出建议。

③ 问卷法

学校课程开发小组领导及小组成员共同编制问卷，书面提出问题，对学生、执教教师、家长、企业相关人员进行问卷调查，根据统计结果及自由回答情况，了解调查对象在座谈会上不方便说的一些深层次想法，更好地掌握课程使用的绩效性。

④ 企业实习法

很多学校往往是在学生快要毕业时才安排学生进行实习，总认为学生只有先在学校学习了两年，才有能力到企业实习。该校认为，检验一个课程对学生是否有用的最好方法，就是学生能否胜任企业实务工作。该校坚持学生每半年去企业进行相关实习一次，当然学习内容和实习内容要相结合。通过学生在实习期的表现，找出问题，然后对课程进行相应修订。通过这种方法，让学生的学习有了目标，真正做到学以致用。

第四章

职业学校培养地方性技能型人才的教学创新

第一节　职业学校培养地方性技能型人才的教学设计

一、教学设计概述

（一）教学设计的概念

职业教育教学基础理论的研究，为开展职业教育教学设计提供了必要的理论基础。在进行职业教育教学设计之前，还须要明确教学设计所涉及的一些基本概念，主要包括教学设计的定义与特征、任务与模式、理论与发展趋势等。

一般来说，"设计"是指人们在创造某种具有实效性的新事物或解决所面临的新问题之前，所进行的探究性和系统计划过程。在这个意义上说，设计注重的是规划和组织，即设计着重对计划的对象进行分析，明确相关的因素，并对其进行有效的控制。

关于教学设计的界定，也没有一个统一的概念，学术界众说纷纭。比较具有代表性的观点有如下几个：

加涅在《教学设计原理》中将教学设计界定为"教学设计是一个系统化(systematic)规划教学系统的过程。教学系统本身是对资源和程序做出有利于学习的安排"。后来，加涅进一步指出："教学是以促进学习的方式影响学习者的一系列事件，而教学设计是一个系统化规划教学系统的过程。"美国学者肯普给教学设计下的定义是："教学设计是运用系统方法分析研究教学过程中相互联系的各部分的问题和需求。在连续模式中确立解决它们的方法步骤，然后评价教学成果的系统计划过程。"史密斯和雷根的观点是："教学设计是指运用系统方法，将学习理论与教学理论的原理转换成对教学资料、教学活动、信息资源和评价的具体计划的系统化过程。"邬美娜等认为："教学系统设计是运用系统方法分析教学问题和确定教学目标，建立解决教学问题的策略方案、试行解决方案、评价试行结果和对方案进行修改的过程。”

通过上述几个比较有代表性的定义，可以从以下几个方面认识和理解教学设计：

1. 教学设计的最终目的是为了提高教学效率和教学质量，使学生获得良好的发展。

2. 教学设计的研究对象是教学系统。

3. 教学设计必须以学生特征为出发点，以教与学的理论为依据，强调运用系统方法。

4. 教学设计过程是问题解决的过程，应重视对教学效果的评价。

本书中的教学设计是指一个系统规划教学系统的过程，要解决两个问题：

学（学生方面）——为什么学、学什么、怎么学、学习效果如何。

教（教师方面）——教学目的、教什么、怎么教、教的结果如何。

（二）职业教育教学设计的基本理论

职业学校培养地方性技能型人才进行教学设计的依据是“建构主义”教学理论，其基本观点包括以下三点：

1. 知识并非是对客观世界的准确表述，它只是一种解释、一种假设，它并不是问题的最终答案，相反，它会随着人类的进步给以修正或者否定，随之被新的假设代替。

2. 学习不是由教师向学习者传递知识的活动，而是学习者自己建构知识的过程。学习者不是被动地吸收信息，而是主动地通过已有的认知结构对新信息进行加工和建构，这种学习更强调主动性、社会性、情景性、协作性，而且这种建构非教师所能代替。

3. 教师不是知识的传授者和灌输者，教师的作用是组织、指导、帮助、促进学习者利用情境、协作、会话等学习环境要素充分发挥主动性、积极性和首创精神，最终达到有效地实现对当前所学知识的意义建构的目的。

教学设计理论可分为理论基础、基本原则和基本模式 3 个层次，如图 4.1 所示。①

理论基础包括职业教育系统理论、职业教育学习理论、职业教育传播理论、职业教育教学理论。基本原则包括建立在理论基础之上的职业教育教学设计的系统优化原则、动机发展原则、能力本位原则和教育传播原则。基本模式则为教学目标确立、学习任务分析、学习者分析、教学系统设计（教学软件系统设计、教学硬件系统设计）和教学评价 5 个基本阶段。

---

① 邓泽民：《职业教育教学设计》（第二版），北京：中国铁道出版社，2009 年，第 101 页。

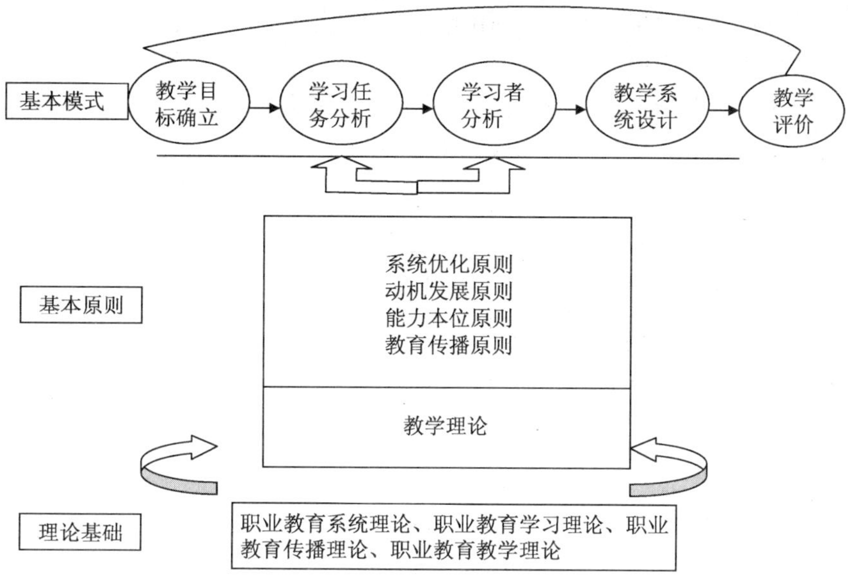

图4.1 职业教育教学设计理论方法体系

（三）职业学校培养地方性人才进行教学设计的原则

1. 系统优化原则

系统优化原则是以系统整体目标的优化为准绳，协调系统构成要素间的相互关系和系统动态过程中各个环节，其将各个构成要素和各个环节放到系统的整体中权衡，以整体系统总目标最优化来协调各个构成要素和各个环节，形成最佳的教学结构，从而使教学系统的功能得到增强和充分发挥，以克服教学实践中的低效现象。

由于职业教育培养的是职业技术应用型人才，因此职业教育教学在教学程序设计的原则上，应按照“依据教学目标，设计呈现任务；依据任务要求，明确所需能力；依据所需能力，开展能力教学；完成既定任务，归纳一般结论”的程序。其中在“依据所需能力，开展能力教学”过程中，要根据学习动机的发展和能力形成的一般过程安排教学程序。考虑学习动机发展，教学程序设计要注意设趣、激趣、诱趣、扩趣4个环节；考虑能力形成过程，教学程序要根据教学对象的特点进行设计。

2. 能力本位原则

（1）具备能力形成的条件

职业学校学生的能力形成是有条件的，单项能力形成的条件，根据职业教育学习理论中能力的条件定义，包括知识、技能和态度，而综合能力的形成条件是具备相关单项能力。在教学设计中，应注意不要出现能力形成条件缺少的现象，以避免因为能力形成条件的缺失而影响能力的形成。

（2）遵循能力形成的过程

职业学校学生能力形成，具有一个由多个环节共同作用，每个环节又具有不同特点的较为复杂的过程。具体如图4.2所示。①

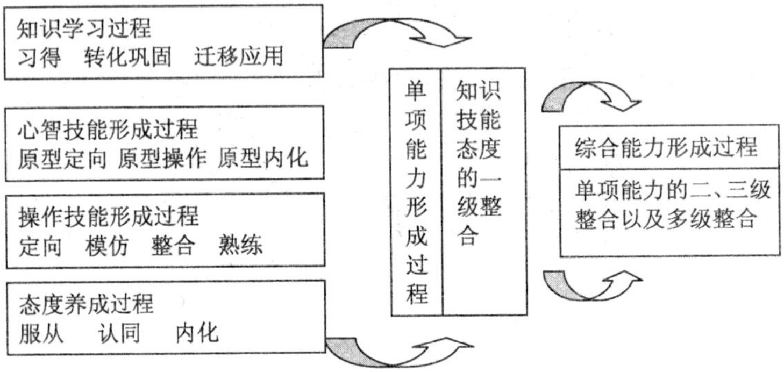

图4.2 能力形成过程示意

在教学设计编写中，应注意遵循能力形成的一般过程及其特点，保证教学心理逻辑顺序得到贯彻。避免因出现能力形成过程环节的缺失，而影响学生能力的形成，最终影响教学效能的情况。

3. 学习目标能力化原则

学习目标可以明确课程的出发点和归宿，学习目标越明确、越切合实际情况，学习者在课程学习中越能够获得成功。一方面，学习目标的设计应该能够体现课程主题本身的内在逻辑体系特征；另一方面，学习目标的设计与学习者的特征分析密切相关，也就是我们常说的“因材施教”。学习者的特征分析一般涉及智力因素和非智力因素两方面，与智力因素有关的特征包括知识基础、认知能力和认知结构变量等；与非智力因素有关的特征包括兴趣、动机、情感、意志和性格等。学习目标的设计应能体现出学习主体的多样性、差异性和复杂性。

4. 学习任务项目化原则

学习任务是学习目标的载体。因此，学习任务的设计是课程教学设计的重要环节。学习任务设计包括：学习任务与学习目标之间的依托与支撑、学习任务之间的逻辑结构、学习任务与学习情境的有机结合、学习任务与学习者的调整与适应等。职业教育课程的学习任务设计应该是工作过程导向的，以专业就业岗位典型工作过程的分析为起点，依据并围绕职业活动中工作过程（为完成一件工作任务并获得工作成果而进行的一个完整的工作程序）选择课程内容，并以

① 邓泽民：《职业学校职业能力形成与教学模式研究》，北京：高等教育出版社，2002年，第47页。

之为参照系对知识内容实施序化，着眼于蕴含在行动体系中的隐性实践知识的生成与构建，筑造课程内容结构。

5. 学习情境职场化原则

学习情境是服务于学习的微环境，是“学习被刺激和支持的地方”。学习情境作为课程教学系统的重要组成部分，不仅是物理的、现实的（如社会环境、自然环境），也是心理的、人工的（如情感环境、认知环境）。从空间布局来看，传统的教室（包括实验室、实训室）布局多以教学为目的进行设置，更多考虑如何有利于教师对于学生学习活动的掌控与指导，以及学习过程中学生之间的交流和合作，对实现岗位工作场景的模拟以及岗位工作过程的再现考虑较少。在这样的学习情境中，学生不能有效感知外界环境对未来职业生涯所起的作用，也无法在心理环境中将“所学”与未来工作中“所用”建立起必然的联系。在强调“以服务为宗旨、以就业为导向”“校企合作、工学结合”的高职院校中，职业教育课程学习情境的改革也非常重要。

6. 学习资源立体化原则

从基本的教育功能和作用出发，学习资源是包括传统教材在内的一切有利于学生增长知识或发展技能的教学材料的总和，其基于不同的使用主体，以不同的承载媒体、多样化的形式出现。传统的学习资源有教材、讲义、习题册、补充练习、学习指导书、实训指导书、活动手册、辅导材料、复印材料、期刊、杂志等，伴随着信息技术的普及与应用，网站、论坛、留言板、知识库、专家系统、学习软件、文本文件、视频文件、音频文件、幻灯片、电子表格、照片等一大批基于现代信息技术的学习资源被广泛采用。此外，还有一些课程教学实施中使用的学习资源，如授课计划、教案、学习任务书、项目说明书、引导文、练习册、工作页，等等。

7. 学习评价过程化原则

著名职业教育专家姜大源在《职业教育学基本问题的思考》中提出了基于科学发展观的评价观，也就是以人为本的整体性评价观，并认为：职业教育的评价将由功利性向人本性的范式转变。一方面，传统教学评价以终结性评价、结果性评价为主导，评价主体、评价内容、评价方式都比较简单；另一方面，传统教学评价片面强调关于学习者对知识与经验最终掌握水平的评价，忽视对与学生终身发展密切相关的非智力因素的评价。职业教育课程教学设计的“学习评价过程化”，与以人为本的整体性评价观相适应，强调对与课程学习相关的职业能力发展、渐进全过程的评价，对这一过程产生影响的各种因素都将成为评价的目标。

二、职业学校培养地方性技能型人才教学设计的内容

（一）教学目标设计

教学设计中教什么和学什么的设计核心是：了解问题以及解决问题的必要性和可能性，决定解决问题的目标，而不是解决问题的方法。重点是研究学生的需求及教学内容的状况以便编制教学目标。

（二）教学内容设计

教学内容应以问题为中心，围绕问题核心确定教学内容。职业学校专业课程学习就是基于真实现场情景下的探索、学习、训练和解决实际问题的过程，可以打破技术学科体系，按学生认知规律和接受能力设计知识点（技能点）模块集合，从而有利于实施教学。

教学内容处理的正确原则：

1. 在讲清基本概念基础上，允许理论上的相对不完整。对器件内部理论机理不介绍或不完全介绍，只需讲清基本概念，不强求体系完整。

2. 在确保关键知识点前提下，可以有所为，有所不为。为保证应用性知识的介绍，给他们留下足够的空间和时间，舍弃大部分理论推导和复杂的计算。

（三）教学过程设计

职业课程教学过程是任务驱动教学过程，是以学生为主体、教师为主导的教学过程。可从以下四个方面进行阐述：

1. 教学主体

教学过程的设计，尤其是由典型职业活动直接转化而来的课程的学习单元的教学，要体现“以学生为主体”的教学思想，主要采用行动导向理念的教学方法，通过学生的“行动”来学习。每一个学习单元通过明确任务、收集信息、制订计划、进行决策、组织实施、过程检查、结果评价这样完整的行动过程，培养学生的综合职业能力，教学过程应根据学习单元教学内容逐步展开、细化，做到重点突出。

2. 教学方法

教学方法的分类为教学方法的选择提供了方便。依据教学方法的分类，可以根据教学对象、教学作用和教学条件等对教学方法进行选择。巴班斯基提出了6项教学方法选择原则。

（1）符合教学原则。

（2）符合教学目的和任务。

（3）符合该专题的内容。

（4）符合学生的学习可能性：年龄的（生理的、心理的）可能性；知识水平

（教养、教育和发展水平）；班集体的特点。

（5）符合现有的条件和规定的教学时间。

（6）符合教师本身的可能性。

3. 教学媒体

媒体选择的依据有：教学目标、教学内容、教学对象、教学条件等。职业教育的教学对象在我国一般是初中或高中毕业生，教学一般在职业学校或学院进行，教学对象已经具备了一定的学习能力，教室也具备了提供多媒体教学的基本条件。因此在职业教育教学设计中，对于教学媒体形式的选择，应主要考虑学习对象，也就是教学目标和教学内容。在认知领域教学中，要注意知识系统结构的展示，以便学生形成完整系统的理论知识框架。在技能领域教学中，定向是十分关键的。应用多媒体可以根据需要随时有效地解决技能学习的定向问题。在态度领域教学中，利用多媒体技术，可以设定教学的情境、氛围等，这更是其他方式所不能取代的。在能力整合教学中，可以利用多媒体展示出完成一项任务的全过程，以及在各个阶段需要的能力操作，为学生能力整合的形成进行定向。

教学媒体可分为两大类：一类是传统教学媒体，如教科书、黑板、挂图、实物、标本和模型等；另一类是现代教学媒体，如幻灯机、投影仪、录音机、录像机、VCD机和计算机等。随着计算机和数码技术的发展，多媒体计算机将在教学媒体中发挥主要作用。因此，教学设计应充分考虑利用多媒体计算机带来的强大教学功能。

（四）教学评价设计

教学评价的设计要遵照课程标准的考核评价标准制定学习单元考核评价标准。提倡将企业真实的工作任务设计为考试任务，适当情况下可引入企业评价，重点体现能力本位评价以及所采用的过程性评价和成果评价的具体内容。

三、物流专业“仓储作业实务”课程教学设计及分析

（一）“仓储作业实务”课程设计思路

1. 课程与目标岗位定位。本课程是物流服务与管理专业的主干核心课程之一。目标岗位主要是第三方物流企业、商贸流通企业和生产制造企业一线的仓储管理岗位，具体包括：仓库计划员、入库操作员、保管员、出库操作员、库存控制员、库存成本分析员、仓储业务员、安全管理员等。

2. 课程设计思路。根据课程的目标岗位工作流程确定典型工作任务，根据工作过程和典型工作任务设计理论教学内容。课程内容主要针对仓储岗位实际工作过程中要完成的典型工作任务来设计，让学生学中做，做中学，充分体现中职课程的职业性。

(二)“仓储作业实务”教学内容设计

1. 课程教学目标

(1) 知识目标:了解仓储管理的基础知识、仓储设施和设备的知识、仓储作业流程知识、库存控制方法、仓储经营管理知识、仓储安全知识和现场管理知识。

(2) 能力目标:具备学习和研究物流仓储管理方法的初步能力、实际仓储保管作业过程的管理和实际运作能力、设备的选型能力、库存控制能力、仓储经营能力和安全管理能力。

(3) 职业素质目标:具有物品的一般储存和保管方法的基本素质;爱岗敬业,有责任心,工作细心;具有一定的成本分析能力素质;具有一般的通用管理素质、职业沟通和协作素质。

2. 根据目标岗位工作流程确定典型工作

任务(见表4.1)。

表4.1 根据企业的调研、分析、归纳确定工作任务

序号	工作岗位	工作流程	典型工作任务
1	仓库设备操作员	设备选型—操作—完成	完成货物的装卸搬运任务
2	入库计划员	确定入库计划—安排存放位置—入库	编制入库计划
3	入库操作员	入库准备—接运—验收—入库手续办理	完成入库作业
4	保管员	理货—商品编码—堆码—苫垫—盘点—资料管理	理货、堆码、盘点
5	出库操作员	接单—审核—备货—拣货—出库	拣货、出库手续
6	库存控制员	方法掌握—控制库存	采购数量确定
7	仓储业务员	仓储经营方法选择—邀约—合同确定—执行	仓储合同签订
8	仓储安全员	消防培训—现场监督	消防设施布置、5S管理

3. 根据工作过程和典型工作任务设计理论教学内容

根据课程教学目标,调研企业仓储岗位的工作过程,确定典型工作任务,参考行业标准——国家物流师职业标准,设计课程的教学内容。整个课程体系设计以岗位—知识—能力—职业素养的要求为主线,设计学习情景,编排工作任务。可将仓储作业实务课程设计为六个学习情境:一是仓储设施和设备的认知和使用,二是仓储货物入库过程组织与设计,三是货物在库保管作业规划,四是货物出库作业过程组织,五是库存成本控制方法和绩效考核指标设计,六是仓储商务合同签订和5S管理。具体体系见表4.2。

表 4.2　基于工作过程的仓储作业实务课程学习情景设计体系

序号	学习情境	工作任务	教学组织	学时分配
1	仓储设施和设备的认知与使用	1. 仓库建筑结构认知 2. 托盘的特点和选型 3. 叉车的使用和选型 4. 货架的认知和选型	教师先系统讲解仓储设施和设备的功能、特点和类型，然后布置任务，学生分类型分别认识托盘、叉车、货架和辅助设施（多媒体教室、校内实训室）	10
2	仓储货物入库过程组织与设计	1. 货物入库接收准备、货位编号等 2. 入库货物验收 3. 正式入库办理入库交接手续	教师系统讲解货物入库过程，然后布置任务，学生在校内通过仓储管理模拟系统软件完成任务，在校外实践教学基地全真完成任务（多媒体教室、校内实训室）	4
3	货物在库保管作业规划	1. 货物的理货 2. 货物的分区和分类 3. 货物的堆码 4. 货物的保管与养护 5. 货物的盘点	教师系统讲解货物入库过程，然后布置任务，学生在校内通过仓储管理模拟系统软件完成任务，在校外实践教学基地全真完成任务（多媒体教室、校内实训室和校外实践教学基地）	6
4	货物出库作业过程组织	1. 出库货物的分拣 2. 出库货物的配装和配载 3. 出库交接手续办理	教师系统讲解货物入库过程，然后布置任务，学生在校内通过仓储管理模拟系统软件完成任务，在校外实践教学基地全真完成任务（多媒体教室、校内实训室和校外实践教学基地）	4
5	库存成本控制方法和绩效考核指标设计	1. 确定性需求库存控制方法 2. 相关性需求库存控制方法 3. 仓储成本分析 4. 仓储企业经济核算指标设计	教师介绍库存控制方法、经济核算指标，布置案例，学生分析问题，完成任务（案例分析、学生讨论）	12
6	仓储商务合同签订和 5S 管理	1. 仓储经营方式和仓储合同签订 2. 货仓 5S 管理活动实施 3. 仓库消防安全管理	组织学生模拟仓储商务洽谈，签订合同；参观校外实践教学基地，感性认识货仓 5S 和库房消防（角色扮演和现场参观）	8

4. 实践教学内容设计

以课程目标及设计理念为指导，实践课程和理论教学内容紧密结合，围绕物流专业学生“学中做，做中学”的教学理念，加强职业场景的训练。以提高学生就业能力为主线构建实践课程，课程内容设计基于课程培养目标所要求的能力。

课程实践教学内容见表4.3。

表4.3　课程实践教学内容

序号	课程实践教学项目	实训内容	课时数
1	项目一：仓储设施和设备的认知与操作	仓库的认知，货架的选型，叉车的选型与操作，托盘的选用	2
2	项目二：货物入库操作	验收，货物的入库作业	2
3	项目三：商品在库保管操作	堆码、苫盖、盘点	2
4	项目四：仓库出库操作	拣货，出库手续办理	2
5	项目五：库存控制案例分析和仓储合同	实际案例分析，合同签订	2

（三）“仓储作业实务”教学组织与实施

仓储作业实务课程教学组织和实施是课程的核心环节。针对设计的教学内容采用项目式教学、案例分析、角色扮演、情景模拟等教学方法并组织实施。通过设定学习项目，完成工作任务，进行现场考核和评估。下面就以入库操作员岗位的入库作业为例来说明教学组织和实施。

1. 入库操作员岗位的授课计划

见表4.4。

表4.4　入库操作员岗位的授课计划

<table>
<tr><td>工作岗位：入库操作员</td><td>学习项目：项目二</td><td>工作任务：入库作业</td><td>学时：4 学时</td></tr>
<tr><td colspan="4">学习目的：
1. 能够审核客户的入库单证，确认入库指令
2. 能够安排货位，验收货物，办理入库手续，完成入库作业典型工作任务
3. 能够分析并及时处理入库作业中的常见问题</td></tr>
<tr><td colspan="4">教学过程设计</td></tr>
<tr><td colspan="2">学习项目设计：
学时角色：入库操作员</td><td colspan="2" rowspan="2">教学设计：
1. 学生在教师的组织下分组，布置并讲解工作任务，分组完成任务并汇报
2. 教师总结工作过程，归纳知识要点</td></tr>
<tr><td>项目设计：入库操作员接到入库单，安排货位，接货，验收货物，办理入库手续</td><td>典型工作任务：
1. 审核入库单
2. 货物接收
3. 验收货位
4. 办理入库手续</td></tr>
<tr><td colspan="4">教学实施的地点和条件：物流实训室和多媒体</td></tr>
<tr><td colspan="4">工作任务完成情况考核：工作任务的理解程度 10 分，审核单证环节 20 分，接运环节 15 分，验收环节 20 分，手续办理的正确性 15 分，沟通、协调和配合程度 20 分</td></tr>
</table>

2. 教学实施过程

见表4.5。

表4.5　教学实施过程

教学实施过程	1. 资讯	项目二:仓储货物入库过程组织与设计 任务一:货物入库接收、货位安排 任务二:入库货物的验收、入库交接手续办理 一、入库作业流程总的介绍 二、入库接收作业 三、优选货位的原则和方法 ——选择货位的原则 1. 根据货物的尺寸、数量、特性、保管要求选择货位;2. 保证先进先出、缓不围急;3. 出入库频率高、使用方便的货位;4. 小票集中、大不围小、重近轻远;5. 方便操作;6. 作业分布均匀 ——储位编码的作用 ——储位编码方法 1. "四号定位"方式;2. 电子计算机定位系统 ——货物编号的原则 1. 唯一性原则;2. 简明性原则;3. 层次性原则;4. 可延性原则;5. 稳定性原则 ——货物编号的方法 1. 伸式编号法;2. 分组编号法;3. 实际意义编号法 四、入库货物的验收作业 1. 数量验收;2. 质量验收;3. 包装验收 五、货物入库交接和登记 1. 交接手续;2. 登账;3. 立卡;4. 建档
	2. 决策	1. 将学生分成5～6人的小组;2. 扮演入库操作员,分配各自的任务;3. 结果展示,教师评分
	3. 实施	1. 根据入库单的内容,了解入库货物的特性、数量和占用面积等 2. 根据仓库的实际情况,安排货物的储位 3. 组织人员接运,搬运入库 4. 货物到达,组织人员验收 5. 验收无误,组织入库作业 6. 办理入库交接手续,资料归类
	4. 检查评估	根据工作任务的理解程度10分,审核单证环节20分,接运环节15分,验收环节20分,手续办理的正确性15分,沟通、协调和配合程度20分等指标和分值,结合过程考核,导出项目总的成绩

3. 教学效果考核评分表

见表4.6。

表4.6　教学效果考核评分

学习项目	工作任务		小组成员
项目二：仓储货物入库过程组织与设计	审核入库单/货物接收/验收货位/办理入库手续		
评价内容	评价标准	分值	得分
工作任务的理解程度	明确任务，理解合理	10 分	
入库单审核	掌握审核的要点	20 分	
接运环节	操作先后顺序合理	15 分	
验收环节	掌握要点，验收无误	20 分	
入库手续办理	正确，流程合理，资料规范	15 分	
沟通、协作和配合程度	有无沟通和协作	20 分	
评分人：		总分：	

按照“资讯、计划、决策、实施、控制、评估”的6步法进行组织。在资讯阶段，先讲解入库作业流程总介绍、入库接收作业、优选货位的原则和方法、入库货物的验收作业、货物入库交接和登记等知识。在计划和决策阶段，将学生分成5～6人的小组，分别扮演入库操作员角色，分配各自的任务；展示各组的结果，教师给予评分；根据工作任务的理解程度10分，审核单证环节20分，接运环节15分，验收环节20分，手续办理的正确性15分，沟通、协调和配合程度20分等指标和分值，结合过程考核，导出项目总的成绩。

仓储作业实务课程教学设计虽然已经从课程教学对象的工作岗位实际出发体现了职业性，但是还应倡导“学生是学习的主体”的理念，学校层面在组织教师进行课程教学的同时，还应该加强改进学生管理工作，高度重视新生教育环节，让学生从一入学就能够理解中职教育培养目标和学习方法。只有充分唤醒学生的学习主体意识，课程教学改革才能获得预期的效果。从教学管理角度出发，职业学校还应树立“教学监工”的角色意识，这个角色的最佳人选应是中职学生，因为学生是享用“课程产品”的客户，学生是否能够成才是评价课程改革是否成功的刚性标准，进而才能满足社会发展对人才培养的要求。

第二节 职业学校培养地方性技能型人才的教学方法

一、职业学校培养地方性技能型人才教学方法的困境

在职业学校的技能教学中,传统的教学方法存在着一定的不足。其主要特点是采用提示型教学方法,即活动焦点在教师,由教师利用黑板、教具、多媒体等教学手段进行课堂讲解、提示、说明、报告等,而学生被动地接受。然而随着科学技术的不断发展,教学观念也在不断更新,仅靠“一支粉笔一本书”的传统教育教学方法,已无法满足现代职业技能的教育教学,其存在着诸多困境和不足。

从教师讲授情况来看,最明显的是教师在课堂上的姿态方面。传统教学中教师一般是站着讲课,照本宣科,缺乏讲授的生动性和实践性,与学生的交流、课堂气氛、学生的学习状态及教学效果等大打折扣。在有的课堂上,学生大部分时间都只是在学习枯燥的理论知识,教学效果也就可想而知。然而,现代技能教学更注重实践的操作性,教师授课中精神饱满、声音起伏跌宕、肢体语言丰富、讲解生动、示例规范、注重实效,能调动学生的学习积极性,达到较好的学习效果。

从学生听课情况来看,在传统教学中,学生基本是跟着教师完成教学任务,学习较为消极被动,同时对一些抽象、深奥的知识点不能很好地理解,缺乏将一些抽象的东西具体化,与教师交流的机会很少。由于一些教师课件制作水平不高,幻灯片中内容过多,字小看不清楚,有的教师的课件中幻灯内容多,转换较快,课堂气氛显得沉闷,影响了教学效果。

同时,传统教育不注意研究学生,不注意及时收集学生的反馈信息。课堂上以教师为中心进行教学活动,包办代替过多,忽略了学生的主体作用,忽略了教与学的相互联系和影响,因而减弱了整体效能。传统教学法在教学内容处理上,多表现一条条知识的教学,满足于讲清书本上的现成知识。

总的来说,传统的教学方法表现出重教轻学,重知识轻能力,重结果轻过程,重模仿轻创造,重外因轻内因的弊病,它阻碍了学生认识潜力的发挥,不利于技能型人才的培养。

二、职业学校培养地方性技能型人才教学方法的改革

(一)改革教学方法对职业学校培养地方性技能型人才的重要性

职业教育是我国现代化教育体系和国家创新体系的重要组成部分。我国经济的发展不仅须要构建知识和技术创新体系,还须要构建知识传播和应用系统;不仅须要培养一大批高层次知识和技术方面的创新人才,更需要职业教育培养

一大批具有创新精神的技能型高素质劳动者。

社会发展实践证明,职业教育水平在很大程度上决定着劳动力大军的素质和劳动力结构,而劳动力大军的素质又很大程度地决定着国民经济生产和服务的总体水平,决定着科学技术转化为现实生产力的综合竞争力,劳动力结构又在很大程度上影响着国民经济结构、企业组织结构和产品结构。目前我国的生产技术水平低和劳动力素质差的现状,已经严重制约了国民经济的发展,从技术指标来衡量,我们很多技术已经达到了世界先进水平,但是我们没有办法生产出像德国、日本那样的产品,因为我们缺乏德国和日本那样的产业工人。联合国经合组织在对我国企业技术环境考察后认为:中国企业技术能力落后的第一原因是在产品再生产和研究发展中没有充足的、高水平的从事设备操作、维护、改进和更新的生产技术人员,以及科技人员的结构不合理。高技能人才在企业技术创新链中已经成为重要的一环,他们通常工作在生产、技术服务、管理第一线,对企业的技术创新起着重要的作用,他们对企业技术创新的贡献,最易集中在基层,如工艺创新、经营管理创新、生产与服务创新(如营销)等活动方面,其内容遍及提高技术、节约原材料、节约能源、降低成本、加速资金周转、改善生产组织与改进管理等各个方面,从而使企业获得较好经济效益。因此,高技能人才与学术型、工程型人才在企业中具有同样重要的作用。高技能人才在推动我国企业技术创新和实现科技成果向现实生产力转化中起着重要的作用。

(二) 职业学校培养地方性技能型人才教学方法的经典

1. 项目教学法

项目教学法是师生通过共同实施一个完整的项目工作而进行的教学活动。将一个相对独立的项目(产品教学法)交由学生自己处理,信息的收集、方案的设计、项目的实施及最终的评价,都由学生自己负责。学生通过该项目的进行,了解并把握整个过程及每一环节中的基本要求,原则上项目结束后应有一件可以看得到的产品。

教学项目的选择标准: 1) 该工作过程可用于特定教学,具有一定的应用价值,具有一个轮廓清晰的任务说明; 2) 能将某一教学课题的理论知识和实践技能结合在一起; 3) 与企业实际生产过程或现实商业活动有直接的关系; 4) 学生有独立进行计划工作的机会,在一定时间范围内可以自行组织、安排自己的学习行为; 5) 有明确而具体的成果展示; 6) 学生自己能克服、处理在项目中出现的问题; 7) 具有一定难度,不仅是已有知识、技能的应用,而且要求学生运用已有知识,在一定范围内学习新的知识技能,解决过去从未遇到过的实际问题; 8) 学习结束时,师生共同评价项目工作成果以及工作和学习的方法。

项目教学法的特点: 1) 实践性:项目的主题与真实世界密切联系,学生的学习更加具有针对性和实用性。2）自主性：学生能够根据自己的兴趣选择内容和展示形式，能够自主、自由地进行学习，从而有效地促进学生创造能力的发展。3）发展性：长期项目与阶段项目相结合，构成为实现教育目标的认知过程。4）综合性：具有学科交叉性和综合能力运用的特点。5）开放性：主要体现在学生围绕主题所探索的方式、方法、展示和评价具有多样性、选择性。6）过程性：项目教学法的评价注重学生在项目活动中能力发展的过程，测评内容包括学生参与活动各环节的表现以及完成作业的质量。

2. 任务驱动法

任务驱动教学法，是指教师将教学内容设计成一个或多个具体的任务，力求以任务为驱动，以某个实例为先导，进而提出问题引导学生思考，让学生通过学和做掌握教学内容，达到教学目标，培养学生分析问题和解决问题的能力。它是一种以学生主动学习与教师加以引导相结合的教学方法，既符合探究式的学习模式，又符合教学的层次性和实用性。它可以让学生在完成"任务"的过程中，形成分析问题、解决问题的能力以及独立探索的学习精神和与人合作的意识。

任务驱动教学法具有的特点：1）任务驱动，以工作任务为中心引领知识、技能和态度，让学生在完成工作任务的过程中学习相关理论知识，发展学生的综合职业能力。2）目标具体，内容实用。任务驱动教学法的教学目标清楚明确，能更好地指导教学过程，也可以更好地评价教学效果；教学内容的选择要紧紧围绕工作任务完成的需要，不求理论的系统性，只求内容的实用性。3）做学一体。任务驱动教学法打破长期以来的理论与实践二元分离的局面，以工作任务为中心，实现理论与实践的一体化教学。4）提高学生分析问题和解决问题的能力。5）提高学生学习的主动参与意识，激发学生的学习兴趣。

3. 案例教学法

国内的《教育大辞典》将案例教学法定义为"高等学校社会科学某些科类的专业教学中的一种教学方法，即通过组织学生讨论一系列案例，提出解决问题的方案，使学生掌握有关的专业技能、知识和理论"。而在教育学中，人们又将案例教学法定义为教学中的案例方法，是指围绕一定的教育目的，把实际教育过程中真实的情景加以典型化处理，形成学生思考和决断的案例，通过独立研究和相互讨论的方式，来提高学生分析问题和解决问题能力的一种方法。

综合而论，案例教学法可以界定为教师以具有鲜明代表性的案例为学生创设问题情境，引导学生通过对案例的分析讨论，在情境中掌握理论知识总结规律，并创造性地将知识与实践相结合，找到更多的实际生活范例或提出解决实际问题的思路与方法。案例教学法就是以典型事件为基础所撰写的真实或虚拟的情景，进行师生问答、讨论等互动的教学过程，以达到认知学习、提高技能的目标。简言之,案例教学法就是利用案例作为教学媒介以提高学生综合能力为目标的教学方法。

案例教学法的特点：1）明确的目的性。在案例教学中,通过一个或几个独特而又具有代表性的典型事件或实例,让学生在案例的阅读、思考、分析、讨论中,建立起一套适合自己的逻辑思维方法和思考问题的方式,以提高学生分析问题、解决问题的能力,进而达到案例教学的目的。2）客观真实性。案例所描述的事件基本上都是真实的,学生根据自己所学的知识,分析判断。由案例的真实性决定了案例教学的真实性。3）较强的综合性。学生不仅须要具备基本的理论知识,而且须要具备综合运用知识的技巧。4）深刻的启发性。案例教学,不存在绝对正确的答案,目的在于启发学生独立自主地去思考、探索,注重培养学生独立思考能力,启发学生建立一套分析、解决问题的思维方式。5）突出实践性。学生在校园内就能接触并学习到大量的社会实际问题,实现从理论到实践的转化。6）使学生有主体性。学生在教师的指导下,参与进来、深入案例、体验角色。7）过程有互动性。在教学过程中存在着老师与学生的交流,学生与学生的交流,也就是师生互动、生生互动。8）结果多元化。在案例讨论过程中,学生能够发表自己的观点。

4. 情景教学法

情景教学法是指在教学过程中,教师有目的地引入或创设一些真实性或仿真的情境,通过学生的直观感受和主动参与,培养学生分析问题、解决问题的基本能力,提高学生的思考能力、实践能力,最终实现教学目标的一种教学方法。

情景教学法把操作和学习、理论和实践、抽象思维和形象思维等诸因素加以协调,在更深层次上适应了人们"实践—认识—实践"的认知过程,是一种科学的教学方法。

情景教学法的最大特点是符合人体大脑活动的过程。据生理学家研究,人体大脑左脑半球主要是执行语言、逻辑、数学和书写等分析性任务,右脑半球善于处理空间概念,认识图表、图案,感知音乐、颜色等直观性过程。但是两个脑半球不是孤立地工作,而是互相支持并补充着彼此的活动。运用情景教学法,除了重视听说以外,还强调自己身临其境的表演,进入一定的角色。这样的学习方法,思想高度集中,两个脑半球处于兴奋状态,增强了记忆效果,印象极为深刻。同时,情景教学法另一个特点是符合启发式、精讲多练的教学原则。在学习的过程中,情景教学法使学生一直处在设置的情景中间,教师只起主导与旁白作用,这样就必须贯彻启发式、少而精、精讲多练的原则,大量的时间让学生动口、动手、动耳、动眼,使学生成为训练的中心人物。

5. 分层递进教学法

所谓分层递进教学，就是针对班内不同学习水平的学生，提出不同的教学目标，创设不同的教学情境，使各层次的学生都能经过努力得到最优发展。它不仅克服了传统教学因教学内容要求、方法都同步划一所带来的种种弊端，而且保证了教师主导作用、学生主体作用的发挥，提高了学生参与教学活动的积极性，使不同层次的学生都能找到自己的主攻方向，制定自己的学习进程，学会学习。

分层教学法实施原则：1）面向全体学生的原则。分层教学法实施的最终目的是满足学生个性发展的需求，而这种满足不是某一个学生或某一水平学生的要求。分层教学的目的是能够将具有相同技能发展水平的学生分成一组，进行相应的教学，最终目的是每个学生技能的提高与发展。2）循序渐进的原则。在对学生进行分层之后，学校须要针对不同的层级制定不同的教学目标。有的学校将学生进行分组之后，将普通水平小组学生的教学目标定位在赶上技能优秀小组的学生。然而并非每个学生都能够在训练中达到最优秀的水平，这使得很多学生在分层中承受更多的压力。因此，在不同层级的小组中其教学目标应该是根据学生的身心素质能力所制定的具体、可行、积极的目标。3）从实际出发的原则。在为学生进行分组的时候，要以学校的实际状况为前提，让学生明确学校的教育目标和教育内容。

6. 公司制教学法

公司制教学法，就是在教学过程中，以模拟公司平台为载体，结合课程目标和课程标准，将公司运作的各个环节以一定的形式与教学计划有效结合，为学生技能培训提供与真实基本一致的工作岗位或工作任务，使学生在“工作中学习”。通过公司教学法，使学生在校时就能熟悉工作环境，了解工作程序和内容，既能学到有效的工作技能，又能掌握工作规范。学生在毕业时具备一定的实践经验，基本具备胜任工作所必需的职业能力。学生毕业后，从学校到社会自然过渡，能迅速适应工作环境，完成角色转换。

公司制教学法的特点：1）在公司制教学法中，“模拟公司”与市场接轨，按照真实公司设置岗位、安排工作任务，营造学生实训的仿真教学环境，使学生能够完全沉浸在真实的工作中。学生在接触新知识、新技能的过程中，按照工作规范和要求，探索、研究如何完成新的工作任务，促进学生对新技能的掌握。在这种仿真的教学活动中，一方面，学生可以熟悉、掌握职业岗位所需求的各方面理论知识；另一方面，学生可以接触到仿真的教学环境，且得到与工作岗位密切相关的技能训练。2）体验活动的自主性。在公司制教学法中，学生通过在工作岗位上的操作学习，使模拟公司得以投入正常运行。相比传统的教学法，师生角色发生了转变，以往的师生、同学关系转变为与领导、同事、客户的人际关系。教学中通过教师的组织、指导，学生自主性地完成学习，学生是教学的中心，参加教学的全过程，包括信息收集、计划制订、决策实施、反馈控制、成果评估等。可以说，公司制教学法使学生获得了今后工作的自主体验。3）素质能力的全面性。公司制教学法中岗位任务的完成往往需要员工具有全面的素质能力。在工作中，大部分任务依靠员工的团队合作来完成，公司制教学法也给学生创设了培养团结协作能力的环境。为了高质量地完成工作中的任务，员工还必须具备良好的工作习惯，在潜移默化中就培养学生具备认真的工作态度。

7. "牧羊人"教学法

"牧羊人"式的教学方法，源于一种教师的心理境界，或者是一种理想化的心理状态，要营造出一种新型的教学环境，让教师在课堂中、讲台上，仿佛置身于"蓝天、白云、羊群、大草原"的田园美景中，在心旷神怡、挥洒自如的状态下进行教学活动，让教师真正做到"乐于教"。"牧羊人"式教学法的核心是确定师生间的相互关系。教师对学生的基本态度决定教学的基本方式，也就像哲学中强调的世界观与方法论的统一。

"牧羊人"式的教学方法是借助和引用牧羊人的职业特征，突出"以教师为主导，以学生为主体"，营造的一种相对宽松的学习环境，由教师提供鲜活案例较多、知识含量大的授课内容，让学生在学习过程中具有适度的自由性和选择性。把此教法定名为"牧羊人式教学法"，更主要是基于师生关系就像牧羊人与羊群一样，是一种唇齿相依的对立统一关系。试想，如果没有羊群哪有什么牧羊人的职业？牧羊人天生为羊群服务，牧羊人的全部职责和价值就体现在羊群上。同样羊群也离不开牧羊人的放养，只有在牧羊人的调教和安全的保护下，羊才能长得膘肥体壮。

"牧羊人"教学法的特征：1）"营养丰富"的教学资源环境。在教材使用方面，注重知识的"领域化"和"综合化"，不是简单地使用现成的教材，而是通过对教育内容及背景资料研究、相关知识点与鲜活案例相结合，由教师进行重新组合，进行选择教育。这就要求牧羊人有义务、有能力为放牧对象寻找一个水草茂盛、食物充沛并具备各类营养价值的"知识大草原"。2）"形式多样"的教学形式内容。牧羊人须要具备责任心和丰富的教学经验，将放牧对象引入指定领域，它不是简单划一地讲解知识点，而是注重拓展学生的学习空间，发扬学生选择教育的主观能动性，强调满足不同层面的知识需求，并要求教师在确保大多数同学知识需求的同时，兼顾两头，允许不同能力的同学各取所需。这就是牧羊人有责任有经验引导放牧对象进入指定领域，在确保大多数对象都能获取营养，健康成长的同时，还要兼顾两头，满足不同层次的不同需要，也就是吃多少、吃多饱不强求统一。它将传统教学中的"精养法"、"圈养法"改为"散养、放养"，各取所需的教学方式。

所谓“散养、放养”就是指教师不必拘泥教科书的框架，讲案例比讲理论多，对学生理解认识不必强求统一，对理论、定义能够通俗简化就尽可能简单化、生活化。

三、项目实践教学法在中职物流实训课中的运用——以“理货作业”为例

在职业教育大力发展的今天，“以职业活动为导向，以职业能力为核心”的原则深入人心，职业教育的理论课程和实训项目紧密结合为工学一体化的教学体系和评价体系，进而有助于使学生模拟实现“从工作中来，到工作中去”，更有助于模拟体验“在工作中学习，在学习中工作”。因此，项目实践法的教学也便应运而生。

（一）项目实践教学法在物流“理货作业”实训中的特点

项目实践教学法是探究式建构主义理论在教育教学中的具体运用。它要求教师首先根据实际工作岗位中所需的技能来设计教学任务，然后由教师做引领，指导学生进行自主学习并完成相应任务。最终，学生间通过先前的分组进行交流沟通，相互点评，指出他人不足的同时学习他人的长处，从而使学生在完成任务的过程中，既掌握必要的专业技能，又博采众长，师生教学相长、相得益彰。

该教学方法的主要特点是：1）必不可少的课前准备。在项目实践法中，由于是以学生为项目实践的主体，教师应做好之前的引领工作。以“理货作业”为例，教师可以通过布置作业的方式，让学生通过网络搜索、报刊阅读等方式了解理货的具体要求、各种方法、各项注意点，等等。2）自主探究的学习能力。在强调能力为本位的项目实践法中，学生应该具备自主思考学习的能力。能通过以往的旧知识进行摸索、创新来解决实际问题，在此基础上进一步获取新的知识和技能。在“理货作业”中，学生应通过以往学习的四大理货方法（重叠式、正反交错式、纵横交错式、旋转交错式）进行实际有针对性的操作。他们应在作业过程中考虑货物的规格、属性、操作的安全性和仓库的有效利用率等各方面内容，而并不是单纯地运用以往知识将货物进行简单的组合和排放。3）行之有效的指导能力。在项目实践法中，教师的任务是搭建教学支架，能将一个个枯燥的任务进行分解细化，从而扶助、引领学生进行学习。教师在认真做好教学准备工作的同时，必须对项目的整个环节了如指掌，胸有成竹。通过项目的确定，教师应对学生的行为表现有一定的预期要求和标准，从而能够得心应手地进行引领和指导。同时，针对教学中经常会遇到的一些随机性突发事件，项目实践法对教师的综合素质要求较高，教师必须具备不断积累的实践经验和丰富的理论涵养。

（二）依托项目实践教学法"理货作业"课程教学的实施

1. 教学目标的确定

基于项目实践教学法主要在培养学生的实际操作能力和分析问题、解决问题的能力。同时要求教师在使用时，应因地制宜，具体问题具体分析，依据所教课程的内容、学生特点、环境条件、教师本人经验等，酌情与角色扮演法等配合运用。因此，基于项目实践法，"理货作业"制定了如下教学目标：1）知识目标：让学生知道理货作业的具体流程。要求学生掌握四种常用的理货方法，即重叠式、正反交错式、纵横交错式、旋转交错式。2）技能目标：以技能实训的方式，让学生学会正确、合理地选择并运用理货方法（堆码方法）。3）情感目标：主要考虑授课对象为即将走上工作岗位的中职学生。通过掌握基本操作并熟练运用，以企业的职业素养来要求他们，使他们习惯成自然，在实际工作中更能得心应手地运用。通过项目活动，培养学生严谨的工作态度与团队合作精神。

2. 教学思路的呈现

基于项目实践教学法，采用了如下思路进行教学，具体见图 4.3。

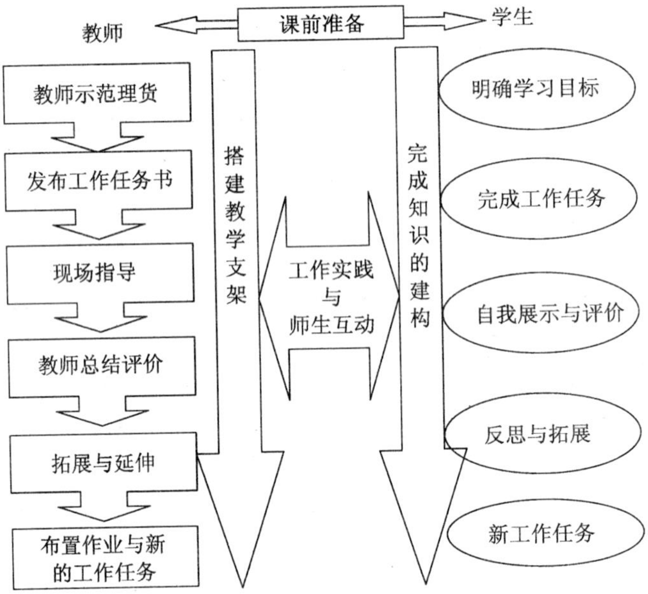

图 4.3 项目实践法的教学思路

3. 教学任务的分解

(1) 任务展示

学校物流实训室接到一份入库订单，即有五批货物要进入学校的实训仓库。现在这五批货已经放在了该仓库的收货理货区，那么关键的问题就是如何将货物信息录入到我们的仓储系统,同时正确、合理地将货物码好,并利用无线手持设备完成理货作业。

（2）任务分解

见表4.7。

表4.7　理货作业任务分解

序号	技能点分解	技能要求
1	准备空托盘	能够根据货物数量准备空托盘
2	选择堆码方法	能够根据货物性质与外包装尺寸,选择合理的堆码方法
3	进行堆码作业	能够按照堆码标准合理完成堆码作业
4	审核堆码质量	根据堆码要求进行审核
5	完成理货作业	能够使用无线手持设备完成理货作业

4．教学任务的评价

根据项目实践教学法,每次完成任务后,除了让学生之间进行成果交流,在指出他人不足的同时,又吸取他人的长处,更有教师的书面指导评价体系(见表4.8)。这样加入教师的意见,客观具体,详细有针对性,使教师能更好地了解学生对知识与技能掌握程度的同时,让教师对学生忽视的问题进行提醒,以便使学生在今后的工作任务中加以重视。

表4.8　教师评价体系——理货作业任务

任务名称	理货作业
实训目的	1．培养学生理货的实践操作能力 2．增强学生的团队合作意识
实训要求	1．掌握理货的基本流程 2．根据不同货物的特性,选择不同的理货方法
实训内容	1．准备空托盘 2．选择堆码方法 3．按堆码标准进行堆码作业 4．审核堆码质量 5．利用无线手持设备完成理货作业
指导教师评分	1．基本概念:　□5□4□3□2□1 2．技能掌握:　□5□4□3□2□1 3．语言描述:　□5□4□3□2□1 综合评价: 改进措施:
指导教师签字	
实训时间	年　月　日

(三)“理货作业”课程运用项目实践教学法的反思

1. 学生层面

通过采用项目实践教学法教学,无疑是帮助学生探出了一条由表及里、由浅到深、层层深入、精益求精的学习路径。学生通过教师启发、自主思考后完成的一个又一个任务,无形中增加了他们的成就感。中职生在初中时文化课成绩差,普遍不受关注,这样在一定程度上又极大地增强了他们对学习的自信心,培养了学习动力和热情。同时,学生在完成任务的过程中,肯定会遇到一系列问题。在处理这些问题的过程中,又提高了他们分析问题、解决问题的能力。同样,在开展的任务展示中,通过各个小组各成员的交流沟通,大大增强了他们的语言表达、团队协作等能力,无形中培养了职业素养。

2. 教师层面

通过采用项目实践教学法,教师抛弃了原本乏味枯燥的理论说教,把死气沉沉的课堂变得生动、形象、活泼。教师不再是一个独立的“演说家”,在充当“导演”的同时兼顾着“老师师傅”的双重身份。以学生为中心,可以启发学生思考,激励学生学习,引导学生完成任务。当一个教学过程有学生参与时,教学效果才是最好的。而且,学生有着个体差异性,不同学生的参与过程同教学过程的预计吻合度是不同的。因此,需要教师具备丰富的理论涵养和严谨的实践经验,并且保持一定的知识体系更新,大大提高了教师的综合素养。

3. 企业层面

基于采用项目实践教学法,企业也受益匪浅。首先,学生已经具备了“毕业即就业”的能力。他们不再是只有理论的“糊涂虫”,他们通过在校的实践操作已经完全具备了实战工作能力,免去了企业以往要提供的岗前培训、新手指导等一系列过程。其次,学生也不再是一个个简单的复制机器,他们通过以往项目实践教学法,对待任务有着一定的自主探究学习能力。他们会根据企业分配的任务进行分析、思考,提出最佳解决方案,并加以实施。再次,项目实践教学法注重培养学生多方面的素养。通过注重强化对课程知识的掌握和技能的培养,重视学生岗位职业道德的塑造。使学生的分析判断、表达力、团队协作、互尊互爱等多项能力得以提高,在摒弃学生“好高骛远”心态的同时,让他们认识到“学无止境,艺海无涯”的真理,使学生的可持续发展得到了行之有效的落实。

第三节　职业学校培养地方性技能型人才的教学过程

中等职业教育是大众化的教育，是面向就业的教育。2005年10月28日，国务院印发《关于大力发展职业教育的决定》，要求各级人民政府把加快职业教育，特别是加快中等职业教育发展与繁荣经济、促进就业、消除贫困、维护稳定、建设先进文化紧密结合起来，增加紧迫感，采取强有力措施，大力推进职业教育服务地方经济发展。随着花桥国际商务城产业结构升级与调整的不断深入，区内企业向职业学校提出了满足企业特点的个性化人才要求。为顺应新发展、新形势，职业学校需要在教学过程中创新思路、创新方法。

一、教学过程的内涵

教学过程是关于如何教的基本理论，历代中外教育家对教学过程均有不同的观点，从各自的背景出发，提出各自的观点，研究适合其时代背景的教学方式。

孔子是我国伟大的教育家、思想家，他主张"有教无类"，学生多至三千人。对于教学过程，孔子主张学—思—行的统一过程。由学而思而行，这就是孔子所探究的教学过程，也是学习过程，符合人的一般认识过程。这一思想对后来的教育实践、教学思想都产生了深远的影响。后来的儒家思想家在秉承孔子教学理念的基础上，进一步阐明了教学过程的内涵——"博学之、审问之、慎思之、明辨之，笃行之"（《礼记・中庸》）。孟子尤其重视教学过程中的方法使用，他提出"君子引而不发，跃如也，中道而立，能者从之"（《孟子・尽心上》），进一步深化了教学过程的含义。

西方学者对教学过程也有着深刻的研究。17世纪捷克教育家夸美纽斯主张把教学建立在感觉活动上，进而形成认识，他提出"一切知识都是从感官知觉开始的"。夸美纽斯认为教学过程的基本程序是：事物直观—事物理解—事物记忆—知识表达。夸美纽斯的这些关于教学过程的理论，对于反对当时经院主义教学死记硬背，不切实际地教授死知识，起到了非常重要的作用。

在夸美纽斯之后，"经验论"和"唯理论"两种教学派别对教学过程的内涵产生了深刻的影响，两种理论各执一端，都对教学过程提出了自己的主张。洛克是英国经验主义哲学的杰出代表，对于教学过程，他提出了著名的"白板说"。洛克认为，人的心灵"是一张白纸，上面没有任何记号，没有任何观念"，一切观念和知识都是从经验中得来的。

德国教育家赫尔巴特对于教学过程的思想，主要体现在他的"统觉论"和教学过程的阶段理论上。他认为，新的观念和知识总是在原有的理智背景中形成的，以原有的知识和经验为基础而产生的。并且，他认为统觉过程的完成须要具备三个环节：感官的刺激、新旧观念的分析与综合以及统觉团的形成。根据统觉论，他对教学过程又提出了著名的四阶段论：明了—联想—系统—方法。这四个阶段就是赫尔巴特的四段教学过程的心理学基础。

美国实用主义教育家杜威对教育过程提出了不同的主张。他把教学过程看成是学生通过主动活动获得主观经验的过程，提出"从做中学"。杜威认为，"教学过程既然是个体实践的过程，所以一定要以直接经验开始并以直接经验结束"。他针对赫尔巴特的四阶段论，提出了教学过程的五个阶段，归纳起来即：情景—问题—观察—解决—应用。

根据国内外的教育家及学者对教学过程的理解，在本书中我们将教学过程理解为：教师根据教学目的、任务和学生身心发展的特点，通过指导学生有计划地掌握科学文化知识和基本技能，发展学生智力和体力，形成科学的世界观及培养道德品质、发展个性的过程。

二、职业学校教学过程的层次

职业学校不能满足地方企业人才个性化需求的原因在于职业学校传统的教学过程重理论知识而轻操作技能。昆山花桥国际商务城中等专业学校刚创办时是与初中教育一套领导班子，长期受普通教育模式的影响，教学以学科和课堂为中心，制约了职业教育技能型人才培养目标的实现，对职业教育技能型人才培养的需要把握不够，特别是在针对就业和工作岗位的实践能力和职业技能训练上脱节严重，也无法实现理论实践一体化教学，理论教学与实践操作各成一轨，一定程度上存在专业知识学习替代了职业教育的状况。

针对这一现状，我国教育学者庄西真主张从整体性、全面性上看待教学过程，主张从学生进入职业学校到毕业就要全面规划教学过程，提出了教学过程的三层次理论。①

（一）第一层次

第一层次的教学过程是指学生从进入职业学校到毕业离开的整个过程。这是从宏观视角来看待教学过程。学生进入职业学校后，面临着由学生向社会人转变的关键过渡，他们需要在职业学校学习社会所要求的知识、技能和品德。这就要求职业学校在教学过程中以知识、技能和身心全面发展为基础。

职业学校在这一层次须要处理好学生现状与企业要求的两大矛盾。由学生

---

① 庄西真：《中等职业学校教学过程的层次及其基本结构》，《职教论坛》，2008 年第 3 期。

角色向社会人角色的过渡是一个矛盾的过程,学生往往一时难以适应。首先是上课的不适应。在初中阶段,他们主要学习数理化等文化课,教师讲授细致,注意利用学生的形象思维。但是在职业学校,课程中增加了很多专业课,涉及的知识面广,教师在教学过程中注重学生抽象思维的培养,使得刚进入职业学校的学生一时难以适应。其次是生活的不适应,职业学校的学生在生活各方面都需要自理,在家养尊处优惯了的学生可能会不习惯职业学校的住宿生活。最后,学生往往对自己的未来职业生涯没有一个完整的规划,不知道地方企业需要什么样的人才,也不知道自己应该朝什么方向努力,对未来比较迷茫。

这些矛盾往往会导致学生在刚进入职业学校时进步缓慢。这时需要学校对学生的学习方式、生活方式乃至发展目标等方面予以指导。比如开设一门“专业概论”课程,向学生讲解所学专业的培养目标、学习内容、学习方法、地方企业的要求等,使学生一进入职业学校就能很快适应,形成良好的学习态度和学习方法。

职业学校在这一层次的教学过程中,应循序渐进地指导学生适应学习生活,主动对接地方性技能型人才的要求。学校应要求学生循序渐进地按三个阶段逐步提高:1)学生基本上依赖教师指导进行学习(指在学习内容、学习方法和学习安排上的指导);2)在教师指导下相对独立地学习(指阅读教材和参考文献以及参加各种课外活动,但还难以独立地选择学习材料、制订学习计划);3)在教师指导下基本独立地学习(指在学习方向、学习内容上以及在拓展新的知识和技能方面的指导)。

(二)第二层次

第二层次的教学过程是指从一门课程的开始到结束的过程。课程的发展受多种因素的制约,如社会发展水平、科学文化发展水平、学生身心发展规律等。因此,在该层次的教学过程中,中等职业学校学生在认知水平上也表现出不同的阶段,每一阶段的认知水平对教师与教学方式提出了不同的要求。

1. 第一认知水平。该层次认知水平的学生能够延伸已有知识,对现象能有感性认识,机械记忆概念与原理。对于该层次认知水平的学生,应多激励,鼓励他们认真学习,组织的教学材料应简单且结构清晰。在教学方式上,多以讲授课、演示、辅导课为主。

2. 第二认知水平。该层次认知水平的学生能对概念进行感性概括和理论化、系统化理解,能自主构建知识结构。在该层次,教师应做到多与学生沟通交流,引发学生思考,帮助学生构建自己的知识体系。在教学方式上应多采用情景教学和小组教学等。

3. 第三认知水平。该层次认知水平的学生能够将理论知识技能应用于解决实际问题，将现有知识体系观念化。在该层次，教师应指导学生解决问题，引导学生应用知识解决实际问题。教学方式上，除了启发式的教学，也可以带领学生去地方企业参观实习，听优秀企业家的讲座。

在第二层次的教学过程中，教师应着重研究如何让学生从低层次的认知水平向高层次的认知水平发展。在教学过程中，研究每一门课中如何不失时机地提高学生的认知水平，这样才能使学生自然地形成认知上的飞跃，显著提高教学水平。维果茨基的“最近发展区”理论为教师如何提高学生的认知水平提供了启发。学生认知水平的发展具有可能性，重要的不是今天为止已经完结了的认知发展过程，而是那些现在仍然处于形成状态的、刚刚在发展的过程，教师应该帮助处于低层次认知水平的学生提高认知的层次，“让教学走在发展的前面”，并且注意中职学生的最佳学习期限。

（三）第三层次

第三层次的教学过程是一门课程的某一章从开始到结束的过程。该层次的教学过程对学生认知能力、适应地方企业要求的技能的提高，也有重要作用。这是因为：1）在每一个第三层次的教学过程中，教师都要讲概念、讲原理、讲方法，并且要根据地方实际来训练学生的技能水平，引导学生思考地方企业的一些实际问题。这时候学生大体上要经历上述“三个认识水平”的小循环，众多的往复循环，就有可能螺旋式地提高学生的学习能力和适应地方要求的技能水平。2）每一章的内容往往和前后章节相衔接，他们之间必然有一些共性，学生在学过几次以后，掌握了这些在思维和认识上的共性，就有可能在比较短的时间内获得一定的独立学习的能力。

三、职业学校教学过程的结构

教学过程是教师通过指导学生有目的、有计划地掌握系统的科学文化知识和基本技能，发展学生智力和体力，形成科学的世界观及培养道德品德，发展学生个性的过程。学生的知识与技能往往是通过重复的学习以及实际应用加以巩固和掌握的过程。因而可以这样认为，职业学校的教学过程是由“动机形成”、“信息组织”、“作业练习”、“巩固重复”、“迁移综合”五个阶段组成，每个阶段还可以从三个方面——“促进作用”、“认识过程”和“获得效果”加以叙述，而这五个阶段各自的三方面都是互有联系的。

（一）动机形成阶段

动机是引起、维持一个人的活动，并将该活动导向某一目标，以满足个体某种需要的念头、愿望、理想等。职业学校培养地方性技能型人才，也需要给学生树立这样的目标，以引起并维持学生的学习活动，满足地方企业的要求。

引起动机有两种条件，一是内在条件，二是外在条件。前者就是“需要”，是个体因缺乏某种东西而引起的内部紧张状态和不舒服感。需要使人产生欲望和驱力，从而引起活动。后者是主体之外的各种物质刺激。其中既有自然性因素，也有社会性因素，可以统称为环境因素。职业学校培养地方性人才，既要抓内在条件，也要抓外在条件。首先可以让他们知道自己现阶段的知识和技能水平和企业要求的差距，使其产生内部需要；其次可以通过企业实训，培养成就感来外在刺激。

在动机的培养方面，各个时期的心理学家有不同的观点。受达尔文进化论的影响，美国的詹姆士、奥地利的弗洛伊德等心理学家认为本能是人类一切行动的原动力。但是这一学说过分强调先天遗传的作用，忽视了人的社会性。与此相对，美国心理学家弗洛姆强调期望的作用。他认为个体从事某种行为的动力，取决于行动目标的价值以及他对达到该目标可能性的期望。职业学校培养地方性人才的教学过程中，应该给学生布置难度适中的任务。若难度太高，学生不易完成，则不能激发学生的学习动机。同时，教师应介绍任务的价值，适当地夸大任务的价值，引起学生重视，激发学生成就感，从而更好地激发学生的动机。

在培养地方性人才的教学过程中，当学生完成某一阶段的任务，教师可以对学生任务结果的原因进行分析。人们在完成一项重要的工作后，无论成败，都会从能力、努力程度、工作难度、运气、身心状况、外部条件等几个方面进行归因。只是不同的人在对不同的事件进行归因时，以上几项因素所起的具体作用会有不同。这些因素又可以归纳为三个维度：因素源（内部的和外部的）、稳定性（稳定的和不稳定的）、可控性（可控的和不可控的）。归因类别与归因维度的具体关系见表 4.8。

表 4.9　归因类别与归因维度的具体关系

归因类别	归隐事项的特征					
	稳定性		因素源		可控性	
	稳定	不稳定	内在	外在	可控	不可控
自身能力	·		·			·
努力程度		·	·		·	
任务难度	·			·		·
运 气		·		·		·
身心状态		·	·			·
外部条件		·		·		·

在教学过程中，在学生完成教学任务后，教师应尽量将任务结果的原因归结为内部的、可控的因素，如在学生未完成相关任务时，应把原因归结为自身的努力程度不够，这样能激励他们在未来更加努力地学习，增强他们的学习动机。教师应尽量避免把成败的原因归结为外部的和不可控的因素，如把活动失败的原因归结为运气不好，便会降低学生行为动机。

培养地方性人才的教学过程中，应保持一定强度的学习动机。主要可以从创设外部条件、引起内部需要、强化内外因素等三方面来培养与维持学生的学习动机。具体来说，可以从以下几方面入手。

1. 对学生进行适当的职业生涯规划。职业学校应从社会发展和地方性企业需要的角度出发，帮助学生树立正确的人生观、价值观，帮助学生了解自己的职业倾向和职业目标，增强他们学习的紧迫性意识，并使之转化为推动其学习行为的强大动力。

2. 提高教学艺术，激发学生的学习兴趣。教师可以通过富有吸引力的教学技巧和教学艺术激发学生的学习兴趣，使课堂学习活动变得生动、有趣，富有吸引力，从而提高学生的学习兴趣和学习的积极性。

3. 明确学习目标。在教学过程中，学习目标既包括学年、学科等远期目标，也包括章节、课时等近期目标。学习目标的制定和应用应贯穿于整个教学过程之中，一般来说，具体目标的设置应稍高于学生的原有水平为宜。

4. 及时、有效地反馈。反馈是让学生了解自己学习活动的结果，它不仅能使学生纠正错误，澄清认识，还能起到激励作用。学生发现自己进步了，会增强学习的信心和积极性；反之，也能起到鞭策和警醒作用。教学过程中，教师应注意尽可能多地给学生成功的机会，多鼓励他们。

5. 创设良好的学习氛围。教师运用奖励和惩罚手段时应注意其合理性，避免引起学生的过度焦虑和其他不良反应。在开展竞赛活动时，鼓励学习竞争的同时，也要强调团结、合作以及互帮互助的重要性，力争做到团结紧张，严肃活泼。

（二）信息组织阶段

从某种意义上来说，教学过程与学习过程是相对应的，教学就是由教师安排和控制一些外在条件，而教学的艺术，就在于教学过程与学习过程是否完美吻合。

著名心理学家加涅认为，学习就是信息组织的过程，也就是说教学过程就是教师对教学信息的组织过程和帮助学生进行学习信息组织的过程。对职业学校教师来说，就是要引导学生将地方企业的信息糅合到学习信息中去。

加涅认为的信息组织模式如图 4.4 所示。

从4.4图中,我们可以看到信息从一个假设的结构流到另一个假设的结构中去的过程。首先,学生从环境中接受刺激,刺激推动感受器,并转变为神经信息。这个信息进入感觉登记,这是非常短暂的记忆储存,一般在百分之几秒内就可把来自各感受器的信息登记完毕。有些部分登记了,其余部分很快就消逝了,这涉及注意或选择性知觉的问题。

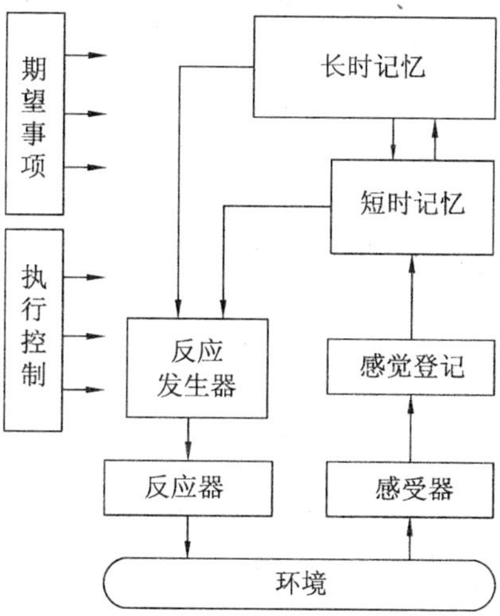

图4.4　信息组织模式

其次,被视觉登记的信息很快进入短时记忆,信息在这里可以持续二三十秒。短时记忆的容量很有限,一般只能储存七个左右的信息项目。一旦超过了这个数目,新的信息进来,就会把部分原有信息赶走。如果想要保持信息,就得采取复述的策略。但复述只能有利于保持信息以便进行编码,并不能增加短时记忆的容量。

再次,当信息从短时记忆进入长时记忆时,信息发生了关键性转变,即要经过编码过程。所谓编码,不是把有关信息收集在一起,而是用各种方式把信息组织起来。信息是经编码形式储存在长时记忆中的。一般认为,长时记忆是个永久性的信息储存库。

最后,当须要使用信息时,须经过检索提取信息。被提取出来的信息可以直接通向反应发生器,从而产生反应,也可以再回到短时记忆,对该信息的合适性作进一步的考虑,结果可能是进一步寻找信息,也可能是通过反应发生器做出反应。

(三)技能练习阶段

技能是通过练习而形成的合乎法则的活动方式。值得注意的是,首先技能不同于本能行为,它是在后天的不断学习过程中逐步完善的。其次,技能是一种动作经验,而非认知经验,认知经验要解决的是事物是什么、为什么等问题,而技能要解决的是怎么做的问题。再次,技能的各个动作要素及其执行顺序要体现活动本身的客观法则的要求,而不是一般的习惯动作。

技能能够对活动进行调节和控制,它可以控制动作的执行顺序和执行方式,从而可以使个体活动表现出稳定性、灵活性,能够适应各种变化的情境。技能还是获得经验、解决问题、变革现实的前提条件。

技能练习可以分为操作定向、操作模仿、操作整合与操作成熟四个阶段。操作定向是了解操作活动的结构与要求，在头脑中建立起操作活动的定向印象的过程。在该阶段，学生必须了解做什么、怎么做的有关信息与要求，形成对动作的初步认识。操作模仿即实际再现特定的动作方式或行为模式。学生在该阶段应试图尝试做出某种动作。操作整合即把模仿阶段习得的动作固定下来，并使各动作成分相互结合，成为定型的、一体化的动作。通过整合，学生的动作逐步趋于合理，初步概括化。操作熟练是指所形成的动作方式对各种变化的条件具有高度适应性，动作的执行达到高度的完善化和自动化。学生在动作熟练阶段可以将注意力分配于其他活动。

职业学校培养地方性技能型人才的教学过程在技能练习阶段应注意以下几点：

1. 准确的示范与讲解。示范、讲解在技能练习的过程中是不可缺少的，准确的示范与讲解有利于学生不断地调整头脑中的动作表象，形成准确的定向印象，进而在实际操作活动中可以调节动作的执行。

2. 必要而适当的练习。通过应用不同形式的练习，可以使学生掌握某种技能。而且随着技能练习次数的增多，动作的精确性、速度、协调性等会逐步提高。为了促进学生技能练习的效果，过度学习是非常有必要的。但值得注意的是，并非过度学习的量越大越好，过分的过度学习会使学生产生疲劳感，反而影响了学习的动机。

3. 充分而有效的反馈。反馈来自学生的内部反馈和教师的外部反馈，反馈在学生技能练习过程中的作用是非常关键的，准确的反馈可以引导学生矫正错误动作，强化正确动作，并鼓励学生努力改善其操作。

4. 建立稳定清晰的动觉。动觉反映的是身体运动时的各种肌肉活动的特性，如紧张、放松等。学生在技能练习过程中，动觉经常受到外部因素的影响，处于被掩盖的地位。由于动觉的模糊，学生对自己的错误动作也不能意识到，很难达到对动作进行有意识的调节和控制。因此，有必要进行专门的动觉训练，以提高其稳定性和清晰性，充分发挥动觉在技能学习中的作用。

（四）巩固复习阶段

复习是学生对知识和技能在头脑中贮存和保持的过程。学生对知识和技能的记忆效果受识记的目的与任务、活动的内容和性质、识记的方法、材料的数量和性质等多种因素的影响。19 世纪德国心理学家艾宾浩斯的遗忘曲线揭示了记忆的遗忘过程：有意义的材料较无意义的材料遗忘得慢；数量多的材料较数量少的材料遗忘得快；两种相似的材料，前后间隔短，则容易相互干扰而造成遗忘；学习程度不够的材料容易遗忘；过度学习 50% 的材料保持得较好。

根据以上理论，职业学校培养地方性技能型人才的教学过程中，巩固复习不能是单纯的机械重复，就信息加工理论而言，编码在识记中起着决定性作用。所谓编码，就是上述信息组织阶段中所述的对已储存的信息、新输入的信息不断地加以处理，使其越来越与个人储存在长时记忆中的心理格局磨合，从而稳妥地加入到个人的经验体系中去。因此复习的作用是给信息加工提供机会，对所学的材料不断地进行再编码，不断提高编码的适应性。多复习一次就是多一次加工，就多一次重新考虑或寻找材料之间关系的机会，从而增进加工深度。在教学过程中的巩固复习，具体来说应做到以下几点：

1. 正确合理地安排复习时间。首先要及时复习，艾宾浩斯指出识记后最初遗忘速度较快，以后逐步减慢，针对这一规律，教师应引导学生及时加以复习。其次是间时复习，应在复习过程中有休息的时间。越是难的任务，间时复习的效果比不间时复习的效果越要好得多。

2. 鼓励学生在复习中尝试回忆。在复习过程中，与其拿全部的时间复习，不如只拿部分时间复习，而用另一部分时间去尝试回忆。尝试回忆与识记交替进行，可以及时了解自己的学习状况，提高学习的积极性，也可以通过尝试回忆了解任务的难点，从而使复习更有目的性，以便学生多在难点上下功夫。

3. 合理安排整体复习和部分复习。对于不太长的任务，可以利用整体复习。但是如果复习任务材料比较复杂，把材料分成若干部分进行复习的效果则更佳。

4. 复习形式多样化。在教学过程中，教师应运用多种多样的复习形式提高复习效果。如把新旧材料加以对比来复习；尽可能利用多种分析器活动，把看、读、写、听结合起来复习；把所学材料加以系统地组织，自己编写提纲等有助于提高复习效果。

（五）迁移综合阶段

学习迁移是指一种学习对另一种学习的影响，或者习得的经验对完成其他活动的影响。迁移是学习的一种普遍现象，也就是我们平时说的举一反三、触类旁通、闻一知十等，它广泛存在于各种知识、技能、行为规范与态度学习中，对地方性技能型人才的培养也十分重要。

这是因为，首先迁移对于提高解决问题的能力有直接的促进作用。在培养地方性技能型人才的教学过程中，学习的最终目的不是将知识经验储存于头脑中，也不是仅用于解决书本上的问题，而是要应用于各种不同的实际情景中去适应地方企业的要求，这实际上就是一个迁移问题。在学校情境和企业情境的对接中，大部分问题解决都是要通过迁移来实现的，迁移是学生进行问题解决的一种具体体现。其次，迁移是习得的经验得以概括化、系统化的有效途径。只有通过广泛的迁移，才能使原有的经验得以改造，才能够将知识经验概括化、系统化，从而建立起能够稳定调节学生活动的心理结构。

学生的迁移主要受任务的相似性、学生原有的认知结构、学习的心向和定势等因素的影响。学习过程中两个任务的共同成分越多，则它们将产生较大的相似性，有利于迁移的产生。在学生原有的知识结构中，如果拥有更多的背景知识，则有利于新知识的学习；同样，学生认知结构中的概括水平对迁移起到了至关重要的作用。心向和定势是指先于一定活动而又指向该活动的一种动力准备状态。由于先前的反复经验，它们将支配个体以同样的方式去对待后继的同类问题。值得注意的是，定势在迁移过程中的作用，既可能是促进的，也可能是阻碍的，这取决于多种因素，但关键是要使学生意识到定势的这种双重作用。

在培养地方性技能型人才的教学过程中，教师可以从以下几个方面促进迁移的有效教学：

1. 精选教材。教师应选择具有基本概念、基本原理等基本内容的教材。这是因为学生所掌握的内容越基本、越概括，则对新情况、新问题的适应性就越广，也就越能产生广泛的迁移，越能适应地方企业的个性化要求。

2. 合理编排教学内容与教学程序。精选的教材只有通过合理的编排才能充分发挥其迁移的效能，否则迁移效果小，甚至阻碍迁移的产生。从迁移的角度看，合理的编排内容的标准就是使教材达到结构化、一体化、网络化。

合理编排的教学内容是通过合理的教学程序体现、实施的，无论是宏观的第一层次的教学过程，还是微观的第三层次的教学过程，都应体现迁移规律。在第一层次的教学过程中，教学中应将基本的知识、技能和态度作为主干结构，并依此教学。在第三层次的教学过程中，应注重学习目标与学习过程的相似性，或有意识地沟通具有相似性的学习。

3. 教授学习策略，提高迁移的意识性。教给学生组织良好的信息还是不够的，还必须使学生了解在什么条件下迁移所学的内容。掌握必要的学习策略以及其元认知策略是达到这一目标的有效手段，所谓授之以鱼，不如授之以渔也。

四、教学过程中要处理好的几种关系

教学过程是多种因素相互依存、相互作用，形成的稳定和必然的联系。职业学校在培养地方性技能型人才的教学过程中，应处理好以下几种关系。

（一）教与学的关系

教学活动是教师的教与学生的学组成的双边活动，如何处理好教与学的关系一直是教育史上的一个重要的理论和实践问题。传统的教育倾向于把师生关系看作是单向的传与受关系，以教师为中心，强调教师的权威与意志，把学生看作是被动的知识接受者。现代教学论强调教与学二者的辩证关系，教学是教师教学生去学，学生这个主体是教师组织的教学活动中的学习主体，教师对学生的学习起着主导、指导作用。具体来说，应做到：

1. 尊重学生在教学过程中的主体地位，充分发挥学生参与教学的主体能动性。受学生本人兴趣、需要以及所接受的外部要求的推动和支配，学生对外部信息的选择具有能动性和自觉性；学生受原有知识经验、思维方式、情感意志等制约，对外部信息进行内部加工具有独立性和创造性。所以学生是学习的主体，但是学生的主体地位是在教师的主导下逐步确立的，学生主体从依赖性向独立性发展，正是教师主导的结果。

2. 充分发挥教师的主导作用。教师是对教学过程全面负责的人，其按照社会要求和一般教学规律来组织实施教学过程，评估学生的学习结果。教师的指导决定着学生的学习方向、内容、进程、结果和质量，在教学过程中起着引导、规范、评价和纠正等作用。教师还影响着学生学习方式的选择以及学习积极性的发挥，影响着学生的个性以及人生观、世界观的形成。

3. 建立合作、友爱、民主、平等的师生交往关系。教学过程是师生共享教学经验的过程。在师生交往中，教师要尊重学生的人格，关注学生的个体差异，满足学生发展的不同需求；要善于创设能引导学生主动参与的和谐情境，鼓励学生主动参与，合作学习；要善于体验或激发学生的学习兴趣和产生积极体验的需要，鼓励学生积极学习；要善于从学生的年龄特征和个别差异出发，尊重学生的个性和才能；要善于洞察学生的内心世界，培养学生的自我调控能力，鼓励学生大胆创新，同时创设自我表现的机会，使学生不断获得成功的体验。

（二）直接经验与间接经验的关系

学生的认识，有直接经验和间接经验两种基本来源。直接经验是学生在自身活动中体悟、感知和概括出来的经验；间接经验则是学生学习到的人类文明所包含的一切经验，主要体现为自然科学、社会科学、文化艺术等，是个人通过学习活动获得的前人的、别人的经验。在教学过程中，间接经验与直接经验应相互结合，这反映出教学中传授系统的科学文化知识与丰富的学生感性知识的关系、理论与实践的关系、知与行的关系。具体应做到：

1. 学生以学习间接经验为主。首先，在学习内容上，学生学习的是经过系统选择、精心加工，简化和典型化的人类文明经验的精华；其次，在认识方式上同样表现出间接性。学生主要是通过“读书”，“接受”现成的知识，然后再去应用和证明。这是一条认识的捷径，可以避免人类曾经经历过的曲折和失败，使学生用最短的时间掌握大量系统的科学文化知识，同时还可以使学生在新的起点上继续认识客观世界,开拓新的认识领域。

2. 学生学习间接经验要以直接经验为基础。要使学生的知识经验转化为真正理解掌握的知识,必须依靠学生个人以往积累的感性经验。因为,学生所学书本知识是以抽象的文字符号表示的,是对前人生产实践和社会实践的认识和概括,而不是来自学生的实践和经验。教学过程中应积极创造条件,引导学生质疑、调查、探究,在实践中学习。

(三) 掌握知识和发展能力的关系

掌握知识与发展能力相互依存、相互促进,二者统一在同一教学过程中。现代教育论认为,教学不仅要使学生掌握知识技能,而且要发展学生的智力和能力,包括一般认识能力和特殊能力。重视教学的发展性,是新时代的要求。

1. 掌握知识是发展能力的基础。学生认识能力的发展有赖于知识的掌握,知识为能力提供了广阔的领域。在教学过程中,应注重向学生介绍关于归纳、演绎、解决问题等思维方法的知识。

2. 能力的发展是掌握知识的重要条件。学生掌握知识的速度与质量,依赖于学生原有的能力水平的高低。认识能力具有普遍的迁移价值,它不但能有效提高学生的学习效率和知识质量,推动学生进一步掌握知识,而且有利于促使学生将知识应用于社会实践活动,从而获得完全的知识。

3. 掌握知识与发展能力可以相互转化。知识不等于能力,学生掌握知识的多少并不完全表明其能力的高低,但是知识与能力可以相互转化。首先,传授给学生的知识应该是科学的规律性知识。只有规律性的知识,才需要理论思维形式,才能训练学生的科学思维能力。其次,必须科学地组织教学过程。启发学生独立思考、探索和发现,鼓励学生选择不同的学习方式和认知策略去解决问题。再次,重视教学中学生的操作与活动,培养学生的参与意识与能力,提供学生积极参与实践的时间和空间。第四,培养学生良好的个性品质,重视学生的个性差异。

(四) 教学过程中科学性与人文性的关系

科学性一般表现在认知的、分析的、逻辑的、思辨的理性方面,而人文性则表现在情感的、艺术的、综合的、直观形象的非理性方面。教学活动,既是科学活动,也是人文艺术活动。学生对教材的掌握,不仅通过系统严谨的逻辑思维方式,也可以通过形象感受、情感体验的方式,即不仅“知道了”并能“言传”才算认识,而“体验到了”可以“意会”也是认识。教学过程既是遵循科学规律进行的活动,又是富于情感和技术创造的活动。正是科学性与人文性、理性与非理性的协调,才能达到真、善、美的统一。

第四节　职业学校培养地方性技能型人才的教学管理

一、职业学校教学管理的内涵

（一）职业学校教学工作计划管理

教学计划是根据一定的教育目的和培养目标制订的教学和教育工作的指导文件。它决定着教学内容总的方向和总的结构，并对学校的教育教学活动、生产劳动、课外活动、校外活动等各方面做出全面安排，具体规定一个学校的学科设置、各门学科的教学顺序、教学时数以及各种活动等。教学计划应保证培养目标的准确性、实现目标的有效性、课程设置的应用性、培养过程的实践性、培养过程实现产学结合的开放性、学生学习发展的主体性、培养计划具体实施的操作性。专业培养目标必须全面贯彻国家的教育方针和"面向现代化、面向世界、面向未来"的指导思想，要努力体现学校和专业特色。

1．职业学校制订教学计划的基本原则

（1）符合职业学校教学工作的地位

职业学校具有为社会主义现代化建设培养技术型专门人才、开展技能创新、从事社会服务等多种职能。职业学校的基本职能和根本任务是培养人才，教学工作是学校的常务性工作。教学管理在职业学校管理中占有特别重要的地位，教学计划是学校教学管理的一项重要工作，制订了科学、合理的教学计划，有利于保证教学的顺利实施。因此，制订教学计划，必须要符合职业学校的教学工作。

（2）坚持以人为本原则

以人为本，是国家科学发展观的核心。在教育中，学校要坚持以人为本，树立全面、协调、可持续的发展观，促进学校、教师和学生的全面发展。教育要人性化，从根本上说，是以人为本的原则在教育上的集中体现。学校要重视教师主体的需求，多方面培养教师，积极施行激励原则，建立学校与教师间的信任；学校要重视学生的心理，以一切为了学生健康成长和全面发展为理念，制订教学计划。

（3）突出应用性、针对性和前瞻性

学校在教学计划中要以培养技术应用能力为主线制订专业教学计划。基础理论教学要以应用为目的，以讲清概念、强化应用为教学重点；专业课教学要加强针对性、实用性，注重学习新知识、新技术、新工艺、新方法，使学生适应现代发展需要，具备一定的可持续发展能力。

(4) 注重培养学生实践能力

职业教育具有“职业性”与“实践性”，这是职业教育区别于普通教育的重要特点。职业教育的教育教学，都要突出这种特点。因此，教学计划的制订要能突出“实践性”，做到理论与实践相结合，将实践能力的培养贯串教学全过程。加强实践教学环节，增加实验、实习、实训的时间和内容，减少附设于理论课的演示性和验证性实验，实验课程一般应单独设置，以利于学生培养和掌握从事专业领域实际工作的基本能力和基本技能。

(5) 贯串产学结合思想

产学结合是培养中职技术应用性专门人才的基本途径，学校应主动争取企事业单位参与，共同制订和实施教学计划。教学计划中的各个教学环节既要符合教学规律，又要根据企事业单位的实际特点妥善安排。同时，学校应努力探索多样化的人才培养模式，积极推行“双证”制(学历证书与职业资格证或技术等级证)，办出中职教育特色。

2. 职业学校教学计划的构成与时间安排

教学计划的主要内容包括：专业培养目标、基本要求和专业方向，修业年限，课程设置(含课程性质、类型、学时或学分分配、教学方式、开课时间、实践环节安排等)，教学进展总体安排，必要的说明(含各类课程比例、必修选修安排、学分制或学年制等)。

职业学校教学分为理论教学和实践教学。理论教学包括课堂讲授、课堂讨论、习题课等环节，实践教学包括实习、实训、社会实践等环节。

中职教育的修业年限一般为三年，三年的专业课总学时为1 600 ~ 1 800学时，实践教学一般不低于教学活动总学时的百分之四十。

3. 职业学校制订教学计划的一般程序

(1) 广泛调查社会、经济和科学发展对人才的要求，论证专业培养目标和业务规范。

(2) 学习、理解上级相关文件精神及规定。

(3) 教务处提出本校制订教学计划的实施意见及要求。

(4) 设计学生知识、能力和素质结构。

(5) 教务处提出本校制订教学计划的意见和要求，并结合本校实际情况制订教学计划方案，由学校教学工作委员会审议，分管副校长审核签字后下发执行。

(6) 教学计划既要相对稳定，又要根据学校所属区域经济发展和人才需求实际情况，适时进行调整修订。教学计划的调整修订或制订相应实施性教学计划，由教务处在开学前两个月提出，经学校主管部门审查批准后执行。

4. 职业学校教学计划的实施

教学计划的实施是学校教学管理中的一项重要工作，是完成教学任务、稳定教学秩序、保证人才培养质量的前提条件。教务处要充分发挥在学校教学管理中的中枢职能作用，切实做好该项工作。

（1）教务处编制各学期的教学进程计划，对各教学环节提出总体协调意见；调配教室等教学资源；确定考核方式等。

（2）学校各部门根据教务处的总体安排，制订学期教学计划，经教务处审查后报分管教学副校长批准执行。

（3）教学计划确定的课程、教学环节、学时、授课时间、考核方式、任课教师等均不得随意改动，执行过程中需要调整的，应严格按照审批程序进行。

（二）职业学校教学行政管理

教学管理是学校管理的核心，其中教学思想管理是前提，教学质量管理是核心，教务管理工作的效率和质量直接关系到学校的办学效益和人才培养质量。所以，教学管理中的计划管理、组织管理和教务管理都是围绕提高教学质量来进行的。

1. 加强和完善规章制度的建设

（1）建立健全组织机构

建立教学管理领导小组、教研组及督导小组等组织管理机构，制定相关工作责任制，定期研究教学工作，做到任务明确、责任到人、层层落实，为提高教学质量提供组织保障。加强学校教学监控系统的运行，实行层级化管理，以教学为中心，以学生为主体，实现管理机构的系统化和层级化。通过这种层级管理运行系统的实施，产生如下效果：1）责任分工明确，强化管理者的责任意识。不同层级的人都有不同的责任和义务，同时，也明确各自的工作目标，充分调动人的积极性，提高人员素质。强调岗位责任，恰当的竞争可以激活人的自尊心，最大限度地发挥出人的创造力。2）教育教学管理的良性循环。开学初教师们就意识到各自的目标是什么，应朝什么方向努力，如何去努力，促使管理进入良性循环状态。3）许多常规工作步入正轨。层级管理把工作任务细化，把工作目标责任到人，使各项工作都能一追到底，各项常规工作有条不紊，步入正常的运行轨道。

（2）完善规章制度

为使教育教学管理有“章”可循，有“法”可依，应根据学校实际情况不断完善和增加教学管理规章制度，从而逐步形成科学化、规范化、制度化的教学管理模式和质量监控体系。要科学制定并严格执行教学计划运行表、课表、考表等审批制度。要建立教学质量检查、教育教学督导、学生信息反馈和教学质量评价四位一体的教学质量保障体系，加强对教师教和学生学的评价，保证教学质量的稳定和提高。这种科学化的常规管理制度保证了学校有一个稳定的教育教学环境，确保学校教学的计划性和有序性，形成常规教学行为的良性循环。

(3) 提高服务意识和管理效能

要搞好教学管理，必须进行教学管理观念的更新。要重视先进教学管理理念的导入和传统管理观念的转变，在履行管理职能中，重视“管”，更重视“理”，以便充分发挥“理”的职能。“理”在于理顺教学关系，遵循教学规律，激励广大师生教与学的积极性；在于研究教学管理，优化教学管理，规划、设计、组织好教学管理；在于服务好教学、教师、学生。

(4) 实际工作中实施科学化管理流程

运用现代科学方法，建立起教学管理决策系统、教学状况信息反馈系统、教学过程监控系统，进而实现对教学管理全过程动态的有效管理。1) 教学管理决策系统指挥着教学管理系统的运行。由于教学管理所依靠的主要是教学过程中知识信息的传递、交流、加工和制造，因而教学信息的管理又成为教学管理决策系统的基础。此外，在有了科学的教学管理决策系统作指导、畅通的教学管理信息为基础之后，还需要有效的教学管理控制系统为保障，才能使整个教学管理大系统合理地运行。2) 教学状况信息反馈系统主要包括教学督导员制度、学生教学联络员制度等。正确的决策依赖于可靠的信息，而可靠的信息必须经过畅通的信息网络才能获取。教学状况信息反馈系统要求及时得到有利于决策执行的准确、有力信息，以便使决策部门在充足准确的信息下，有效调整和控制教学的顺利进行。信息反馈系统的科学化管理主要体现在教学信息的收集、浓缩、筛选和提取反馈四个方面。实践证明，通过这两种信息反馈制度，形成了科学的信息网络系统，通过执行这些制度，教学管理决策部门就能汇集大量的有关人才培养目标、层次、知识结构以及教学过程中反映出的教风、学风等各类信息。教学过程控制系统是以教学质量为核心，以各类教学检查为手段，以教学过程中各个教学环节为中心而形成的。主要内容包括：教学质量评估制度、教学检查制度、作业和试卷抽查制度等，通过在教学过程中运作这些制度，就能有效地控制住影响教学质量的各个关键点，使人才培养全过程得到优化，确保人才培养质量。

规范的教学规章制度体系的建立，只是为科学的教学管理提供了指导原则和工作基础，而有效的科学管理是在教学过程中实施的。因此，实施科学的指导与控制是教学管理科学化的关键：1) 坚持严格管理。严格执行教学规章制度是有序化教学管理的基本要求。2) 实行激励机制。有效运用激励机制，以调动师生的积极性和自觉性。尽可能给师生留有一定的自由度，尽可能使教学过程的管理由外在的强制性控制转化为内在的自我控制，以最大限度地调动师生的积极性，发挥师生的主观能动性和创造性。

2. 实现教师整体素质的提高

全面提高教学质量的关键是教师，提高教师的素质是提高教学质量的根本保证。

（1）加强理论学习，更新教育观念

教学管理部门应积极为教师构建学习的资源，完善教学资料库，鼓励教师参加继续教育和在职培训、企业锻炼，将教师的继续教育部分列入教师考核内容。每位教师要做到为人师表、管教管导，树立教书育人的良好形象。强化师德教育，使教师具有敬业爱岗的主人翁精神、无私奉献精神、爱生重导的园丁精神、刻苦钻研的创新精神。实施榜样工程，树立学习典范，促进高尚师德的养成，使教师能全身心投入学校工作。

（2）坚持“为教师的可持续发展提供舞台”

着眼于教师的终身发展，创造一个和谐向上、科学有序的学术氛围，充分发挥内部资源优势，构建教师的滚动化发展模式。学校对不同教师在不同时期提出不同的要求，把奖惩机制更多地指向教师的专业发展。构建教师发展性评价体系，评价教师在原有基础上的发展情况。要重视优秀教师的培养，完善教师培养制度，制订切实可行的教师培训计划。全体教师要明确发展方向，不断提升自身价值。要努力组织多元化活动，促进教师专业成长。要加强对新上岗青年教师的培养，组织以青年教师为主要对象的教学方面的系列培训。

（3）提高教师教学的基本技能

具体分为七个方面：1）以实现认知目标、技能目标、情感目标为核心。2）改变传统的教师为中心、课本和课堂为中心的状况，以学生为主体，以现实的学生生活世界和丰富的社会多元化世界为学习内容，实施开放式教学，同时让教学和实训与当地经济发展相协调。3）在教学过程中以师生情感为纽带，以有效的交往互动为基本方式，相互学习、相互促进、学会分享、共同发展。4）转变教师角色，尊重学生的独立自主性，以激情与智慧促进学生发展，为学生生命发展奠基，做学生学习的组织者、引导者、参与者、合作者。5）以指导学生自主学习、实践为主要教学方式，同时做到恰当点拨、启发引导，善于抓住教育机会，从特殊到一般地归纳，使学生学会学习。6）坚持“立足过程，促进发展”，以“多把尺子”对学生进行多元化学习评价。7）实现现代信息技术与学科课程整合，为学生的学习和发展提供丰富多彩的教育环境和学习工具。

同时，改革教学评价制度，完善教学质量监督机制。明确评价的主要功能是促进师生发展，改进教学制度。这样就改变了单一的甄别与选拔的教育评价功能，使教学评价促进并保证教学改革的实施和绿色课堂的构建。

综上所述，只有制定和实施科学的教学管理规章制度，在教学过程中实施严格的管理和有效的激励，并采用现代化的管理方法与手段，才能逐步实现学校教学管理的科学化，从而使教学管理工作走上规范化、制度化、现代化的轨道，并大大提高教学质量。

（三）职业学校教学过程管理

教学过程管理主要是指课堂管理，包括教学内容的呈现、教学结果的反馈、练习过程的监控、一对一的教学对话、一对多的教学广播、特定操作的封锁和翻译、错误操作的取代和正确操作的例示等。教学过程是教学活动展开的过程，教学过程管理就是对这一过程所涉及的各种要素及活动的管理。

1. 教学过程管理的目的和意义

教学过程管理是指教学管理者依据教学管理目标，按照教学特点和教学管理规律，在教学原则的指导下，选择和采用切合教学实际的管理方法。加强教学过程管理，是全面提高教育教学质量的重要手段。

进一步推进学校教学过程管理工作的制度化建设，可以加强干部、教师在教学过程管理工作中规范化操作，增强教学管理者的岗位责任意识，更好地体现以人为本、以学生发展为中心的学校办学理念。

2. 教学过程管理的目标和要求

职业学校教学过程管理的目标和要求主要包括以下几个方面：

一是教师的课堂教学准备具有超前性。这就要求教师必须首先依据课程标准，分析职业标准，明确教学目标，掌握本学科的知识体系、组织结构和各章节在课程中的地位，从总体上把握学期教学工作内容，做到心中有数。其次要深入钻研教材，理解和把握教材中所规定的教学内容。同时，要能关注社会和行业企业发展的最新动态，将新知识、新技术、新工艺、新方法融入教学中。确定每一堂课的教学目的、要求及教学重难点，积极研究和探讨先进的、能适应教学内容及学生的接受能力的教学方法。然后要根据教学内容、学生实际和认识规律，精心设计教学程序。

二是教师的课堂教学过程具有科学性。首先是教学目标的明确性。教学目标是一节课的灵魂，各个教学步骤的实施，要紧紧扣住教学目标有条不紊地进行。其次是教学内容的科学性。教师传授给学生的知识，应该是科学的、先进的。再次是教学方法的多样性。教师要根据不同学科、不同教学内容及不同学生特点，选择不同的教学方法，要充分调动学生自主学习的积极性，确保教学质量。第四是教学反思的及时性。在教学过程中，教师要通过对学生学习活动的敏锐观察获取反馈信息，及时反思，并根据反思的情况改进教学方式和方法。

三是对教师的教学管理要具有规范性。教师要具有提前几分钟到教室门口的习惯，从而督促学生做好上课准备。教师要做到上课不迟到、不早退、不无故离开教室、不提前下课、不拖堂、不私自调课。教师要注意语言的艺术、板书的艺术、教态的艺术。教师的教学语言要清晰、规范、准确、生动、富有启发性和吸引力，教师的教学态度要亲切、自然、文雅、大方。

四是学生学习要具有实效性。学生是教学过程的主体，要着力培养学生自主学习的能力。因此，教师要把课堂上传统的讲授知识点，变成对学生进行学习方法的指导，从而使教学眼光能转移到学生的学习效果上。无论是理论教学还是实践教学，教师都要采用灵活多样的教学方法，鼓励学生敢于发表自己的不同见解，使教学始终处在一个学生积极思维、积极探索的氛围中。教师要给学生留下充分的自主学习的时间，培养他们自主学习的能力，从“满堂灌”、“填鸭式”的教学误区中走出来，充分发挥学生的主观能动性，真正使学生成为课堂教学的“主人”。

五是教师作业布置要具有针对性。布置作业，是使学生学习巩固提高的过程和手段，是学生自主探究、自我检测的重要途径。教师布置作业要采用层阶性和差异性，对不同层次的学生可以选择布置不同的作业，从而真正做到因材施教，因人施教。作业的布置要根据学习内容的难易程度、学生对知识的掌握程度，有的放矢地进行。作业可以是书面的，也可以是思考的；可以是观察的，也可以是动手操作的；可以是独立完成的，也可以是合作完成的；甚至还可以让学生自己出题，相互检测。总之，布置作业是以提高学生的自主学习意识和主体能力为目的的。

六是教学评价具有可操作性。一堂课的结束并不意味着教学过程的终结，教学评价是课堂教学的继续与发展，是教学过程管理的重要组成部分。对教学效果的评定要有客观性、可靠性、及时性和可操作性。教学评价应遵循全面推进素质教育的基本原则，有助于促进学生素质的全面发展，有助于提高教师的专业素质，有助于深化教学改革，体现评价内容、主体和方法的多元化，既要关注结果，更要关注过程。

3. 教学过程管理的内涵和外延

教学过程管理的内涵，简单地说就是对教师教学过程、教学内容、教学方法和学生学习过程、学习方法、学习效果的管理。教学过程管理的外延除了包括以上的内容外，还包括对教师知识储备的管理、教学常规的管理、教学效果评价的管理，以及对教师教学计划、教学总结、教研活动、集体备课、业务积累等内容的管理。学校要鼓励教师进行业务培训与进修，不断增加教师的知识储备，提高教师的教育教学水平；要不断突破教学常规，进行教学改革与创新；要重视对教学效果的评价，根据课程标准确定评价原则，增强评价的科学性、公正性；要指导教师科学地撰写教学计划和总结，强化教学研究，注重集体备课，加强业务积累，努力使每一名教师精神饱满地上讲台,游刃有余地组织教学。

(四)职业学校教学质量管理

教学管理的最终目的是保证和提高教学质量。通过不断改善影响学校教学质量的内在因素(教师、学生、学校管理等)和外部因素(方针、政策、体制等),通过科学的评价,分析教学质量,建立通畅的信息反馈网络,从而营造并维护良好的育人环境,达到最佳教学效果。

1. 提高学校对教学质量管理的意识,坚持严格的教学质量标准。要坚持德智体等全面发展的观点,坚持以人为本的宗旨,将培养学生知识、能力和综合素质作为教学的目标,形成教学过程中智力因素与非智力因素协调发展的观点。

2. 学校要坚持做好教学全过程的质量管理:一是招生过程的质量管理,主要是做好招生宣传、招生录取、入学新生全面复审等工作,从而把好学校每一届新生质量关;二是教学计划实施过程中的质量管理,主要是教学计划的制订和分步实施,要根据学校的教务处、教研组、督导组的安排有序进行;三是教学过程中的质量管理,主要是把好教学过程各个环节的质量,包括教学内容、教学方式方法、教学反思等方面;四是教学辅助过程的质量管理,主要是提供充足的、最新的图书资料,提高计算机辅助教学、电化教学、仪器设备、体育场馆、多功能教室的水平和教学管理人员的服务质量;五是实行科学化考试管理,主要是建立科学的考试工作程序和制度,严格考试过程管理,进行必要的试题及试卷分析,做好考试及授课工作总结。

3. 进行教学质量的定期检查。要经常了解教学情况,加强教学信息反馈过程的管理。各教学环节的经常性检查,也可通过抽查学生作业,分析平时测验及期中考试和试卷,召开座谈会、检查听课等方式进行。

4. 教学工作评价是宏观调控教学工作的重要手段。学校教学工作评价一般包括:学校总体教学工作评价,专业、课程、技能和各项教学基本建设评价,教师教学质量和学生学习质量评价等。开展教学工作评价,要明确目标,建立科学的评价指标体系;要抓好基础,突出重点,坚持“以评促建,重在建设”的原则。

5. 教学工作评价需要一定的组织形式来完成。学校应成立教学工作评价领导小组,也可赋予教学工作委员会或各专业教研组等以相应的职责权利。

6. 坚持教学工作评价的经常化和制度化。要把教学工作评价的目标作为日常教学建设与管理的主要内容,实现教学工作评价与日常教学管理相结合,不搞形式主义。

7. 教学工作评价要与学校激励机制和约束机制相结合。通过调动干部和教师的积极性,增强广大师生员工的凝聚力。

8. 重视教学信息的采集、统计和管理。教学信息主要内容包括:新生入学基本情况、学生学习和考试情况、毕业生质量调查等。主要教学信息应定期采集,并进行统计分析;要发挥教学信息管理系统和学生教学信息员在教学工作评价中的作用。

二、职业学校教学管理制度

职业学校绝大部分是在20世纪80年代由普通中学转变而来。经过二十多年的发展,在基础建设以及硬件设施方面都形成了规模。但在管理方面很多学校仍旧沿袭普通中学的模式。随着“以就业为导向”职教办学方针的确立和课程改革的进一步推进,没有一个与之相适应的教学管理模式来支撑和保障,是难以想象的。学校教学管理制度的建设势在必行,一方面要改革旧的落后的管理模式和不合理的管理制度,另一方面也要进一步探索符合素质教育理念和课改精神的管理制度。

教学过程是一个完整的流程,教学管理对教学过程中的任何环节都不能忽视,凡是教学活动都要进行管理。教学管理与教学活动是密切联系在一起的,两者相伴发生。教学活动成效依靠教学管理的力度,教学管理的成效又依赖于管理制度的执行。

(一)职业学校制定教学管理制度的必要性

教学管理制度是教师在教学活动中的规范或准则,对教师的“教”与学生的“学”具有引导和制约功能。一所学校若要井然有序地办学和管理,必须制定合理有效的教学管理制度,其必要性主要体现在以下几个方面:

1. 有助于建立正常的教学秩序

学校教学工作是一个多因素、多层次、多系列的复杂综合体。要高效、高质量地完成教学任务、实现教学目标,就必须建立一整套教学管理制度,使教学工作有规可循,有矩可蹈。只有如此,才能建立稳定的教学秩序,保证教学工作正常运行。

2. 有助于调动师生的积极性、主动性

一所学校要建立符合教育工作规律、符合现代管理原理的教学管理制度,使每一个师生都知道应该做什么、不应该做什么,应该怎么做、不应该怎么做,以及自己的主要职责是什么,这样就可以明确责任,调动教师和学生教与学的积极性、主动性和创造性,把教学工作最优化地组织起来。

3. 有助于实现教学管理的科学化、规范化

制定教学管理制度意味着对学校教学工作的全过程予以规范,使教学管理适应职业学校人才培养模式的基本规律。学校要通过不断研究和完善教学管理制度,指导和改进教学管理工作,提高教学管理水平,建立充满生机和活力的教

学运行机制，形成教学特色，提高教学质量。

（二）职业学校现行教学管理制度的弊端

任何管理制度都是特定历史条件下的产物，随着职业教育课程与教学改革的全面推进，旧的教学管理制度的不适应性日益凸显，一系列现实问题需要有识之士在理论上认真分析，在实践中倾心探索。职业学校现行教学管理制度的弊端主要分为以下几个方面：

1. 教学观念落后

教师往往在教学的过程中，遵循学校统一制订的教学计划，课程按部就班地展开，但是，却少了新鲜感，过于枯燥乏味。教师是课堂的领导者，学生的主体地位得不到保障，进行自主选择课程和教师的权利受到限制。相对而言，学生可以进行自由支配的时间也较少。

2. 教学质量评价机制不够完善

学校对在校学生进行成绩评定，大多数都是以统一考试的形式进行检测，笔试要求学生闭卷参加考试。只用一张试卷来评定学生的学习成绩以及各方面的能力，在要求多样化的当今，这种单一死板的评价制度已经跟不上时代发展的脚步，同时也与构建现代职业教育体系的要求相悖，不符合素质教育的发展趋势。

3. 学籍管理规定不够灵活

就目前而言，教育日益大众化，现在的学生也有多种多样的需求，有些学生想要转专业、换班级，以此来选择真正合适自己的专业。但是在现行学校的教学管理制度下，这些需求的实现还是存在较大的阻碍。除此之外，一些学校还规定，如果学生无故旷课、缺交作业达到规定的限度后，取消其考试资格或者不给予学生对此门课程进行重修的机会。因此，学生一定要按照学校规定学习，以此来获得学分，不然学校将会根据规定对其进行相应的惩处。

由此可见，摒弃现有的教学管理制度的弊端，重塑教学管理的价值取向，构建符合学生实际和社会时代的教学管理制度已是当务之急。

（三）职业学校制定管理制度遵循的原则

教学管理制度是实现教学工作有效管理，正确培育、引导教职员工和学生规范意识、个人言行，通过形成整体向上的合力，实现中等职业学校教学管理目标的基本保障。

由于中等职业学校的教学管理具有头绪多、涉及面广、责任重的特点，因此，为了保证教学管理系统高效、有序、规范、科学地运行，制定规章制度应遵循以下几个原则：

1. 系统性原则

任何教学管理制度都不能独立存在，它只能存在于学校教学管理系统中的制度系统内,为实现职业学校教学管理目标服务。通过学校的教学管理制度,使教学管理系统内的各个要素有机结合,高效、有序、规范、科学地运行,从而使教学管理系统形成整体合力,保证教学管理系统健康有序地发展。

2. 科学性原则

任何教学管理制度的制定,必须遵循职业学校办学活动和管理活动的客观规律,遵循管理科学和教育科学的基本原理。

3. 可行性原则

任何教学管理制度必须符合本校实际,其条文必须是可以执行的。不可执行的条文在教学管理中形同虚设,应该剔除,否则会影响教学管理制度的权威性。同时,应使每个人在执行教学管理制度时感到一种"力度",就是说,须要付出一定的努力。

4. 可测性原则

所谓可测性是指对制度执行得好与不好,执行到什么程度,都是可以测量和评价的。而这种测量和评价不是仁者见仁、智者见智,而是有统一标准。可测性要求制度中应该有明确的"尺度"和"标准",避免赏罚不明、标准不一,影响教学管理系统的整体运行。

5. 强制性原则

任何教学管理制度都应该具有"无例外性原则"。有人违反而不受惩罚,是不公正和不平等,也显示出制度本身的苍白无力和虚伪性。这就要求任何制度均应包括奖惩条款和授予执行部门强制执行的手段和权力。对违反制度的人如果不进行惩罚,就是对此项规章制度的藐视和破坏。

6. 民主性原则

规章制度虽然是依靠一定的管理权力强制实行的,但最有效的法规只能是得到群众真心诚意拥护的法规,任何学校规章制度的制定都应力求得到广大师生员工的理解、参与和支持。因此在学校管理制度的制定过程中,要注意广泛听取师生员工的意见,对制定好的规章制度,除公布于众外,还应注意做到必要的宣传,使得校内人人皆知,以促使规章制度中对师生员工的要求能成为大家的自觉行为。

(四)职业学校教学管理制度的主要内容

教学管理制度主要包括教学计划管理、教学运行管理、理论教学管理、实践教学管理、师资队伍管理和学业成绩管理等内容。

1. 教学计划及运行管理制度

学期教学计划及运行是教师进行教学活动的具体安排。任课教师在接到教学任务后,应根据专业教学方案、课程标准、学期教学进程表、教材大纲,并结合学生实际情况安排教学计划。此项制度主要包括教学计划、课程教学基本要求、学期进程计划、校历、课程表、教材、教学督导与检查、教学评价、教学档案等。

2. 理论教学管理制度

提高教学质量在于提高课堂教学质量。课堂教学质量的高低，在很大程度上取决于教师的理论教学的质量。因此，学校必须建立相关的理论教学管理制度。其主要包括学期授课计划、备课、上课、辅导及作业批改、停课、调课、代课、考试等管理制度。在此，以备课为例，备课是教学的起始环节，备好课是上好课的前提和先决条件。教师应在备课上下功夫，不上无准备的课。备课要依据教学大纲和企业行业的用人要求，备教材、备学生、备方法。在理解教材、分析职业标准、了解学生的基础上，制订教学计划和实施方案。

3. 实践教学管理制度

实践教学管理制度主要包括实验、实训、职业实践等管理制度。

鉴于职业学校的教学特点，教师一方面要注重课堂理论教学，另一方面也将实践教学放在重要位置。实习实训等实践教学环节是专业技能课程教学的重要内容，是培养学生良好的职业道德，强化学生实践能力和职业技能，提高综合职业能力的重要环节。学校根据国家的相关要求，按照专业培养目标要求和教学计划的安排，组织在校学生到企业等用人单位进行的教学实习和顶岗实习，大力加强校企合作。同时安排指导教师跟踪指导、全程服务学生教学实习和顶岗实习。通过建立和完善实践教学管理制度，促进学生多方面发展，为社会提供综合型人才。

4. 师资队伍管理制度

教师是学校教学的主体，拥有优秀的专业教师是提高教学质量的前提和基础。加强教师培训，促进教师专业化成长是全面推进教学改革、不断提升教育教学质量的根本保证，学校应尽一切可能让教师拥有更多的机会进一步学习。另外，教师考评制度的建立应遵照全面、科学、客观、公正的要求。评价的主体应由学校职能部门、同事、学生乃至学生家长共同组成，评价的内容应力求全面反映教师职业素养，评价方式可采用考试、座谈、听课、教学相关资料检查等多种方式。总之，多元、科学的评价制度建立，体现对教师的尊重、关怀和激励。

5. 学生学业及综合素质评价制度

学生是教育的对象，教育质量的高低主要体现在学生身上，因而学生评价是教育评价的重要内容，也是衡量教师教学质量和学校办学效益的最重要的尺度。建立符合教育精神和新课程改革理念的学生评价制度，确立全面、科学、具体的学生综合素质评价指标体系，以调动学生学习的积极性和主观能动性，求得自身综合发展。学生学业及综合素质评价制度主要包括理论教学考核、实践教学考核、学籍管理等。

（五）职业学校教学管理制度的实施与监督

1. 职业学校教学管理制度的实施

职业学校教学管理制度的实施必须加强宣传。学校制定颁布的每一项教学管理制度必须通过各种形式广为宣传，必要时可组织专题学习，使广大师生员工知晓学校的教学管理制度。执行教学管理制度是指学校机关及其公职人员在规定的职权范围内，依照规章制度实行有效管理。这首先要求学校在制定颁布教学管理制度时必须明确执行部门，同时执行部门必须坚持实事求是、制度面前人人平等的原则，对各种违反教学管理制度的事件予以认真处理。否则，即使学校教学管理制度相当健全，也不可能实现真正的规范化管理。

2. 职业学校教学管理制度的监督

职业学校主要通过监察部门及其他有关职能部门对教学管理制度的实施进行监督，褒扬模范遵守者，批评执行不力者，惩处严重违反者，以保证制度的贯彻落实。师生员工是教学管理制度的主体，他们可以以个人名义，也可通过教代会、学生会及其他群众团体对教学管理制度的实施进行监督。

三、中等职业学校的教学管理模式研究

（一）教学管理模式相关概念

1. 模式

“模式”是在社会生活中应用比较广泛的一个词。在当今社会，不论是在自然科学领域还是在社会科学领域都能够见到，例如：人才模式、经济模式、发展模式、教学模式、管理模式，等等。但是对“模式”一词作专门、明确描述的却很少。要研究教学管理模式，首先必须对模式的基本概念进行分析和探究，弄清模式的准确定义。

近年来，对模式的研究日益广泛，国外关于模式的研究也比较多见。一种代表性的观点是美国学者赛佛林在《传播的起源、研究和应用》一书中指出的，“模式是再现现实的一种理论性的、简化的形式”。[①] 这种意见重在强调模式的理论性方面，而不是理解为一种实践性概念。在某种程度上也可以理解为一种简约性的定义，也可以理解为再现现实的作用。可见，人们对于模式概念的理解是比较广泛的，其基本内涵囊括了关系、结构、方式、形式、程序和标准等。不难看出，这种内涵分析具有一定的思想性。

---

① ［美］沃纳·赛佛林、小詹姆斯·坦卡德：《传播理论：起源、方法与运用》，北京：华夏出版社，2000 年，第 43 页。

至此,我们给模式下一个明确、统一的定义:模式是指人们对某种或某组事物的存在状态或运动形式进行理论抽象分析后所做的一种概括,也可以理解为人们为了某种特定目的和预期,对认识对象,包括其运行、表现或相互联系的形式、发展态势及规律等方面所做的一种简化了的理论性描述或复写。模式具有完整性、稳定性、规范性和可仿效性等特点,既然是一种理论性概括,它对有关的实践活动便具有直接的指导意义。

2. 教学管理模式

结合以上对模式含义的探讨,我们可以给教学管理模式下一个定义,教学管理模式是在一定教育思想和管理理论指导下,在教学管理实践过程中形成的,具有一定稳定态势、系统化的学校管理活动的基本结构。从这种定义上可以看出教学管理模式是学校的教学管理活动可以遵照的模式。

(二) 中等职业学校教学管理模式探究

1. 学分制教学管理模式

学分制又叫学分积累制,紧密结合学校专业要求和培养目标,一般把课程分为必修课、选修课两大类或必修课、限定选修课、选修课三大类,对每门课程的学分进行规定,要取得该专业毕业资格就得获一定的总学分。因为是学分制,不同于一般的教学管理模式,它把获得总学分作为学生毕业的业务标准。1978 年我国高校率先实行学分制,而学分制在职业学校起步较晚,近几年才开始在职业学校、普通中学推行。中等职业教育的学分制既不能完全等同于高等教育的学分制,又不能等同于中学的学分制,因为职业学校有自己的发展机制,因此应该有自己的特色,其特点主要表现在课程的设置、学分的确定、学习结果的评价、教学管理效益等方面。

第一,在课程设置上,坚持"宽基础,活模块"相结合的原则。随着社会经济的发展,现代职业教育课程将朝着集群化方向发展,所以中职课程的设置要体现现代职业群集的理念。在制定必修课、选修课内容时,一方面要满足社会对职业人才的需求,适应市场需要;另一方面也要坚持以生为本的原则,着眼于学生的多元需要和个性发展,为学生的终身发展奠基;同时还要有利于职业教育的纵横向沟通交流,发挥职业群集课程的综合效用,拓宽学生的学习面,使学生的学习不再局限于较窄的职业范围,以解决社会职业的科技含量增大、职业分化快与学校教学内容滞后、培养周期长的矛盾,使职业教育和社会经济发展融合度更高、更有效。

第二,在学习结果上,推行学分和积点相结合的评价方式。中等职业教育的培养目标有自身的独特性,对学生的学习测评应该是多元化的,既要看学习的数量(学分),又要看重学习的质量(积点),根据具体情况具体分析的原则,对大部分必修课实行考教分离、统一命题阅卷。选修课可以根据专业不同,采取开卷、闭卷、答辩、动手操作、表演等多种考核方式,给学生一个展示自身才能的舞台,不再局限于一种单一的模式。同时为了防止实行学分制后在学生中造成60分万岁和急功近利地选择选修课现象的发生,还要引入学分积点的测量方法,利用学分积点指标来衡量学生的学习质量,把学生的学习质量作为学生评先、保送到高一级学府学习以及推荐就业的主要依据。

第三,在学分的确定上,注重知识技能与德育的结合。根据中等职业学校的特点,学分不仅要考量学校的智育,还要考量学校的德育,学生学会做人是第一位的,人品决定产品,职业学校培养的学生首先应该具有合格的职业素质。昆山花桥国际商务城中等专业学校为了发展培育学生的德育,实行了德育学分制,以此作为学生日常管理的一个抓手。为了鼓励学生参加校园活动、坚持体育锻炼、参加校级竞赛等,可以将这些活动酌情计入选修课学分。同样,学生参加学生会、共青团的管理工作也可以考虑设置一种管理实践活动任意选修学分。这样有利于调动学生参加学校活动的积极性,利用活动激发学生潜能,充分发挥学生特长,提高学生综合能力,使学生成为德智体兼备的职业人。

第四,在教学管理上,注重制度与落实相结合。实施学分制要建立一定的规章制度与之相配套,没有配套制度的支撑,再好的管理模式也不能发挥应有的作用。这里的制度主要是学籍管理制度,包括报到、注册、入学、退学或转学、毕业、肄业、提前毕业或重修、免修制度,以及跨专业选课制度、成绩考核制度、考场规则等。制度运用要灵活,做到管而不死,活而不乱,这样操作才能优化教学管理模式。此外还要加强教学管理的力度,做好课表编排、教室调配工作,真正让学生掌握选课的主动权,做到有课可选、有课可上,让学生自主地、快乐地学习、成长、成才。

基于这些特点,中等职业学校学分制教学管理模式的建构,可以从以下方面探讨其构建策略:

第一,更新教育理念,提高教师素质。实施学分制是中等职业学校教育教学改革的一项重大措施,对其理解不能停留在表面上,学分制的实施不等于简单地将百分制换成学分制,不在于作为教学管理操作程序的设计,而主要着眼于教育理念和思想的更新和提升。实施学分制,开设多种类、多层次的选修课,对传统的单一学科型教师来说是一种挑战,它要求教师不仅要熟练掌握本专业领域的知识、技能及其发展动态,而且要学习与本专业相关的、交叉的以及一些其他新兴领域的科学知识与技能,只有这样做,教师才能提高自身教学水平。因此,要把更新教师教育教学理念、加强师资队伍建设、提高教师教学水平作为教育教学改革的首要任务。

第二,优化教学管理模式,提高教学管理水平和效率。实施学分制后,教学管理会因不同学生多样化的个性需求而变得复杂化,工作量也会成倍增加。如上课和考试时间安排问题,不同时间入学、毕业的学生档案管理问题,不同学生的学习生活管理问题等。这些问题的出现迫切要求采用现代化的管理模式,使学校在教学计划、排课、考试、学生成绩登记、学籍管理等各个方面实现网络化管理,提高教学管理水平和工作效率。

第三,因材施教,加强学生选课指导,服务学生个性发展。由于中职生年龄尚小,自我判断和自我定位存在一定的模糊性,对自我的认识和对未来的定位可能存在偏差,加之一部分学生还可能存在功利思想,这样就会把获得学分作为学习的目的,因此,学生的选课往往存在盲目性和随意性,缺乏科学性和合理性,所以应有专人对学生进行选课指导,针对学生不同的需求(升学、就业或其他发展方式)选择不同的学习课程,真正体现“宽基础、活模块”的职业教育理念,从选课机制上,做到服务于学生的个性发展,实现学生的最优发展和终身发展。

第四,关注学生的学习过程,采用形成性评价。中职生普遍存在素质偏低的现象,由于基础较差,学习成绩提高就成了一件难事,这时可以针对学生的实际情况,在课程学分中设立课时学分、作业学分和平时成绩学分。淡化结果性评价,注重过程性评价,将学生平时出勤、作业情况等纳入评价机制,以此调动学生学习的积极性,还可以起到遏制缺课现象的作用;设立“理论学分和实践学分相通、互补”的制度,将学生获得的知识和能力同时纳入评价体系,而不是只看理论,不看能力,改变过去学习评价重理论轻能力的现象,从评价机制上,激励学生提高自身专业技能,培养学生的动手操作能力。

第五,加强任课教师责任,提高学分制管理实效性。学校根据学生选定的专业进行编班,学生以班为单位进行自习、生活、活动、考核,选课可以分散。必修课与选修课一般都要求学生听课,要建立相应的考评制度,利用制度管理学生和教师,促使任课教师加强对学生学习的管理,要使学生明白实行学分制是增大学生选课的自由度,而学习不是随意的,要使学生克服“学分无用论”思想,真正使学分反映中职学生的发展情况,使中职校培养出来的学生能成为一名准员工,提高学分制管理的实效性。

2. 分层次教学管理模式

(1) 课程管理现状与问题

课程管理包括决策管理、执行管理、操作管理三个层面。在这三个大的层次下面,又各有非常具体而丰富的内容,包括课程的合理安排、科学地指导选课,对课程的各个环节采取的指导、监督、决策、协调,等等。

有调查显示：1) 中等职业学校在实施分层次教学管理过程中,在课程安排方面做得比较好，学校根据国家的教学计划和中等职业学校的实际情况合理安排课程，能体现、反映职业学校的特色和服务学生的发展。但是课程的种类不多，从某种程度上说，课程并不能满足所有学生多样化的现实需求，不能服务学生的个性发展和未来的职业发展。2）学校对学生的选课指导明显不够。学校只是把课表发给学生，让班干部统计相关课程的选课人数，但是几乎没有对学生如何选课给予必要的帮助，缺少对学生的选课动员和指导，更没有根据学生的个人发展水平给予必要的选课指导。缺少对学生选课的引导导致学生在选课时处于一种比较盲目和随意的状态，往往是在并不了解课程的情况下就选择了这门课程。而学校往往又缺乏健全的退课制度，学生如果选了一门课，即使后来发现该课程与自己想象的不一样，也很难退选。3）对学生的分类辅导不够。分层次教学必须辅之以分类辅导，否则它的作用就不能得到很好的发挥。一般而言，分类辅导可以分为课前辅导与课后辅导、个别辅导与集体辅导、课上辅导与课下辅导、专题辅导与普通辅导等多种形式。在分层次教学中，教师应该根据情况灵活运用，但是调查显示，教师对学生的分类辅导明显不够，很多教师认为对学生进行辅导"太累"，"也没有奖励"，因此缺乏辅导学生的热情。采用分层次教学管理模式要兼顾学生的个性差异，依据因材施教的教学理念，优化课程管理，促进课程管理的可持续发展，树立现代课程观。

课程管理归根到底是服务于课程发展，课程发展又依赖于学校实际和地方实际，突出地方特色。以昆山花桥国际商务城中等专业学校为例，该校依据地方产业实际和学校发展状况，大力实施课程发展战略，依托昆山花桥国际商务城金融服务外包、物流产业的发展，积极打造金融服务外包和物流服务与管理专业，紧贴地方产业发展办教育。目前，该校的这两个专业已经在全省小有名气，成为江苏省示范专业和品牌专业。

（2）实践教学管理现状与问题

实践教学对于提高学生专业知识，增强学生的感性认识，提高学生的实践素质，培养学生的实践能力和创新能力以及学以致用的素养都具有非常重要的意义。调查显示，近半数的学生非常喜欢实践课，他们认为实践课能够让自己得到锻炼，实践课上更能发挥自己的所长，能够学到许多课堂上学不到的东西，而且实践课对于以后的就业也很有帮助，因为企业需要的是动手能力强、实践操作能力佳的员工。但是，中等职业学校的实践课开展状况并不理想，很多学生都没有实践机会。其中一个很重要的原因是实践课的开展必须要有与之配套、功能齐全的实验实训基地或场所，要有必要的资金保障。然而，中等职业学校的实验室人员整体素质偏低，实训基地建设面积不足，设备质量差，这导致了实习教学仍然停留在非常低的水平，跟不上时代要求，与社会用人实际需要脱节，严重制约了中等职业教育的发展。以昆山花桥国际商务城中等专业学校为例，该校属于异地新建学校，学校占地面积 118 亩，分教学、实训、运动、生活四个区域，实训楼 2 幢，内设物流、呼叫、动漫、旅游、美术、计算机和金融外包服务等实训室，总价值约 3 088 万元，先进的实验、实训基地建设为实施实践教学奠定了硬件基础。此外，为了大力推进实践教学，该校还努力搭建校企合作平台，先后与远洋数据、华道数据、宝湾物流、希尔顿酒店等知名企业签署了长期合作协议，为实施实践教学提供了社会实践平台。

(3) 师资队伍现状与问题

从总体上来说，中等职业学校的师资队伍素质结构并不合理，教师的素质跟不上现代职业教育的发展。中等职业学校的骨干教师数量少并且总体年龄偏大，名师几乎没有；新教师大多数从应届生中招聘，仅储备有一定的理论知识，缺乏相应的实践操作技能，理论联系实际的能力和教育教学能力有待提高。这样就导致许多中等职业学校的毕业生在实际工作岗位中与企业要求的“零距离”上岗有一定的差距，从而违背了中等职业教育的初衷，不能培养出适应市场机制和企业需求的现代职业人才。此外，有一些职业学校为了应对师资力量不足的问题，竟然让教师跨专业任课，由于专业发展限制导致教学质量极为低下。中等职业学校教师培训制度不健全，教师校内培训和校外培训没有形成制度，培训有时流于形式，没有起到应有的作用。调查显示，目前，中等职业学校教师在培训时间、形式以及内容等方面的选择上基本处于被动地位。很多教师指出，目前学校提供的培训机会少，培训内容单一，而且教师能否参加培训完全要听从于学校的安排，不能保证学校选拔培训对象的公正和公平。一些教师还指出，学校培训的内容对自己教育教学水平的提高并无太大的帮助，培训的针对性、实用性、实效性有待提高。

(4) 班级管理现状与问题

中等职业学校的学生，大部分都是文化课成绩较差的，但是他们也有自己的闪光点，乐于表现自我，喜欢参加活动，思想活跃，有些学生在某些方面还具有特长，如果给他们一个舞台，他们会演绎自己的精彩人生。在分层次教学管理模式下，班级管理应该充分尊重学生的个性，认识到每个学生的个性都是不同的，每个学生的兴趣、爱好、能力、文化背景等也都存在着一定的差异，对学生的管理理应从他们的实际出发，因材施教，不能丢掉任何一个学生，让每一个进到职业学校的学生都能找到自己发展的平台和机会。但调查显示，学校在这方面还存在一定的欠缺。一些教师指出，为了“省事”，还是对所有学生采用同一的管理方式，并不会真正尊重学生的差异。而且，受到一些客观条件的制约，要在尊重每个学生差异的基础上管理班级也并不现实。昆山花桥国际商务城中等专业学校为了使每一个学生得到发展,为待进生们分别安排德育导师,建立德育导师制管理机制,对学生实行分层化管理,最大限度地提高班级管理的实效性。

（5）教学质量评价体系现状与问题

随着教学改革的日渐深入,发展性教学评价在中等职业学校中越来越受到重视,因为发展性教学评价能给学生的未来发展提供更加灵活的空间。但是总体来说,中等职业学校的教学评价还存在着很多不适合改革需要的问题。受传统的教育管理模式的影响,中等职业学校仍然过分偏重于知识和理论考核而轻视技能考核,过分依赖课堂的理论教学,忽视学生的技能训练与提高,这显然背离了中等职业学校人才培养的目标,未来企业需要的人才是知识和技能兼备的职业人才,现代职业教育必须要追求学生自身技能的发展,提高学生的实践能力,把学校当成工厂,使学生走出校门就可以直接进厂,而不是培养只懂得书本知识而不会操作应用的“半成品”,甚至连“半成品”还算不上的学生。调查显示,中等职业学校在进行教学评价时,过分突出文化专业素质的比重,而轻视思想素质、心理素质等方面的评价,这不仅对人才培养产生非常不利的影响,而且也不利于教师教育教学的良性开展。现代职业教育要培养德才兼备,理论知识和实践能力兼备的人才,要塑造学生良好的品行和人格操守,要引导教育学生先学会做人,再学会做事,而只有人品高尚的员工才能“生产”出高品质的“产品”来。在现行的教学质量评价体系下,学生的学习积极性不能被很好地调动起来,教师的教学积极性也难以得到很好的发挥,建立新的教学质量评价体系显得非常迫切。在教学评价体系中,参与评价的主体应是多元的,以对学生的学习和品行进行评价为例,应该包括学生的自我评价、任课老师和班主任的评价、实习企业指导老师的评价,其中实习单位的评价是第三方评价。这种评价机制更能客观地反映学生的真实情况,更能引导、激励学生发展潜能,提高教学效益。

资料链接4-1　昆山花桥国际商务城中等专业学校《教学管理实施条例》

第一章　总则

第一条　为全面贯彻国家教育方针以及江苏省职业学校教学管理规范,加强和改善我校教学管理,不断提高教学质量,提升办学效益,促进学校可持续发展,制定昆山花桥国际商务城中等专业学校教学管理实施条例。

第二条　本条例依据教育部《中等职业学校管理规程》和《江苏省职业学校教学管理规范》有关要求,遵循科学性、导向性和可操作性的原则制定。

第三条　我校教学工作和教学管理必须坚持党的教育方针,坚持与时俱进和改革创新。以德育为核心,遵循“德高为美、技精为强”的校训;倡导“敬业、博学、尚德、创优”的教风;树立“专业建校、管理立校、人才强校、服务兴校”办学理念;坚持“植根商务城,服务商务城,努力打造中职服务外包特色学校”的办学方向；追求“培养具有现代综合素质，掌握熟练技能的中高级技术人才”的办学目标；贯彻“发挥教师主导作用和学生主观能动作用，因材施教，教学相长，注重学生实践能力培养”的教学理念。培养学生敬业精神、团队精神、创新精神、诚信意识和实践能力，全面推进素质教育，提高教育质量，全力打造“有特色、精品化”的现代职业技术学校。

第四条 我校教学工作和教学管理应遵循职业教育教学规律，结合学校实际，“以服务为宗旨、以就业为导向、以能力为本位”，培养适应企业和社会发展的技能型人才。

第五条 学校重视校园文化建设。要开发和利用各种教育资源，发挥学科课程、环境课程、活动课程以及各类教学管理制度的育人功能，引入先进的企业文化，营造浓厚的校园文化氛围。培育“团结、自强、务实、创新”的校风以及“诚信、勤学、精技、创业”的学风，使学校具有健康向上的精神。

第六条 本细则是在充分征求了学校教师对教学意见、建议的基础上，经汇总修改而制定。

第二章 教学计划、教学大纲、教材管理

第七条 专业建设

1. 专业建设是学校改革和发展的重要目标，科学合理地设置专业是学校管理工作的重要内容。学校严格遵循“植根商务城，服务商务城”的办学方向，全面了解企业、社会以及人才市场需求，充分认识专业建设是学校改革和发展的重要载体，结合学校实际进行专业的开发、设置和调整，培育特色专业，打造精品专业。

2. 学校专业建设或调整必须以服务当地经济建设和社会发展为依据，要及时关注相关企业、行业对人才需求情况的变化，学校要对相关岗位的人才知识技能和能力结构、综合素质做深入调研。学校要专门组织人员或部门进行调研，并提交调研报告。选取的调查对象应有典型性和代表性。

3. 专业的开发、设置和调整报告应包括市场调研部分，其内容包括：1）相关行业产业人才需求的现状及分析；2）相关行业产业人才现状及需求；3）相关行业产业人才需求的发展态势；4）对策与建议，学校适应新专业要求的教师状况，配套教学设施及对学生就业前景的预测等。

4. 专业的开发、设置和调整报请上级教育部门批准备案。

第八条 教学计划

1. 教学计划是学校最基本的教学文件，是学校实现培养目标和组织教学工作的根本依据。分为：1）教育行政部门及有关行业制订的专业指导性教学计划；2）学校根据专业培养目标及市场需求等实际情况制订的专业实施性教学

计划。

2. 对于无指导性教学计划的专业，学校按照教育部和省、市教育部门有关文件的要求，在调查研究的基础上，吸纳企业专家、相关行业和用人单位的意见，进行专业岗位工作分析和教学分析后制订。

3. 实施性教学计划由以下部分组成：招生对象与学制、培养目标、知识结构、能力结构及要求、课程设置及教学要求、教学实习、实践活动分配表（按周分配）、课程设置与教学时间安排表、实习教学计划表、教材使用情况登记表和有关教学计划的补充说明。实施性教学计划要体现证书导向、课程综合化和模块化、工学交替的要求。实习教学计划一般包括：实习教学目标（含学生毕业时应达到的职业技能等级或职业资格标准）、教学实习课题和实施要求、（生产）实习安排、时间分配等。

4. 制订实施性教学计划的程序。实施性教学计划的专业名称要科学、准确、规范，符合教育部颁发的《中等职业学校专业目录》，体现人才培养规格和专业内涵。

（1）专业论证。学校通过对有关人才需求的调研以及专业岗位工作分析，明确与专业对应的职业岗位职责和主要工作范围，确定专业培养目标和业务范围。

（2）拟订计划。依据教育部下发的《中等职业学校重点建设专业教学指导方案》以及市教育局有关要求拟订实施性教学计划，构建以全面素质为基础、以综合职业能力为本位的课程体系。妥善处理各类课程关系，保证必修课程的开设和课时，明确选修课程和课时比例，安排好实践性教学各个环节。

（3）审核报批。实施性教学计划由学校教管处拟订，经分管教学副校长审批后，报上级教育主管部门批准。

（4）实施性教学计划的修订。根据区域经济结构调整和劳动力市场需求的变化，对实施性教学计划进行适时修订。1）教研组提出书面修订理由和意见；2）分管副校长审批；3）教研组组织修订；4）分管副校长审批后实施，同时交教管处存档；5）修订后的教学计划报上级教育主管部门备案。

实施性教学计划在课程开设两周前完成。经过审批的教学计划须严格执行，不能随意变动。

5. 按教育部的要求开设德育课程。各专业均应开设的文化基础课程有：语文、数学、外语、计算机应用基础、体育与健康，其他文化基础课程根据专业需要或以选修课的方式开设。专业课程（含实践课程）的教学内容要针对相应职业岗位的能力要求确定，全面覆盖职业资格标准的要求。

学校开设发展学生个性、兴趣和特长，发挥学生潜在能力，增强学生就业能力的选修课程，其教学时数占总学时的10%—20%。

6. 理论教学周学时数一般为24—30个，教学实习与生产实习课按每周30—40小时（一小时折一学时）安排。文化基础课程与专业课程的比例为4∶6。专业课程中的实习、实践教学比例一般为5∶5，生产实习一般安排半年至一年。对文化基础要求较高或对职业技能要求较强的专业，可根据需要对课时比例作适当调整。

第九条 教学大纲

1. 教学大纲是学校实施课程教学工作，统一课程教学质量标准的主要依据。教学大纲的组成：课程的性质和任务、教学内容和具体要求、理论教学和实习（实验）的时数、教法和学法建议及必备的教学设施要求、有关教学大纲的补充说明。

2. 教学大纲按课程编写。一门课程一个大纲，教学计划中的每门课程（含独立设置的实习和单独开设的实验课）均应有教学大纲。采用部颁和省颁的教学大纲或市职教教研机构制定的教学纲要。无统一教学大纲的课程，学校按照教学计划规定的培养目标、业务范围、教学时数，由教研组制定教学基本要求，经教管处审核，分管教学副校长审批后执行。

3. 任课教师必须认真按照教学大纲（教学纲要或教学基本要求）实施教学。执行中对教学内容和要求需要有所增删和调整的，须经教管处审核，分管副校长批准后执行。一般不得减少实习、实践教学时数。

教学大纲（教学纲要或教学基本要求）应在课程开设前一周备齐。

第十条 教材

教材是教学内容的重要载体，是教师和学生教与学的主要依据。

德育课程和主要文化基础课程教材由教育部和省教育厅确定，专业课程教材由学校根据教育部职业教育教材目录和《江苏省中等职业学校教学用书目录》自主选择。对未作统一规定的，根据课程教学大纲（教学纲要或教学基本要求），由教管处征求教研组意见后提出教材使用方案，经分管教学副校长审核后确定。

选用教材应根据各专业培养目标、课程范围和教学要求，尽量选用教育行政部门公布的规划教材以及有关行业规范教材。无相应统编教材时，可选用符合教学大纲要求的其他教材，或按教学大纲要求自编校本教材（讲义），并报市局职业、成人教研室审定。加强对教材使用的管理，制定和完善教材管理制度，逐步建立教材评价制度和在专家指导下的教材选用制度。

学校有目标、有计划地组织教师开发校本课程，编写必需的校本教材（讲义）。校本教材（讲义）的内容应反映企业、经济社会发展以及职业岗位变化要求，融入新知识、新技术、新工艺和新方法，充分体现职业教育特色。

教材必须在开学前一周备齐。学校配备专人管理，由教管处负责。

第三章　教学行政管理

第十一条　教学管理体制

学校建立结构合理、责权清晰、分工协作、精干高效的二级教学管理体制。

学校教学管理工作由校长全面负责，分管教学副校长具体负责。学校根据实际需要设立教管处、教科室、教研组等教学管理机构。

第十二条　计划管理

1. 教学工作计划

教学工作计划是学校实施教学目标管理的依据，按学期制订。

教学工作计划主要由学期教学工作目标、重点工作、主要措施及其人员、时间、任务安排等基本内容组成。

2. 教学管理职能部门工作计划

教学管理职能部门工作计划是学校组织、实施、协调、检查教学工作的依据，应根据学校教学工作计划按学期制订。

部门工作计划主要由学期工作目标、重点工作、主要措施及其人员、时间、任务安排等基本内容组成。

部门工作计划由部门负责人拟定，经分管教学副校长审批后在开学第一周执行。每学期由分管教学副校长检查两次，学期结束前由各部门负责人对计划执行情况做出书面总结。

3. 教研组工作计划

教研组工作计划根据学校和相关部门的工作计划按学期制订。

教研组工作计划主要由学期工作目标、重点工作、主要措施、具体工作安排等基本内容组成。

教研组工作计划由教研组组长拟订，经教管处负责人审核，分管教学副校长审批后执行。每学期由教管处检查两次。学期结束前教研组组长对计划执行情况做出书面总结。

4. 课程授课计划

课程授课计划是教师组织课程教学的具体安排，由任课教师根据课程教学大纲（教学纲要或教学基本要求）、教材和教学进程表按学期编制。

课程授课计划由说明和授课计划表两部分组成。说明部分包括：教学内容、教学目标、学生学习现状分析等；授课计划表包括：周次、授课顺序、章节内容摘要、学时安排、实习实验安排、作业安排、考试（核）时间和方法等。

课程授课计划在开学前完成，经教研组或备课组讨论，报教管处审核后执行。任课教师应严格执行课程授课计划。因特殊情况确须变动，应按上述程序报批，并作记录说明。教管处对任课教师执行课程授课计划情况定期检查。

第十三条　教学管理制度

学校建立必要的教学管理规章制度。主要包括：教学管理机构的职责，教师及教学管理人员的岗位职责，教学过程监控与反馈制度，教学设施、设备管理制度、规定等。教学管理制度由校长责成有关部门制定，由学校颁发。

第十四条　教务常规管理

1. 教务常规管理是学校教学管理的重要方面，是稳定教学秩序的重要保证。教务常规管理由教管处负责，逐步使用计算机辅助管理，不断完善使之更加高效、科学。

教务常规管理包括制定校历表、教学进程表、课程表、教室日志，下达教学任务书，进行教学文书档案、教学业务档案、教师业务档案管理等。

2. 制定“四表一志”

(1) 校历表

校历采用表格形式按学期编制。注明起讫时间、教学活动周、开学、注册、入学教育、军训、校运动会、考试、毕业教育的日期和法定节假日以及其他全校性活动的日程等。

(2) 作息时间表

作息时间表在每学期开学前发至各部门和班级。执行中如有变更，须提前一周将变更后的作息时间表下发。

(3) 教学进程表

教学进程表是每学期班级教学活动的具体安排，由教管处根据校历、各专业的实施性教学计划编制。内容包括班级、班主任、课程名称、学时数、理论和实习实践教学的周数安排、考试日期等。

教学进程表在开学前一周编好，经分管教学副校长审批后执行。教学进程表一经确定，不得随意变更。

(4) 课程表

课程表包括全校总课程表、班级课程表和任课教师课程表。

课程表由教管处编制。班级课程表、任课教师课程表和教学任务书在开学前与作息时间表一并发至班级和任课教师。课程表一经公布，不得随意变动。因特殊情况须改动的，要按学校有关规定办理手续，由教管处下达调(代)课通知单。

(5) 教室日志

教室日志由周次、日期、节次、课程、任课教师、教学内容、作业、学生学习及出勤情况等部分组成。

任课教师授课后应逐项认真填写。教管处每月至少检查一次,发现问题及时调查处理。

3. 档案、资料管理

学校逐步运用计算机技术对教学档案、资料进行管理。

(1) 教学文书档案管理

主要内容有:上级及学校有关教学工作的会议、通报、指令、批复、条例、规定、制度等文件,学校教学工作计划和总结,教学管理职能部门和教研组的工作计划与总结,教学质量检查和教学评估的总结,学校教学工作的各种上报材料,教学改革方案和总结,其他有保留价值的教学管理资料。

教学文书档案由教管处负责收集,按学年建档、专人保管。

(2) 教学业务档案管理

主要内容有:教学计划、教学大纲(教学纲要或教学基本要求)及其执行情况说明表,教材使用情况说明表,校历表、教学进程表、课程表、选修课安排表、课程授课计划表、教室日志,学期教学进度检查表,课程考试(核)试题、标准答案、样卷和成绩考核质量分析表,各门课程的学生成绩表,实验、实习、社会调查的计划、大纲及指导书、任务书、教材以及能反映实践教学情况的有关资料,学生专业技能考核情况记载表,专业设置论证报告,修订教学计划的论证报告。

教学业务档案由教管处负责收集,按专业、年级建档,学生毕业后交学校档案室保管。毕业生情况调查表按专业每班选留 10 份。不及格试卷和补考试卷须保留至学生毕业后一年。

(3) 学生学籍档案管理

主要内容有:全校学生总名册,学籍卡,招生办公室批准的录取名单,保留入学资格、休学、复学、退学、试读等文件,在校学生人数变动统计表。

学生学籍档案由教管处负责。学籍卡按班级建档,其余材料按学年建档,学生毕业后交学校档案室保管。

(4) 教师业务档案管理

主要内容有:教师工作情况登记表;教师的教学经验总结、论文、专著、编写的教材及参考书、译文、教科研成果材料等;有关教学质量、业务水平的考评及奖惩材料;业务、技术培训等继续教育材料;学历证书复印件,任职资格、聘用令等材料。

教师的业务档案由教管处、校办收集、建档、保管。

第四章　教学过程管理

第十五条　教学管理指导思想

确立正确的职业教育人才观和质量观,促进教师更新教学观念,树立课程意识,改革教学模式,在教学中体现以生为本的思想,使学生增强学习的自信心,提高学习的积极性,获得学习的成就感,使不同程度的学生都有提高。

第十六条 教学常规

加强教学常规的管理,使教师的备课、授课、作业批改、辅导、考试(核)等各个环节更为科学、规范、有效。

1. 备课

备课分五个阶段,即学期备课(了解本专业实施性教学计划,掌握本课程教学大纲及学期课程授课计划)、单元备课(理清章节教学内容的关联,确定重点、难点)、课次备课、课前备课、课后反思。提倡集体备课,集思广益。

备课要做到备学生、备内容、备方法。"备学生"是指了解学生的知识基础、学习态度、学习需要、学习方式和习惯。"备内容"要求正确地把握教学内容的基本要求、重点和难点,处理好相关课程之间关系。教学内容应反映行业一线的实际,突出应用性、实践性,注意适时补充新知识、新技术、新工艺和新方法。"备方法"要求因材施教,重视学生非智力因素,考虑适合学生实际情况的教学方法和现代教学手段。

教案包括首页、教学过程设计、教学后记三部分。

理论课程教案首页有课题序号、授课课时、授课形式、授课章节名称、教学目的、教学重点与难点,以及更新、补充、删减的内容,授课主要内容,板书设计,课外作业。教学过程设计应有教学程序与时间分配、教学内容、师生活动设计、教学方法与教学手段、实习(实践)设计、课堂小结、作业安排。教学后记要从教学目的、教学内容、教学结构、教学方法、教学语言、板书、教态和学生知识掌握等诸多环节进行对照检查和小结。

实习课程教案有实习课题、职业技能训练目的、工艺规范要求、安全要求、形成职业技能要领及注意事项、教学过程、课内训练作业、课外训练作业、教学场所及设施要求等部分。

教师开学前提前写好两周教案,学期中应提前写好一周教案。理论课程教案根据课程授课计划按课次编写,实习课程编写日教案。不允许沿用旧教案。禁止无教案上课。学校每学期进行不低于三次教案检查,由教管处具体执行。

2. 授课

理论课程教师授课:

(1) 熟练运用基本教学技能:导入技能、语言技能、提问技能、板书技能、运用教具及现代化教学手段技能、演示技能、强化技能、反馈技能、联系技能、课堂组织技能、变化技能、结束技能等。

（2）根据教学目的、教学内容和学生现有水平等运用正确的教学方法。教师必须注重增强学生的自尊与自信；必须注重激发学生学习兴趣，调动学生学习积极性、主动性；重视指导学生掌握学习方法，培养分析问题和解决问题能力，实现教学活动的整体优化。

（3）重视运用现代教育技术，实现现代教育技术与课程的整合。逐步实现教学内容的呈现方式、学生的学习方式、教师的教学方式和师生互动方式的改革，营造学生为主体的和谐学习氛围。

实习课程教师授课采用一体化教学，包括如下基本环节：

（1）组织教学。检查本课题技能训练设施和实习材料是否齐备，学生准备工作是否就绪。

（2）讲授本课程理论框架，讲解本课题训练目的、工艺规程和操作要领，明确有关安全事项，并讲解示范。

（3）指导学生训练，巡回辅导。

（4）集中讲评。

（5）布置课外训练作业或思考题。

理论课程和实习课程教师授课时须渗透思想品德教育和职业道德教育，注重教书育人。

3. 作业

作业一般包括预习或复习课本，阅读有关的课外资料，完成书面作业、口头作业、实践技能作业等。作业依据教学目的设计，具有典型性、综合性、代表性，使学生可举一反三。周作业量按中等程度学生完成时间约等于周学时数的1/3—1/2为宜。禁止不给学生布置任何作业。

教师应认真及时批改作业，原则上要求全批全改。认真填写批改记录和成绩记载。对作业中普遍性错误要集中讲评，不合格作业要订正或退回重做。

学校对教师批改作业的情况每月检查一次。

4. 辅导

辅导可采用集体辅导、个别辅导、组织互补等形式。辅导课应由教管处统一安排，并对辅导时间、内容作记录。

5. 考试（核）

考试（核）可采取考试、考查、技术等级鉴定等方式，要把终结性评价与形成性评价有机结合起来。

理论课程考试可采用理论考试与技能考试相结合、口试与笔试相结合、开卷与闭卷相结合等形式；考查可采用课堂提问、卡片提问、作业练习、阶段测验、学习总结、调查报告、论文撰写等形式，在平时教学中进行。任选课程考核可采用考察或学习过程(出勤与学习态度、提问与讨论、课堂笔记、平时作业、终结性作业)考量的形式。实习课程应根据实习教学计划安排,采用教学实习考试(核)、生产实习考试和技术等级考试鉴定等形式进行。

考试考查成绩的评定按照省市教育行政部门有关职业学校学生学籍管理规定的相关要求执行。

考试(核)应根据课程教学大纲(教学纲要或教学基本要求),并充分考虑生源、学生学习状况命题,应采取分层次命题的方式。命题应重视考查学生应用所学知识解决实际问题的能力。基本知识题、综合分析题、应用提高题比例恰当。考试课程原则上实行考教分离,并应逐步完善课程题库,合理调用题库。

建立严格的考试(核)制度,加强考风考纪教育,认真做好命题、监考、阅卷、评定成绩、质量分析等环节工作,积极探索符合职业教育规律和特点的考试(核)方式。

任课教师应对考试进行质量分析,质量分析表在考核结束后一周内报教管处。教管处应抽查阅卷情况,并对课程考核情况进行全面分析,提出解决问题的措施,及时反馈至任课教师。任课教师应将试卷(含标准答案、评分标准)及时交教管处保存。

补考工作由教管处统一安排,一般在新学期开学后第二周进行。

第十七条　实践教学

实践教学包括教学实习、生产实习、实验、课程设计、大型作业、社会实践和毕业设计(论文)等。

教学实习一般在实习场所进行,必须定课题、定时间、定工位、定考核。

生产实习在校外企事业单位进行。学校要选派有较强管理能力和专业能力的教师进行实习巡查。校外实习要做到定课题、定岗位、定师傅、定期考核,指导学生记好实习日志,写好实习总结,完成生产实习目标,认真参加生产实习考核、鉴定。

实验是在教师指导下,学生运用仪器设备获取直接知识的一种实践教学活动。教师要根据教学大纲(教学纲要或教学基本要求),按照指导书或教材,完成教学目标。教师要指导学生完成实验报告,并批阅和总结。教管处对实验课的开出率和教学情况定期进行检查。

社会实践是结合课程安排的一种实践教学活动,包括社会调查、科技服务等。应根据教学计划,紧密联系职业岗位,由指导教师提出课题,组织学生开展社会调查和科技服务,并完成调查报告或总结。

课程设计、大型作业,应由指导教师根据教学大纲要求(教学纲要或教学基本要求),紧密结合生产实际拟定。指导教师对学生要正确指导,严格考核。

引导和鼓励学生结合专业开展科技创新、知识创新和作品设计与制造。

第十八条 德育课程教学

德育课程是学校德育工作的主渠道。按照德育课程教学大纲组织教学。德育课程教学应考虑职业学校学生德育的特殊性,增强针对性,提高实效性,增加就业教育力度,贴近职业、贴近生活、贴近学生。德育课程教学坚持实践第一、知行统一的原则,以课堂教学、实训实习和各种社会实践活动为主要载体。

学校将就业与创业指导课纳入教学计划。内容包括社会经济发展形势及市场经济建设和产业结构调整现状、专业人才需求情况、企业对人才的素质要求、就业应聘技巧、职业生涯规划的原则和方法等,帮助学生树立正确的职业理想、职业观和择业观,有效提高学生就业率。

德育课程的考核要注重平时考核与行为考核,考核的形式可以多样化,教管处、学工处密切配合,组织任课教师制订不同阶段德育课程考核方案,报分管副校长审批后实施。

第十九条 体育与健康课程教学

体育与健康课程教学按照国家有关体育工作条例、国家体育锻炼标准要求和课程教学大纲进行。体育与健康课程要讲授体育知识、健康知识,传授体育技术、技能和锻炼方法,使学生养成自觉锻炼身体的习惯。开展各种体育比赛和组织校队训练。

认真贯彻实施学生体质健康标准,促进广大学生积极参加体育锻炼,增强体质。

学校设立心理健康咨询室,积极向学生开展心理健康咨询。建立健全心理健康咨询档案。

第二十条 技术等级证书和职业资格证书

学校实行学历证书和职业资格证书制度,积极推行多张证书制。各专业实施性教学计划中每学期下达给学生的学习任务书中要有专业技能证书和职业资格证书的要求。各专业组要在教管处的统一安排下组织学生参加考试。

第五节 职业学校培养地方性技能型人才的教学评价

一、教学评价概述

(一)教学评价的内涵

1. 教学评价的含义

所谓教学评价,是指以教学目标为依据,按照科学的标准,运用一切有效的技术手段,对教学过程及结果进行测量,并给予价值判断的过程。教学评价一般包括对教学过程中教师、学生、教学内容、教学方法和手段、教学环境、教学管理诸因素的评价,但主要是对学生学习效果的评价和教师教学工作过程的评价。本节主要是从学生评价的角度阐述在培养地方性技能型人才的教学过程中建立有效的评价体系。

2. 教学评价的功能

教学评价对于指导职业教育、培养职业技能起着重要的作用,教学评价有着多种功能,主要表现在以下几方面:

(1) 诊断功能。教学评价是对教学结果及形成原因的分析过程,通过了解、分析教学情况,对其成效和缺陷、矛盾和问题作出判断。对于教师来说,不仅可以帮助他们估计教学目标的实现程度,而且能帮助他们找到影响学生专业技术能力提高的种种内外因素;对于学生个人来说,可以帮助他们分析出专业技术能力不足的原因。

(2) 激励功能。激励功能主要体现在教学评价对教学过程有监督和控制作用,对学生则是一种促进和强化。通过评价反映出教师的教学效果和学生的学习成绩。有研究表明,经常对学生技能进行阶段性评价具有很大的激励作用,当评价较高时,可以使学生在心理上和精神上得到鼓舞,激发他们向更高目标努力的积极性;即使评价较低,也能激起学生奋进的情绪,起到一定的推动、督促和激励作用。

(3) 调控功能。教学评价的结果实际上是一种对学生技能掌握情况的反馈信息,这种信息可以成为调整学生技能训练方式的客观依据。教师据此修订教学计划、改进教学方法、完善教学指导,学生据此改进训练方法、增强自觉性,使教学过程成为一个随时得到反馈调节的可控系统,使教学效果越来越接近预期的目标。

(二) 教学评价的类型

教学评价可分为多种不同的类型。

1. 相对评价与绝对评价

相对评价是在被评价对象的群体中建立基准(通常均以该群体的平均水平作为这一基准),然后把该群体中的各个对象逐一与基准进行比较,以判断该群体中每一成员的相对优劣。

绝对评价是将教学评价的基准建立在被评价对象的群体之外(通常是以教学大纲规定的教学目标为依据来制定这一基准),再把该群体中每一成员的某方面的知识或能力与基准进行比较,从而判定其优劣。

2. 诊断性、形成性和总结性评价

诊断性评价也称“教学前评价”,一般是指在某项教学活动开始之前对学生的知识、技能以及情感等状况进行的预测。通过这种预测可以了解学生的知识基础和准备状况，以判断他们是否具备实现当前教学目标所要求的条件，为实现因材施教提供依据。

形成性评价是在某项教学活动过程中，为了能更好地达到教学目标的要求、取得更好的效果而进行的评价，能用来及时了解阶段教学的结果和学生学习的进展情况、存在的问题，因而可据此及时调整和改进教学工作。

总结性评价又称“事后评价”，一般是在教学活动告一段落后，为了解教学活动的最终效果而进行的评价。学期末或学年末进行的各科考试、考核都属于这种评价，其目的是检验学生的学业是否最终达到了各科教学目标的要求。总结性评价重视的是结果，借以对被评价者做出全面鉴定，区分出等级，并对整个教学活动的效果做出评定。

3. 定性评价与定量评价

定性评价是对评价材料做“质”的分析，运用的是分析、综合、比较、分类、演绎、归纳等逻辑分析方法，分析结果是一种没有量化的描述性资料。

定量评价则是对评价材料做“量”的分析，运用的是数理统计、多元分析等数学方法，从纷繁复杂的评价数据中提取出规律性的结论来。

由于定量评价的方向、范围必须由定性评价来确定，所以定性评价与定量评价两者必须结合起来，互相补充，不可偏废。

（三）教学评价的原则

教学评价的原则是指在进行评价时，评价者必须遵循的基本要求。教学评价原则是教学评价规律的反映。

1. 职业性原则

职业教育的教学评价必须以社会需求为导向、以职业综合能力为依据，必须得到学校、教育部门的认可，更应该得到企业和社会的认可。只有这样，才能保证职业教育教学与社会需求的紧密联系，职业教育才能得到持续长久的发展。为了客观、有效地凸显职业教育教学评价的效果和质量，职业教育教学评价的主体除了学校管理者、教师、学生外，更重要的还必须包括行业企业用人单位以及职业资格鉴定单位、技能等级考核机构等。

2. 方向性原则

教学评价必须以党和国家的教育方针，国家颁布的课程计划、教学大纲，国家正式审定的教材为依据，通过评价使教学坚持正确的方向，促进学生的全面发展。对教学各个环节的评定、考核，要体现出相应的教学目标要求。对教学的评价要全面，要体现出教学要求的目标方向，既要评价知识、技能的掌握情况，又要评价智能发展和思想道德水平提高情况；既要评价教师在课堂教学中的表现，又要评价学生的参与情况，要评价教学是否面向全体学生，是否全面完成大纲规定的教学任务，是否达到了课程计划中规定的培养目标。

3. 科学性原则

教学评价必须具有可信度与可靠性，必须建立在科学的基础上，有充分的科学依据和科学方法。教学评价要以正确的教育思想和教学理论为指导，遵循课堂教学的规律、原则，适应深化课堂教学改革的要求和各学科的特点。在建立教学评价体系时，要有相应的理论依据，每个项目要有相对独立的、准确的科学含义。在确定各项评价标准时，要考虑到指标本身的科学内涵和操作的方便实用。教学评价的方法要力求科学、完整。在评价过程中，要根据教学目标与教学的管理要求，注意从教学过程入手，从教学的计划设计、备课上课、批改作业等方面进行。在评价信息搜集、处理上，要力求全面、客观、公正，注意其可靠性和合理性。教学评价只有坚持科学性原则，反对形式主义，才能真正起到评价的作用，调动师生的积极性、主动性和创造性，提高教学质量。

4. 客观性原则

教学评价必须采取客观的实事求是的态度，要客观地反映被评价对象的真实价值，不能主观臆断或掺杂个人感情。在编制评价指标体系时一定要进行深入的调查研究，广泛征求老师的意见，使评价指标体系尽可能准确地反映教学实际情况。在评价过程中，评价者要熟悉评价指标体系和指标的界定，并严格按标准实施。确定评价标准时，不能为了照顾某个评价对象，把不应列入的条件列入；也不能为了排斥某一评价对象，把不应列入的条件列入。标准一旦确定，任何人都不能随意改动。如果教学评价是客观的，就会激发师生教与学的热情；如果教学评价是不客观的，就会挫伤师生的积极性。因此，客观性原则对于教学评价至关重要。

5. 整体性原则

教学是教师的教与学生的学的双边活动，也是促使学生的知识、能力、智力、品德发展的过程。构成教学过程的诸多因素如师生、教材、设备等，不仅各自发挥作用，而且相互关联、相互影响，形成整体的功能。因此，教学评价时要注意影响教学质量的诸因素及它们之间的联系，要抓住主要矛盾，全面系统地进行分析评价。在确定指标时，要从整体出发，分析各个因素在教学过程中的地位和它们之间的联系，根据各自在教学过程中的作用及其效应，确定指标及其权重。在评价时，要注意教与学、传授知识技能与能力的提高和智力的发展、教学与教育这三种主要关系处理得是否恰当。在评价时，还要注意教学安排是否符合学生的认识规律，教师、学生、教材、设备之间的关系是否达到了整体优化。

评价要关注学生整体，教师设计的教学活动应该面向全体。每个学生都有其优势和弱势品质,每个学生都有可资发展的潜力,只是表现的领域不同而已。这就需要我们的教师在教学活动中从不同的视角、不同的层面去对待每一个学生,设法促进其优势智力领域的优秀品质向其他智力领域迁移,扬长避短,最大限度地调动学生的积极性,使每个学生都有所获。

6. 目的性原则

教学评价实际上是一种管理手段,每一次评价就是对教学进行一次调控。目的性原则是指在进行评价时必须有明确的目的。每一次评价一定要有具体目的,不能为评价而评价。评价的具体目的决定着采用什么样的评价标准,也决定着评价的具体做法。教学是一种有目的的活动,评价绝不能随心所欲,愿意评什么就评什么,也不能愿意怎么评就怎么评。如评价教师,评价的目的在于增强教师的责任感,在评价时,无论是标准的选择,还是评价过程的掌握,都应突出职责标准。如果评价的目的在于了解学生知识掌握情况,那么评价标准与评价过程都应突出"双基"标准。

7. 可行性原则

教学评价要从当地教学实际情况出发,评价的内容、方案、指标、办法等都要符合当地的具体条件,能够实行。在编制评价指标体系时,要充分考虑当地教学实际水平。过低,起不到评价的激励作用;过高,绝大多数教师经过努力也达不到,会使教师失去信心和兴趣。评价的方法要简便易行,能为教师、教学研究人员和学校领导理解、掌握。

课堂教学评价标准应满足当前社会的迫切要求,符合当前教育改革的发展趋势,同时应具有可操作性,尤其是新的课堂教学评价更多涉及人的精神状态和心理变化,评价标准呈内隐状态,因此评价的可操作性就显得特别重要,否则再好的评价标准也得不到真正的实施。

8. 评价和指导相结合原则

评价是按照一定的原则、标准对评价对象已完成的行为做出肯定或否定的判定,使被评价者从中受到启发和教育。指导是评价的继续和发展,它把评价的结果上升到一定的理论高度加以认识,并根据评价对象所具有的主客观条件,从实际出发,使评价对象能掌握自身在今后一个时期内发展的方向。从教学管理上讲,有对教学问题的评价,就有对教学问题的指导,否则评价就失去了意义和价值。从评价到指导,再从指导到评价,循环往复,这是提高教学质量、保证教学沿着科学轨道发展的关键。

总之,教学评价是整个教学工作的一个重要组成部分,所涉及的内容很广泛。它不仅体现在对教师与学生的评价,体现在对具体的课堂教学过程、教学设计、教学手段、教学方法、教学内容等的评价,而且还涉及对与教学活动和教学效果紧密相关的教学管理、教研室建设、办学水平等情况的评价。评价的作用在于促进教师也包括评价人员自己的发展，共同提高教学技艺。

二、国外职业教育教学评价模式分析

教学评价的模式是相对固定的评价程序，它是在一定的理论指导下对教学评价的基本范围、内容、过程和程序的规定。西方的职业教育教学评价模式已在较大范围内被使用，并得到实践的验证，具有较高的指导性。这里介绍的 CBD 模式、德国“双元制”模式、MES 模式以及澳大利亚 TAFE 模式中的教学评价模式都具有代表性。

（一）CBE 模式

CBE（Competency Based Education）意为“以能力培养为中心的教育教学体系”。该模式是美国休斯敦大学以著名心理学家布鲁姆的“掌握性学习”和“反馈教学原则”以及“目标分类理论”为依据，开发出的一种新型教学模式。加拿大是 CBE 的发源地，而社区学院是其主要载体。该模式主要在加拿大、美国、英国、澳大利亚等发达国家被广泛运用，20 世纪 90 年代初逐渐推广，现在已有 30 多个国家和地区学习和运用 CBE 模式。

CBE 模式的原理是：1）任何学生如果给予高水平的指导都可以熟练地掌握所学的内容；2）不同学生学习成绩之所以不同是因为学习环境不充分，而不是学生本身的差异，大多数学生若有适合自己的学习条件，在学习能力、学习进度、学习动力等方面都会很相似；3）教育工作者应该重视学，而不是重视教；4）在教与学的过程中，最重要的是学生接受指导的方式、方法和指导质量。

CBE 模式对教学评价是这样规定的：

① 以职业能力作为评价标准。这里的能力，是指一种综合职业能力，包括四个方面：知识（与本职相关的知识领域）、态度（动机、动力情感领域）、经验（活动的领域）、反馈（评估、评价领域）。这四个方面都能达到方构成一种专项能力，一般以一个学习模块的形式表现出来。这种职业分析工作、综合能力与专项能力的确定，是由来自企业的专家和课程设计的专家组成顾问委员会完成。

② 以能力作为教学的基础，而不是以学历或学术知识体系为基础。因此，对入学学员原有经验所获得的能力经考核后予以承认，可以用较短的时间完成原定课程。

③ 强调学生自我学习和自我评价。教师是学习过程中的管理者和指导者，负责按职业能力分析表所列各项能力提供学习资源，编出模块式的“学习包”、“学习指南”，集中建立起学习信息室。学生要对自己的学习负责，按学习指南要求，根据自己的实际制订学习计划，完成学习后，先进行自我评价，认为达到要

求后，再由教师进行考核评定。

（二）德国"双元制"模式

"双元制"是德国职业教育的主要形式。所谓"双元制"是一种职业教育制度的简称，是指职业教育中政府与企业合作、企业和非全日制职业学校合作培养专业技术工人的双元组织形式。受培训者以徒工身份在企业中接受实践技能培训，同时又以学生身份在非全日制职业学校中接受与职业相关的专业理论教育和文化教育。这两部分学习内容和形式的相对存在，构成了"双元制"职业教育模式的基本框架。企业培训由联邦政府主管部门负责，执行其颁布的培训条例和培训框架计划。职业学校教育的组织管理则由各州负责，教学遵循各州文教部长联席会议制订的框架教学计划。而这一教学计划又是与上述培训条例和培训框架计划相互协调的。在培训时间的分配上，企业每周3—4天，职业学校每周1—2天；在教育经费分担上，企业职业培训的费用大部分由企业承担，职业学校费用由国家及州政府承担。这充分体现了"双元制"以企业和实践为主的原则。这种形式使学生在学习的同时获得职业工作经验，尤其有利于学生个人实现从基础教育到职业教育、从职业教育到就业这两个转变的平稳过渡，与学校型职业教育形式相比，它将学生在企业中学习实际操作和在职业学校中学习理论知识交叉结合进行，是一种工读交替的学习培训制度。

"双元制"职业教育模式中的评价机制是这样描述的：

① 理论与实践相结合，突出职业能力培养。

② 学校、企业和职业咨询机构相互合作，企业参与对学生的评价，对促进学生有针对性的职业培训和顺利就业起到了十分重要的作用。

（三）MES模式

国际劳工组织推荐的MES模式，打破了传统的学科理论体系，提倡按专业的实用要求重新组合课程，将知识和技能融为一体，整个教学或培训过程都是以现场教学为主，以实际操作、技能训练为核心，职业岗位的针对性极强。这种模式无论是教学原则、教学（培训）目标还是课程设置、教学（培训）大纲、教学方法等方面都不同于传统的模式，实践证明有其优越性。MES模式于1987年通过国际劳工组织引入我国。对于该模式，国家没有采取行政手段和财政支持，而是鼓励有关单位自行采用。十几年来，我国在推广运用MES模式开展技术培训工作方面取得了很大成绩。

MES模式下的学生评价特点是具有评估反馈系统，对社会生产和经济发展有快速反应的能力。

（四）澳大利亚TAFE模式

TAFE（Technical and Further Education）意为技术与继续教育，是澳大利亚的

职业教育特色模式。可以这样比喻，TAFE 是中国的职业学校、技校、中专和高等专科学校的综合体。在 TAFE 中，有修读专科课程，有给曾经失学又想重返校园的学生补修的高中课程，有为海外学生补习英语的 ELICOS(English Language Intensive Course of Overseas)英语课程，也有为当地失业者提供职业技能的培训班。

TAFE 是一个由澳大利亚政府直接经营和管理，为全国提供职业教育和培训的教育体系。该体系在澳大利亚全国范围内得到认可并互通，由它颁发的学位证书被澳大利亚各大学所认可，文凭是全国通用的。TAFE 开始于中等教育后期，重点在于高中后的职业技能培训。就读 TAFE 的主要目的是获得职业技能后就业，学习内容以行业应用性为主，大多数学生为在职学习。

澳大利亚 TAFE 学院的成功，关键一条是树立了终身教育的理念。基于这一理念，TAFE 学院明确提出技术教育与继续教育相结合，学历教育与岗位培训相结合，以及实行柔性的教育培训方式等措施。

所以 TAFE 模式的学生评价突破传统一次性教育的局限，建立了“学习—工作—再学习—再工作”的终身教育和评价模式。评价学生不再被局限于学历教育的框架里，其重点真正从以传授知识为中心转到了以培养实际工作能力为中心。

上述国外成功的教学评价模式突出了有效实践的必要性，这为我国改革传统的教学方式提供了很好的借鉴。技能型人才教学评价体系的建立应该以专业技能考核为核心，构建知识、技能、职业道德、身心素质为一体的全面人才评价体系。技能型人才不是被简单地安排到某个固定岗位，而是以专业技能为核心，在具备多方面的知识、能力和素质基础上，能够很快成长为具有应用能力和创新能力的高级技能人才。

三、 培养地方性技能型人才教学评价体系的构建

培养地方性技能型人才的教学评价是一项理论性和技术性很强的工作，必须明确教学评价的目的、评价主体、评价内容和评价方式。

首先，培养地方性技能型人才的教学评价是为了学校的建设发展、服务于地方经济和提高学生的技能水平，中央和教育部的多项指示都明确了职业教育是为了培养社会有用的人才，是服务社会需要的教育，是就业的教育。从学校的建设发展来看，通过教学评价，以评促建。根据学校整体就业率和就业质量的高低，可以反映出学校教师的专业水平、教师专业水平结构的合理性、办学模式、管理方式以及实训基地建设等方面的情况，最终有利于学校在以上各方面建设的完善，提升学校的总体水平，特别是提升学校的可持续发展能力。从服务于地方

经济来看,教学评价是检验学校“产品”(学生)合格与否的重要环节,确保学生技能过硬,专业够专,为企业录用合格的技工人才提供保障,从而帮助地方企业良性发展和壮大,为地方经济添砖加瓦。从学生自身的发展来看,教学评价注重学生技能能力的提升,通过加强实践能力的检查和考核,促进学生的自我完善和提高。

其次,教学评价的主体是多元的,包括学校的教师和学生、社会和企业以及学生家长。以培养技能人才为目标的教学评价要求评价主体不仅须要掌握基本理论知识,还须具备相应的职业技能认知水平和评判能力。那么学校里具备专业技能能力的教师和学校外用人单位的主体地位就显得非常重要。一方面,职业教育教学的主导还是教师,教师是教学的当事人和执行者,但是由于职业教育包括理论与实践两个环节,其最终目标是就业,而实践技能直接影响到学生的就业,所以,加强专业教师的培养尤其重要。另一方面,教育工作的基本矛盾是学校教育同社会需要之间的矛盾,检验、评估学校办学水平和教育质量的主要标准是社会实践效果。把企业评价标准和方法融合到学生评价中,可以引导教师和学生按照企业要求进行教学,促进教学质量的提高。

再次,以培养地方性技能型人才为目标的教学评价要以体现学生的技能水平、求职能力、职业生存能力以及创业能力为主体,应该涵盖以下内容:1)专业技术知识和能力。2)生产管理能力,合作、沟通交流等相关能力。3)敬业、乐业等良好的职业素质。4)创新精神、创新意识和创新能力。5)特长能力。这是最能体现个性特点的方面。6)良好的身心素质。健康的体魄,是胜任工作岗位的基础;良好的心态,是正确对待工作任务的心理保障。

最后,在此基础上构建的教学评价体系应该是包括专业技能能力的全面评价体系、培养职业素质的职场化评价体系和考评组织实施全员参与的全员评价体系。

（一）构建专业技能能力的全面评价体系

目标是培养具有合格专业能力的技能型人才。评价的主要内容是专业理论知识水平、技能运用的实践能力、研究和开发新技能的创新能力。

1. 专业理论知识的考评

(1) 考评内容:包括专业基础知识、专业必修知识和专业选修知识。

(2) 考评方式:主要是试卷考试,试卷内容是客观题与主观题。

(3) 权重占40%,以终结性考评为主,平时多次的阶段性测试为参考。

2. 专业技能的考评

(1) 考评内容:包括过程与方法的实践运用能力、问题的研究与分析能力、成果的调试与检测能力。

（2）考评方式：常用的有作品（产品）评价法、实物测验法、现场操作测验法以及职业资格证书考试。

（3）权重占60%。

（4）考评组织：作品（产品）评价法要求学生运用知识、经验，设计并制造完成一件作品（产品），教师依据作品（产品）的功能及精确度等特性予以评定成绩；实物测验法则让学生识别实际工具、材料或样品，写出或说出其名称，回答关于实物的相关问题；现场操作测验法是让学生在实际或控制的情景下，完成一项或多项的技能操作，通过考察操作过程中的规范性和实际效果进行考评。

（5）考评工具：采用标准化的量表对过程和成果进行评分，结果分为优秀、达标、不达标。对于不达标者给予重新训练再进行考核，直至达标。

（二）构建职场化的职业素质的评价体系

职业素质是劳动者对社会职业了解与适应的一种综合体现，其主要表现为：身体素质，指体质和健康（主要指生理）方面的素质；心理素质，指认知、感知、记忆、想象、情感、意志、态度、个性特征（兴趣、能力、气质、性格、习惯）等方面的素质；政治素质，指政治立场、政治观点、政治信念与信仰等方面的素质；思想素质，指思想认识、思想觉悟、思想方法、价值观念等方面的素质（思想素质受客观环境等因素影响，例如家庭、社会、环境等）；道德素质，指道德认识、道德情感、道德意志、道德行为、道德修养、组织纪律观念等方面的素质；科技文化素质，指科学知识、技术知识、文化知识、文化修养等方面的素质；审美素质，指美感、审美意识、审美观、审美情趣、审美能力等方面的素质；专业素质，指专业知识、专业理论、专业技能、必要的组织管理能力等方面的素质；社会交往和适应素质，主要是语言表达能力、社交活动能力、社会适应能力等方面的素质；学习和创新方面的素质，主要是学习能力、信息能力、创新意识、创新精神、创新能力、创业意识与创业能力等方面的素质。

1. 学生职业素质的体现

学生的职业素质评价一般包括出勤、纪律、活动参与度、作业完成的数量和质量、课堂聆听与笔记认真度、主动性、配合度、人际和谐度与合作能力等方面的评价。

2. 考评方式

运用考评量表、行为档案进行全程考评。考评中重绩效成果，特别成绩取得者可破格为优秀，比如获得省级以上优秀成果；非常注重素质的表现，通过日常的行为表现来考评。课堂学习行为表现是基本考评标准，如果没有达到基本要求，则以不达标论处。

（三）构建全员评价体系

1. 校内的老师、学生考评与自我评价

考评者除了老师还有学生主体参与，老师除了直接授课老师还包括其他老师，学生考评者由学生代表、班委会组成，他们共同考评。同时应积极听取学生的自我评价。

2. 实习单位、职业资格证考评

学生进入实习期，考评者就变成了实习单位，由其对学生在实习过程的各方面职业素质与专业技能进行全面考评。另外，还应该将学生考取的职业资格证书作为考评的依据之一。

第五章 职业学校培养地方性技能型人才的保障

第一节 职业学校培养地方性技能型人才的战略规划

职业学校地方性人才的培养是职业学校的必然选择。职业学校应充分利用内部和外部条件,制定地方性技能型人才培养的战略规划,选择和确定人才培养的总体目标,制订和选择实现目标的行动方案。

一、战略规划的主要内容

总体而言,职业学校培养地方性技能型人才的战略规划主要包括制定战略的依据、战略目标、战略方针、战略措施、战略实施等内容,这些是职业学校培养地方性技能型人才战略规划的关键问题。

1. 制定战略的依据。制定战略的依据是职业学校培养地方性技能型人才的基础。职业学校培养的地方性人才是为本地区的经济发展服务的,制定人才培养的战略依据是本地区的经济发展水平、产业结构情况、资源状况、人口状况和教育资金。

2. 战略目标。战略目标是发展战略的核心,是战略思想的集中体现,一般表示战略期限内的发展方向和希望达到的最佳程度。地方性技能型人才培养的目标是一个长期的目标和总体方向,按照期限可以分为短期、中期和长期目标。根据地方性技能型人才培养的规律,短期目标,一般1年左右;中期目标,一般3年左右;长期目标,或叫远期目标,一般5年左右。战略目标的制定要注意三点:第一,目标要适中,既要有难度、挑战性,又要有可行性。目标偏低,没有难度或者是挑战性,调动不了各方的积极性。目标过高,脱离实际,无实现的条件与可能,人们会失去信心,也不会为之奋斗。因此,最合适的目标既不是唾手可得的,也不是高不可及的,而是通过努力可以达到的。第二,地方性人才培养的各主体要相互关联。职业学校技能型人才的培养不是通过某个人或者某个部门就能实现的，需要各相关主体之间的共同努力。因此，各时期各部门之间的目标必须相互衔接，共同实现人才培养的目标。第三，突出重点，不包罗万象。战略目标是人们为实现战略目的所设想的标准。它既体现战略所追求的方向，又预示着战略活动所要达到的结果。而人们的追求是多元的，是可以不断提高和具有拓展性的。战略目标不可能也不应该包罗万象，要突出重点，提纲挈领。没有重点，就没有战略目标。地方性技能型人才培养战略目标的重点就是要提高学生的应用型技能，为地方经济发展服务。

3. 战略方针。战略方针是指实现战略目标总的策略、总的原则，是规范职业学校地方技能人才培养行动的指南。职业学校地方性技能型人才培养的战略方针应是坚持服务本地产业，协调学校专业设置与地方产业结构的关系，师资的培养和品牌专业的建设应坚持与地方经济紧密结合。

4. 战略措施。战略措施是实施战略目标的步骤和途径，是实施战略的手段。制定战略措施，就是把比较抽象的战略目标、战略方针进一步具体化的过程。职业学校地方性技能型人才培养的战略措施包括教学管理、人才培养方案制订、校本课程开发、优化评价体系等手段。

5. 战略实施。教育管理部门和职业学校是落实地方性技能型人才培养战略的主体，应该及时把制定的战略付诸实施。教育管理部门和职业学校应把工作重点放在四个方面：一是落实战略目标所规定的工作任务，并把这些任务分配给各个行为主体；二是要根据地方性技能型人才培养的情况，及时调整行为主体；三是要做好地方性技能型人才各培养主体的选择、管理工作；四是要及时将战略实施中的信息反馈到战略管理系统之中，确保对战略实施活动进行有效控制，并根据情况的变化修订原有的战略，或制定新的战略。①

二、职业学校地方性技能型人才培养战略的分析和制定

（一）地方性技能型人才培养战略分析的基础

战略分析是制定地方性技能型人才培养战略的基础。进行地方性技能型人才培养的战略分析，一般应该对职业学校所处的宏观环境、教育行业环境和内部条件进行分析。

（1）职业学校的宏观环境。职业学校所处的宏观环境是指影响职业学校地方性技能型人才培养的市场机会或社会力量，它们直接或者间接地影响地方性人才培养的战略管理。影响地方性人才培养的主要因素有国家或地方政府的政

---

① 吕静锋：《区域中等职业教育可持续发展研究》，北京：人民出版社，2009 年，第 199 页。

策、地方经济实力、企业的人才需求等。对地方性技能型人才培养宏观环境的分析和认识，可以使职业学校识别外部环境的变化和趋势，了解所面临的机会和威胁。

（2）职业学校的行业环境。职业学校的行业环境是职业学校人才培养的最直接的环境，对职业学校的生存和发展会产生机遇和挑战。我国的教育结构从层次上可以分为高等教育、中等教育、初等教育和学前教育四个层次，从类型上可以分为普通教育、成人教育、岗位培训等几个类型。目前，我国的普通教育、成人教育、岗位培训等几个类型也都含有中等职业教育，同时中等职业教育又和高等职业教育有着紧密的联系。认真分析职业学校所处的行业环境对制定和实施职业学校地方性技能型人才培养战略具有十分重要的意义。

一般而言，进行教育行业分析的主要内容有：1）中等职业学校在行业中的定位；2）分析教育行业的演变过程，了解发生问题的基本原因，预测教育行业近期发生演变的可能性，及预测这些变化给中等职业学校会带来哪些机遇和挑战；3）分析教育行业动态，主要是分析教育行业的长期动态、行业竞争状况等。

（3）职业学校的内部条件。职业学校的内部条件是职业学校地方性技能型人才培养的基础。对职业学校宏观环境和行业环境进行分析，有助于职业学校识别“能够做什么”的问题。对职业学校所具备的师资条件、实训基地设施等内部条件进行分析，可帮助职业学校决定“能够做什么”及如何发挥其竞争的优势。

（二）职业学校地方性技能型人才培养战略的制定

职业学校地方性技能型人才培养战略的制定实际上就是在战略分析的基础上对职业学校未来的发展做出调整的过程，包括战略问题的识别、战略方案的制订、战略方案的选择、战略方案的实施等。从地方性技能型人培养战略开发的中心点来看，地方性技能型人才战略模式可以分为以下几种：

（1）核心能力战略。核心能力战略是以能力的开发、管理、使用为重心的战略。职业学校地方性技能型人才培养核心能力战略是要充分利用本地的资源，注重提高职业学校的核心竞争力。

（2）以学习为基础的战略。在知识经济时代，职业学校要在市场上保持竞争优势，必须要具有知识、技术的持续创新和开发能力以及应用于人才培养的能力，这也是职业学校保持持续发展活力的基础。学习能力是保持职业学校适应地方经济、实施人才培养方案的重要条件。以学习为基础的战略就是以职业学校管理人员和教师不断学习、不断创新为基础的战略。

（3）以地方经济为基础的战略。中等职业教育具有鲜明的地方性。以地方经济为基础的战略是强调把地方经济作为中等职业教育人才培养的基础。这种战略要求职业学校认识到地方经济的产业结构和人才需求是影响职业学校人才培养的决定性因素，学校的人才培养要对地方经济的变化迅速做出反应。同时，职业学校要充分提高学生的就业能力以提升其在就业中的竞争力。

（4）以效率为基础的战略。以效率为基础的战略是强调中等职业学校地方性技能型人才培养运作的效率和有效性，并把运作的效率和有效性作为职业学校增强竞争优势的基础。效率不仅关系到战略的执行，其本身也是一种战略模式。当其他所有条件相同的情况下，效率就是职业学校人才培养的有力武器，职业学校的人才培养一旦确定了目标，以效率为基础的战略就能迅速有效地保证将之付诸实践。

以上几种战略模式是从战略开发重心角度来看的，地方性技能型人才培养战略从不同的角度出发有不同的模式选择。这些战略模式的选择应根据中等职业学校自身的特点和优势及其外部环境来确定。根据实际情况，这些战略还可以相互组合，形成战略组合，其主要形式是以一种或两种战略为核心，同时辅之以其他战略模式。

三、昆山市出台《花桥经济开发区国民经济和社会发展第十二个五年规划纲要》

2010 年，花桥经济开发区政府正式出台《花桥经济开发区国民经济和社会发展第十二个五年规划纲要》（以下简称《纲要》）。《纲要》作为“十二五”时期（2011－2015）各项工作的指导性文件，总结了花桥经济开发区人才保障的问题，包括人才招聘、培养培训和储备体系不尽完善、高素质人才特别是领军型创新人才和团队不多、人才发展的具体措施，为职业学校地方性技能型人才的培养提供了重要的战略指导和保障。主要包括以下几方面：

（一）指导思想和基本原则

《纲要》以邓小平理论和“三个代表”重要思想为指导，深入贯彻落实科学发展观，以推动科学发展为主题，以加快转型发展为主线，以富民惠民为根本，围绕建设“国际、科技、生态、人文、宜居”商务城的目标，着力推进产业集聚、城市集聚、功能集聚、人才集聚，使花桥经济发展更具活力，城市功能更加完善，生态环境更加优美，人民生活更加富裕，全面建成国际有影响、国内称一流的国际大都市的卫星商务城。

（二）主要任务

完善“政府、企业、高校、培训机构”四位一体的育才体系，并建立“校、网、市、猎、教”五位一体的引才体系。具体来说，“校、网、市、猎、教”引才体系是以校园招聘、网络招聘、人力资源市场现场招聘、猎头公司招聘、高教中心招聘为主体模式的人才引进体系。

（三）人才发展主要举措

人才是发展之保证。坚持“人才强区”和“人才优先发展”战略，深入实施“人才倍增计划”和“人才腾飞计划”，建设一支创新活力最强、创业素质最强、创优能力最强的新人才队伍。到2015年，实现新增各类人才10万人以上，其中领军型人才和创新团队人才20名、外国专家200人，以人才集聚引领和支撑转型发展。

1. 实现人才培养本土化

吸引国内外知名大学或培训机构入驻商务城，在昆山或花桥建成1—2所适合商务城产业发展需求的高等院校，形成人才资源本土化培养支撑载体。引导昆山籍优秀高中毕业生报考现代服务业的相关专业，并向商务城服务业企业集聚，到2015年新增昆山籍优秀服务业人才3 000人以上，形成人才资源本土化输送渠道。支持现有居住人才在商务城创业就业，建立街道—社区—楼宇三级人才招聘服务模式和常住人才就业绿色通道，形成人才资源本土化转移机制。

2. 实现人才引进定制化

全面建成“校、网、市、猎、教”引才体系，5年内建成300家人才合作院校网络，全方位开展人才输送和培养的长期合作。形成完善的人才定向培养输送模式，建成以“2+1+1”、“企—校、校—校、企—企”以及订单式、双证书、学分互换等为主体的“高校—培训机构—企业”三方互动培训模式。到2015年实现人才定向培养输送10万人以上。

3. 实现人才使用生根化

形成完善的居住环境，构建人才住房体系，全面建成65万平方米以上的人才专项用房和50万平方米以上的人才公寓住房。基本建成生活功能设施齐全的生活圈，最大限度地满足各类人才身心健康的需求和交流、学习、娱乐等社会需求。形成科学的成本控制机制，营造一流的政策、资本、服务、功能和人文环境，让人才更好地生根发展。

4. 实现人才服务专业化

成立人才发展研究机构，开展人才工作战略研究，为人才服务出谋划策。建立人才服务中心，开辟人才招聘、培养培训、就医入学、户籍转移、签证办理、租房购房等人才服务绿色通道。建立科技研发平台，强化博士后工作站建设和运作，推进人才科研成果转化。举办精英创业周、联谊会、人才沙龙等活动，为各类人才营造人性化的社会氛围。

5. 实现人才信息集成化

建立国内外高层次人才信息库，形成《高层次人才开发目录》，实现高层次人才及时动态管理，以高素质人才队伍建设带动战略性新兴产业发展。建立高校人才公共信息库，汇集国内至少200所高等院校的人才信息，实现企业需求和高校供给的“无缝”对接。建立外部网络信息库，与中智招聘、外服中国、前程无忧、智联招聘等国内知名招聘网站开展合作，建立人才信息搜索机制和人才信息库，实现人才资源的网络储备。

6. 实现人才培训系统化

形成多层次的人才培训体系，构建以国内外知名培训机构为主体的高端人才培训层级，以国内高等院校为主体的中端人才培训层级，以职业类院校为主体的一般人才培训层级，形成高、中、低端层次完备、专业完整、功能完善的人才培训体系。形成多元化的人才培训模式，建立与高等院校合作的院校培训模式，建立与培训机构合作的基地培训模式，建立利用企业成熟培训资源开展定制化培养的企业内训模式和通过网络或视频进行远程培训的在线培训模式，形成以中国服务外包人才培训中心为基础，多方参与的开放式人才培训平台，五年培训现代服务业人才3万人以上。

第二节　职业学校培养地方性技能型人才的建章立制

一、职业学校规章制度的内涵

职业学校不是一个独立的组织，而是社会组织系统的一个重要组成部分。因而，其管理离不开制度的保障。行之有效的管理制度对于正确调整学生与学生之间、教师与学生之间以及学校内部各部门之间的关系，维持良好的教学秩序，激发管理者及师生工作、学习的积极性、创造性，最终实现职业学校为地方培养技能型人才的目标。

具体而言，职业学校地方性技能型人才培养的规章制度是为了实现教育目的，按照一定程序制定的“对学校各项工作和各类人员具有普遍约束力的条例，规定和办法等”。其体现了学校各项工作的制度化和规范化，是职业学校实现地方性技能型人才培养的前提，对人才培养具有重要的保障作用。在职业学校管理中，要把规章制度的建立放在学校建设的重要议程之中，要把学校里的教师、学生、教室、实训基地、图书馆等，根据人才培养的需要，进行优化组合。要保障职业学校地方性技能型人才的顺利培养，实现人才培养的目标，就必须制定一套切实可行的规章制度。这些规章制度是教师和学生行为的依据，也是保障教师和学生权利的工具。

职业学校规章制度建立的目的不是用来束缚教师和学生，而是学校正常运营的工具,但在现行的立法体制下,其并不是法律的一部分。但是,学校制定的规章制度与现行法律、法规和行政规章结合起来可以更好地贯彻执行,保证它们在全校范围内的统一实现。从内容上看,规章制度所规定的内容必须是在法律允许范围之内,法规和行政规章作了具体和执行性规定的。可见,学校的规章制度是我国教育法律体系的有益补充。

按照规章制度制定的主体,可以将职业学校的规章制度划分为两个部分:一是上级主管部门制定的,所有学校都要执行的规章制度,如《中学生日常行为规范》;二是学校在其职权允许范围内,根据实际需求而颁布的规章制度,如花桥国际商务城中等专业学校颁布的《"双师型"教师队伍建设方案》。

价值取向是职业学校规章制度建立的首要考虑因素,也是职业学校规章制度建立的依据。通常情况下,根据价值取向的不同维度,可以将职业学校规章制度的价值划分为两种不同类型,即工具性价值和目的性价值。工具性价值是指职业学校规章制度要保障教学活动井然有序进行,这是规章制度要达到的首要目的。目的性价值是指职业学校地方性技能型人才培养的价值,体现在职业学校的规章制度运行之中。工具性价值和目的性价值共同体现了职业学校规章制度的价值取向,其中工具性价值保障目的性价值的实现,目的性价值是职业学校规章制度建立的归宿,体现着职业教育的本质。

第一,职业学校规章制度的工具性价值。规章制度是职业学校教育活动中必不可少的工具和手段,可以保障职业学校良好的教学秩序,消除不良的教学秩序对培养地方性技能型人才的影响。在职业学校地方性技能型人才培养过程中,教师拥有维持教学活动秩序的权力,而这种权力必须通过规章制度的保障才能顺利实现。规章制度的建立要使教师可以根据人才培养的需要,对学生的违规行为采取合理的措施。因此,为了维持正常的教学秩序,规章制度要对学生违规行为的制裁与处罚进行明确的规定。但是,规章制度不能仅是学校领导和教师需要的体现,更须要得到全体学校成员的一致认可,不能一味束缚学生的行为,要体现教师和学生共同的追求和理想。只有建立在师生共同意愿基础之上的规章制度,才能更加具有权威性,才能顺利实施,从而保障地方性技能型人才培养目标的实现。

第二,职业学校规章制度的目的性价值。职业学校规章制度的目的性价值就是指规章制度是建立在对个体的尊重和保障地方性技能型人才培养目标实现的基础之上的。职业学校地方性技能型人才培养应使全体师生,无论学生成绩好坏和教师职称高低,都享有平等的权利,体现全体师生的自由和平等。其实,规章制度和保障师生自由是并不矛盾的,规章制度的建立就是为了保障师生的自由,只有在规章制度范围内进行的自由才是职业学校师生真正的自由。在职业学校地方性技能型人才培养过程中，规章制度要保障学生学习的自由、教师教学的自由和管理者享有规定的管理权力的自由。

总之，职业学校规章制度的工具性价值与目的性价值既有区别，又相互联系。目的性价值的体现离不开工具性价值，而目的性价值又是工具性价值存在的根据和基础。此外，由于目的性价值是职业学校地方性技能型人才培养的最终目标，所以它比工具性价值更具有优先性。

二、职业学校地方性技能型人才培养的规章制度建立原则

职业学校在地方性技能型人才培养的教育教学和管理过程中，总会遇到许多矛盾和难题，这些问题的正确处理可以提高教师和管理者的工作效率和学生的学习效率，为地方性技能型人才的培养打下良好的基础。因此，这些问题的正确处理是职业学校人才培养中的重要议题。

行之有效的规章制度能够帮助正确处理生生之间、师生之间的关系，确保教学秩序良好，正确处理学校内的各种矛盾和难题。除此之外，良好的规章制度可以激发管理者和师生的积极性和创造性，促进学校发展。哈佛、耶鲁等世界知名大学都有一套行之有效的规章制度，将规章制度看作是学校一切工作的准则，甚至将其比作“圣经”。规章制度不仅对大学来说意义重大，对职业学校地方性技能型人才的培养也至关重要。因此，职业学校应当重视并加强规章制度建设，将其作为评价和考核的标准，并根据其实施情况及时调整。职业学校规章制度的建立应坚持一定的原则，具体来说包括以下几点：

（一）合法

合法是职业学校制定规章制度的首要原则。职业学校的规章制度必须建立在法律范围之内，坚持依法治校。具体来说，依法治校由主体、内容和客体三个部分组成，是教育关系在法律上的体现。依法治校的主体是指以各种方式参加这一法律关系，并在其中享受权利和履行义务的当事人，它应当包含教育行政部门、学校、教师、学生等。学校的规章制度必须依法进行制定，并根据相关法律法规的变化而做出相应的调整，这也是职业学校规章制度科学性、规范性和稳定性的体现。

（二）以人为本

学校规章制度的建立须坚持以人为本的理念，坚持人性化管理。“以人为本”是职业学校规章制度建设的根本要求，是职业学校教育教学活动的基本要求，它强调的是各种规章制度的建立和实施必须以全体教师和学生的发展和利益为前提。职业学校规章制度的合法和合理性离不开以人为本，其认可也离不开以人为本。具体来说，以人为本主要包括两点：

第一，规章制度的建立要突出行为主体权利，包括教师和学生的权利。权利和主体是密不可分的，权利是教师和学生的权利。职业学校的规章制度应保证维护师生的主体地位，保障师生的权利。

第二，规章制度的建立要体现对个体差异性的尊重。联合国教科文组织强调要使学生的个性在教育中获得充分的发展，并提出了“教育即解放”。学生是有个体差异性的，并可以在与他人交往的过程中表现出来，每个学生都有自身的个别性和独特性。在知识经济社会中，人要获得全面发展，必须尊重人个性的发展，使其创造性和开拓性得到最大程度的发挥，使学生成为命运的主人。对教师来说，学校为了顺利实现地方性技能型人才的培养目标，必须发挥教师的主动性和创造性，建立积极灵活的激励机制。

（三）刚柔并济

职业学校在地方性技能型人才培养过程中，其管理要坚持刚柔并济的原则，即将刚性原则和柔性原则结合起来。刚性管理就是要建立硬性的规章制度，并且严格执行。所谓硬性规章制度，就是指必须强制执行，并且可以客观判定的规章制度。比如，学校规定周一至周五为学习时间，学生无故不上课就是旷课，教师无故不上班就是旷工，应该受到相应的处理。柔性规章制度就是指对人的行为具有内在导向的、长远的规章制度，属于精神层面的，并不容易进行清晰的划分，是一种隐性的规范，对人的行为产生潜移默化的影响。比如，学校规定，教师要热爱工作岗位、热爱学生、为人师表，学生要团结同学、认真学习。这两种不同类型的规章制度，有着各自不同的作用，但都是不可或缺和不可替代的。职业学校在管理过程中既要注意硬性规章制度的执行，也要重视柔性规章制度的执行，将对教师和学生行为的管理和对师生的思想教育结合起来，重视对教师的师德教育和对学生的品德教育。只有将这两种规章制度结合起来，职业学校地方性技能型人才培养的计划才能顺利进行，形成积极向上的校园文化氛围，使教师和学生主动接受规章制度，顺利实现人才培养目标。

（四）与时俱进

职业学校规章制度通常都是在特定的条件下制定的。随着时间的推移，教育教学条件和人才的培养要求也会发生改变，现行的规章制度可能不再符合法律和社会对人才的要求。因此，职业学校的规章制度应该不断地进步和发展。在法律法规变动之后，相关的规章制度也要发生变动，否则规章制度本身可能就是违法的。在地方经济对人才提出新的要求的时候，规章制度也要随之发生变化，否则就无法实现地方性技能型人才培养目标，阻碍地方经济的发展。因此，职业学校应该根据情况的变化对规章制度不断进行修改和完善，将其当作学校的常规性工作来抓。但是，目前许多职业学校的规章制度并没有与时俱进，所实行的仍是几年甚至几十年都没有变过的制度，有些条款甚至早已失去了意义。这种缺乏与时俱进的规章制度只会成为职业学校地方性技能型人才培养的绊脚石。

总的来说，职业学校的规章制度要适应法律法规和经济的发展变化，并根据其变化进行适当的调整，要坚持以人为本和刚柔并济的原则。这样才能不断提高学校管理水平，以保证职业学校地方性技能型人才培养目标的顺利实现。

三、职业学校地方性技能型人才培养的规章制度制定程序

与所有的规章制度一样，职业学校规章制度的制定必须按照一定的程序进行。具体说来，职业学校规章制度的制定要保障地方性技能型人才的培养，应当包含前期调查、立项审批、起草文件、征求意见、部门会签、独立审核、会议审议、会后修订、领导签发、发布施行等若干环节，各环节之间有其内在联系，不可分割。

（一）前期调查

职业学校规章制度制定的部门，在规章制度起草工作开始前，应充分论证规章制度的可行性和必要性，并制订编排计划。起草部门还应采取书面和座谈会等形式，充分征求师生的意见，发扬民主作风，促进规章制度的制定，并保障其顺利实施。

（二）立项审批

在对职业学校规章制度的必要性和可行性进行充分论证以后，法规部门应对规章制度进行立项审批。立项审批有助于事先发现问题并解决问题，具有重要的现实意义。因此，只有经过立项审批的规章制度才能进入制定环节。

（三）明确价值取向

职业学校规章制度在草拟之前要明确其适用范围、制定目的、预期效果，并做出计划。

（四）确定参加人员

职业学校的规章制度重视所有师生的权利，不是单纯约束师生行为的条例，因此师生应有参与制定的权力，通过调动师生共同参与制定的积极性来调动师生执行制度的积极性，减少师生对规章制度的抵抗情绪。同时，让师生共同参与可以避免一些规章制度产生后形同虚设的现象，让所有师生认识到规章制度的重要性，师生的共同参与，可以维护师生的共同利益，规章制度才能发挥其最大的价值，而非成为师生享有自由的障碍。

（五）起草

起草对于保证规章制度草案的质量有着至关重要的作用，是规章制度制定

的一项基础工作。为了保证规章制度的顺利执行，任何规章制度在起草之前，都应对其有明确的目的和内容要求，职业学校地方性技能型人才培养的规章制度也不例外。除此之外，形成规范文本的规章制度，可以提高其在执行过程中的权威性，促使规章制度的不断完善。

（六）征求意见

征求意见是职业学校发扬民主、坚持师生参与管理的良好体现，这样做能促进职业学校规章制度质量的提高和顺利执行。征求意见可以帮助规章制度的制定者开拓思路、发现问题，提高规章制度的质量。征求意见可以采取多种形式，比如座谈会、论证会、听证会等。同时，规章制度的制定过程中可以征求有关法规部门人员的意见，以避免制定的规章制度与现行的法律法规相冲突。

（七）审议

规章制度在制定成文之后，要将草案交由相关会议审议，对其可行性进行充分论证，并根据与会成员的审议意见进行修改，最终审议同意后交付表决通过。

（八）公布施行

公布施行是指以学校名义公布规章制度并贯彻执行。公布实施规章制度的文件是规章制度重要的组成部分。审议通过的规章制度不仅要在全校范围内公布，还要允许全校师生对其复制或摘抄。此外，规章制度实施的效果取决于人们对制度内化的程度，而不是强硬约束师生执行制度。因此，规章制度公开之后要在全校范围内采取多种形式宣传，通过有效的集体舆论，提高全校师生对其认知程度，增强是非观念和自我控制能力，提高自觉维护规章制度的责任感，形成全校师生共同维护规章制度的良好习惯。

（九）评估、修订

规章制度的制定程序不是随着其公示而结束的，还需学校在公示之后不断对其进行科学的评估，及时获得师生的反馈信息，深入了解规章制度的执行情况，看其是否适应地方性技能型人才培养的需要。如果在施行过程中发现问题，还要进行修订，从而不断完善，为技能型人才的培养提供保障。

综上所述，规章制度的制定必须有一个规范化的程序，在前期调查、立项审批、起草文件、征求意见、审议、公布、评估、修订等环节中处处体现以人为本的原则，使其具有充分的科学性，让学校规章制度真正起到保障地方性技能型人才培养的作用。

资料链接 5-1　花桥国际商务城中等专业学校“双师型”教师队伍建设实施方案

为加强我校“双师型”教师队伍的建设，优化教师队伍结构，根据上级有关文件精神和要求，结合我校实际，特制订本实施方案。

一、充分认识加强教师队伍建设的重要性和紧迫性

“双师型”师资队伍是职业学校建设和发展的关键，是教学的主导力量，是人才培养的质量保证。抓好“双师型”教师的培养，努力提高中、青年教师的技术应用能力和实践能力，是职业学校适应以就业为导向，强化技能性和实践性教学要求，提高教育质量的关键。为此学校要采取切实措施，大力加强“双师型”教师队伍建设，以保证教育质量和效益的不断提高。

二、“双师型”教师队伍建设的指导思想

以“三个代表”重要思想为指导，以《教育部、人事部、劳动保障部等七部门关于进一步加强职业教育工作的若干意见》和《江苏省人民政府关于进一步加快职业教育改革和发展的意见》为依据，以全面提高师资队伍的素质为中心，以加强专业课教师和实习指导教师等“双师型”队伍建设为重点，坚持数量、结构、质量协调发展的方针，深化改革，建立有利于教师资源合理配置和优秀人才脱颖而出的有效机制，建设一支具有现代教育理念、专兼结合、数量足够、结构合理、业务精良、适应社会需求的人才培养的高质量的“双师型”专业教师队伍和业务过硬的技术指导教师队伍。

三、“双师型”教师队伍建设的具体工作目标

1. 健全“双师型”教师管理制度。认真贯彻落实《教师法》《职业教育法》及有关配套法规，按照“用好现有人才，稳定关键人才，引进急需人才，培养未来人才”的原则，结合实际，逐步形成体现职业教育特点的“双师型”教师管理制度体系，使“双师型”教师的任用、培养、培训等工作逐步走上制度化、规范化的发展轨道。

2. 完善“双师型”教师培养培训体系。将“双师型”教师培训纳入教师培训规划，建立符合职业教育特点的教师继续教育进修和企业实践制度。

3. 优化师资队伍素质结构。至2015年，教师学历合格率达98%以上；专业课教师中，具有高级技工、技师、高级技师、工程师等专业技能职称的达到70%以上，其中实习指导教师不低于10%。

四、主要措施

（一）培养培训

1. 在职培养。加强培养在职教师的“双师”素质。对于理论课教师，在不断提高理论水平和学历层次的同时，要求参加学校实训基地和生产一线的实践活动，解决实际问题，从而提高动手能力和操作水平；对于实训课教师，在不断提高动手能力和操作水平的同时，加强专业理论培训，提高学历层次和理论水平。

2. 短期培训。对于具有潜力的中青年优秀教师，有计划、有步骤地选送到国家级或省级师资培训基地和区内外大学进行培训，进一步提高他们的“双师”

素质。

3. 加强校企合作。学校要努力创造条件，积极支持、鼓励教师参加社会实践，把生产实践与教学过程紧密结合，并选聘高素质的企业专业技术人员为专业兼职教师。积极引进既有工作实践经验，又有较扎实理论基础的高级技术人员和管理人员充实教师队伍，通过校企合作教育的实施，企业成为"双师型"教师培养的主要场所，同时也成为专业兼职教师聘任的场所。

4. 鼓励教师自学，获取职业技能资格。鼓励教师参加企业培训工作，获得行业资格证书并参与企业科研项目，促进产、学、研结合。

（二）加快教师学历达标和提高的进程

1. 我校男50周岁、女45周岁以下的专任教师应在五年内参加学历进修，并争取达到法定学历要求。对于不按规定参加学历进修的教师，不得参加学校的评优选先工作。

2. 严格按照《教师法》《教师资格条例》的规定，把好教师入口关，不符合学历标准的人员不得进入学校任教。

3. 积极创造条件，逐步扩大优秀中青年骨干教师在职攻读硕士学位的比例，通过五年努力，使专业教师中具有硕士学位（含在读）的比例达到10%以上。

4. 面向社会公开聘用兼职专业教师和实习指导教师。聘用对象为具有丰富实践经验的技师或高级技师、具有中级及以上专业技术职称的专业技术人员。

（三）实行专业教师职业资格证书制度

1. 凡年龄在50周岁内的我校专业课教师，必须在规定时间内通过由国家劳动和社会保障部门组织的相关专业（工种）职业资格鉴定。

2. 大学本科毕业并从事本专业工作的专业课教师和实习指导教师，应在工作的第2年通过相关专业（工种）中级职业资格鉴定。

3. 取得中级专业技术职务（中级职称）者，应具备相关专业（工种）中级职业资格证书；取得高级专业技术职务（高级职称）者，应具备相关专业（工种）高级职业资格证书。

4. 现在已取得中级职称的教师应在2014年取得相关专业（工种）中级职业资格证书。

5. 现在已取得高级职称的教师应在2014年取得相关专业（工种）高级职业资格证书。

6. 凡一次性通过相关专业（工种）职业资格鉴定的教师，参加培训和鉴定的费用由学校报销。学校只报销一次通过职业资格鉴定的费用。凡参加培训和鉴定但未通过者，其费用学校不予报销。

7. 有关专业课及实习指导课教师，在规定的时间内未通过相关专业（工种）

职业资格鉴定，或虽取得相应职业资格，但不能从事实习实训课的教学，给予以下处理：

（1）不得参加学校及上级的一切评优评先工作；

（2）学校不予推荐晋升高一级专业技术职称；

（3）课时津贴系数降为0.8。

8. 凡取得相关专业（工种）高级工技术等级证书者，实习或实训课课时津贴系数为1.2。

9. 我校专业课教师，每培养一个高级工学生，学校奖励该专业组1 000元，主要奖励给专业课教师。

10. 职业资格证书等级的确认由权威职业资格鉴定部门认定。

（四）建立教师到企业实践和继续教育制度

1. 专业教师每两年必须有二个月以上时间到企业或生产服务一线进行实践，不断提高实践技能水平。到企业或生产服务一线参加专业实践的教师要完成以下几项任务：

（1）开展行业或专业的社会调查，了解自己所从事专业目前的生产、技术、工艺、设备的现状和发展趋势，以便在教学中及时补充反映生产现场的新科技、新工艺。

（2）带着教学中的一些课题，到企业向有丰富实践经验的工程技术人员请教，在他们的帮助下提高嫁接、推广和应用新技术以及进行科研开发的能力，提高教学质量。

（3）加强学校与企业的经常性沟通与联系，积极推进"产、学、研"结合。

2. 专业教师到对口企事业单位进行专业实践列入继续教育内容，折算为继续教育学时。

3. 凡应聘专业课教师（含实习指导教师）的应届毕业生，必须有在企事业单位对口专业（工种）实习的经历。该岗位（工种）已经开考职业技能资格证书的，必须具备与所教专业（工种）对口的中级及以上职业技能资格，方可办理正式招聘录用手续。

4. 专业教师到企业或生产一线参加实践作为学校评选骨干教师、专业（学科）带头人的必要条件。

（五）鼓励教师直接参与技术开发、技术转化与技术改造

1. 学校积极鼓励专业教师走出学校，面向企业，面向生产一线，主动开展科技服务，承担科研项目。通过为企业提供技术咨询，开发产品，转化科研成果，进一步提高自己的专业技能和应用能力。

2. 凡承担科研项目，并按时结题的，学校按规定给予奖励。

3. 凡直接参与技术开发、技术转化与技术改造，研发出新产品，并产生经济效益的，学校将利润的50%奖励给专业组或相关人员。

（六）对“双师型”教师实行规范化管理

建立教师信息数据库，及时掌握专业师资队伍的动态。开展教师队伍建设的科研工作，总结职业学校“双师型”教师培养及成长规律，不断提高职业学校教师队伍的综合素质和专业水平。

五、政策倾斜

学校在职称评聘，骨干教师、专业带头人选拔等方面优先考虑“双师型”教师。

资料链接 5-2　昆山花桥国际商务城中等专业学校实习实训教学管理制度

实习是学生在教师、师傅的指导下，运用所学的理论知识到现场或生产实践中去培养分析问题和解决问题能力的一种实践活动，也是让学生接触实际、了解社会的重要途径，是教学计划的一个重要组成部分和教学环节。为了统一安排，搞好全校各类实习工作，提高教学质量，对学生实习作如下规定。

第一条　实习工作的组织领导

全校实习工作由分管教学副校长领导，教管处协同各专业教研组按教学计划安排和教学大纲要求组织落实好实习工作。各专业教研组具体负责组织落实，做好实习前的各项准备工作，制订实习工作计划，负责检查实习质量、实习总结和交流工作。实习性质、次数、时间与要求，应严格按照教学计划规定进行。

第二条　合理选择实习地点和单位

各专业教研组安排实习场所要本着“专业对口、就地就近、适当集中、固定挂钩”的原则。实习地点（单位）必须具备满足实习大纲要求的生产工艺与设备，能较好地安排实践性教学。对于比较固定的实习，应逐步建立起相应稳定的实习基地，更好地实施产、学、研有机结合，提高实习质量。

第三条　实习准备工作

1. 实习前必须备齐实习资料，包括实习大纲、实习指导书和实习计划。

实习大纲是按照专业教学计划制定的重要指导性文件。大纲主要内容应包括：实习目的、任务要求、实习内容方法、实习的程序与时间安排、实习考核要求及实习参考教材或文献资料等。实习大纲不能随意修改。

实习指导书是学生实习的教材，其内容除了阐述实习大纲规定的实习目的和要求、实习内容和方法外，还应介绍实习的具体步骤和有关的专业知识，并说明考核要求和提交实习成果要求等。

实习计划主要包括：进行实习的专业、年级、实习性质、实习周数、实习起止日期、接受实习单位等。

2. 认真做好实习动员和组织工作。实习前,各专业教研组应认真做好实习动员和组织工作,做好各种物质准备,提前安排好实习师生的交通、食宿等相关事宜。各专业教研组主持召开实习动员大会,向学生和带队教师宣讲实习的目的和要求,宣布实习计划和纪律,进行安全教育。

3. 应提前与有关单位取得联系。在校外实习,应提前与有关单位取得联系,争取实习单位的支持和协助,共同落实好实习安排工作和有关事项,指导教师应做好现场实习准备工作。

第四条　实习管理

1. 各专业教研组根据专业性质和本单位实际情况,可以集中组织学生去实习单位实习,也可以将学生分散到若干实习单位进行实习(或由学生自主联系实习单位)。凡集中组织的实习,管理教师必须全程跟班管理,对于"分散式"实习的专业,也应指派教师定时、定点指导和检查。

2. 实行"分散式"实习的专业,必须按照下列程序联系、落实实习单位:首先由学生本人将实习大纲送达接受单位,接受单位在确认有条件满足要求的情况下,将同意接受学生实习的意见、要求反馈给学生所在专业教研组,专业教研组在接到实习单位反馈意见后,方可批准学生前往实习。所有联系工作应在实习开始的前一个月完成。

3. 各专业教研组应严格按照实习大纲和实习指导书要求组织落实实习任务,实习期间不得随意改变。实习中要加强政治思想工作,严格实习纪律。实习中遇到难以解决的问题,实习指导教师应及时向专业教研组和教管处汇报,以便妥善处理和解决。

4. 管理教师要明确实训人员名单,组织实训学生按时到达实训场所,清点学生到场情况,发现缺旷、迟到,立即报告班主任、专业教研组。

5. 管理教师要管理学生实训纪律,对违纪的要进行批评、教育,并做好记录,报告班主任、专业教研组。

6. 管理教师要关心爱护学生,学生实训前要进行安全操作规程教育,宣布学生实训要求,防止人身设备事故的发生。发现违章操作有权立即制止或停止实训,确保实训安全。

7. 管理教师要负责实训登记表填写,保证填写真实、准确。

8. 班主任要积极参与学生管理工作,坚持每天了解学生表现情况,及时处理存在的问题。

9. 如遇其他自己不能解决的问题,要及时报请专业教研组、教管处处理。

第五条　学生实习要求

1. 学生在实习期间,要虚心学习,听从指导,自觉遵守校纪校规、厂纪厂规,注意搞好和实习单位职工的关系，积极参加社会实践活动和公益劳动。管理教师对学生的不良行为应及时进行批评教育，对不服从管理和教育的学生，指导教师有权停止其实习资格，并按学生管理的有关条例进行严肃处理。

2. 实习过程中，实习师生原则上不得请假，确因病因事不能参加指导或实习者，必须履行请假手续，否则按旷工或旷课论处。

3. 学生须按要求和规定认真做好实习日记，认真完成实习报告、总结等。

4. 实习往返途中应服从管理教师的安排，必须遵守交通规则，严格按规定路线行走，确保人身安全。

5. 实习中注意言行举止，讲文明礼貌，维护学校荣誉。

6. 实习中必须要有充足的休息时间，三餐要吃饱吃好，保证实习的精力、质量、安全。

7. 学生在实习中应尊敬指导师傅，遵守实习单位规定，严格遵守操作规程，确保实习安全。

8. 学生实习期间必须严格遵守社会治安秩序，注意自我防范，确保自身安全。

9. 返校前，必须做好收尾工作，办好各种手续，清点好实习用品、资料，归还所借物品，搞好清洁卫生，并征求师傅意见，做好告别致谢工作。

第六条　实习成绩考核

1. 学生实习成绩按优秀、良好、及格、不及格四个等级记分。

2. 学生在实习期间缺课四节以上者，按不及格论处，须补实习。

3. 实习结束后一周内，指导教师应及时提交学生实习成绩。

资料链接5-3　昆山花桥国际商务城教学过程监控与反馈制度

教育质量是一所学校的生命线。为了及时检验我校的教育教学质量，不断提高教师的教学水平，形成动态监控与定期评价并举的教学质量管理体系，建立一套完善的教学质量监控体系，全方位跟踪教学活动，使教学活动更加规范化，切实提高教学质量，根据上级有关文件精神，结合我校实际，特制定本制度。

一、监控目的

1. 全面监督学校教育教学质量，确保我校课程改革的顺利和深入进行。

2. 监督教学目标的落实，通过检查纠偏，改进学校教学及行政管理措施，落实教育教学岗位责任制。

3. 进一步取得经验，探索一条监控、管理教学质量的途径。

4. 鞭策教师主动自查，对教育、教学工作做到心中有数，以便总结经验，反思其中的不足，促进教育教学工作的全面发展。

二、监控体系、职责

学校的教学质量监控体系是一个全过程、全方位、全员性的质量管理体系，为此学校建立学校、教研组、教师三级监控体系。

1. 教师的监控职责：制订相应计划、措施。

2. 学科教研组职责：组长负责制，对本教研组教学质量负责，制订相应计划、措施，监控学科教师的教学质量。

3. 校行政监控职责：校长负责制，制订全校相应计划、措施，对全校教育教学质量进行自查。组织学校监控领导小组，定期全面检查本校教学质量。

三、监控内容

1. 教师课堂教学质量。
2. 教师实践教学质量。
3. 学生学习状况。
4. 教师职业道德。
5. 人才培养方案、专业教学计划的质量。
6. 教师工作规范的执行情况。
7. 教学管理工作规程的执行情况。
8. 教学管理制度的执行情况。
9. 授课计划的编制与实施情况。
10. 毕业生质量。
11. 其他有关教学质量监控制度的执行情况。

四、监控方式

（一）教学常规检查

建立教学常规检查制度，定期公布教学检查结果。

1. 定期检查：开展期初、期中、期末教学检查。

2. 专项检查：开展实践教学专项检查、授课计划检查、教案和教学进度检查、作业检查、试题命题与改卷检查等。

3. 随机抽查：由教管处、教科室、督导室、教研组等部门对教师授课的教案、学生作业、实验实训报告、实习报告（总结）等抽样检查。

（二）听课检查

包括校领导听课，督导听课，教管处、教科室和教研组负责人听课，同行听课等。

（三）教学测评

包括领导测评、督导测评、部门测评、同行测评、学生测评。

（四）信息反馈

1. 学生教学信息员反馈：主要由学生教学信息员收集本班级的教学情况和

对教学的意见、建议，通过书面形式定期或不定期向教管处等教学管理部门反馈。

2. 座谈会反馈：通过定期召开学生座谈会和教师座谈会进行。

（五）管理纠偏

教管处、教科室、督导室根据教学检查、教学质量测评的结果以及反馈信息，对教研组及每位教师在执行学校有关教学规章制度中出现的问题及时进行纠偏，限期整改。

（六）奖惩处理

将教学质量与教师年度考核等次、优秀教师及教研组年度目标考核评选挂钩。

（七）质量跟踪

由教管处到用人单位对毕业生进行跟踪调查，根据毕业生就业及市场调查的结果，向校领导及教学管理部门提供社会人才需求、培养规格、能力体系要求等教学要求信息，以进一步完善人才培养方案。

资料链接 5-4 花桥国际商务城中等专业学校校企合作管理条例及实施方案

校企合作管理条例

第一章 总 则

第一条 目的

校企合作是学校办学特色的重要体现，是提高学校办学实力的重要途径。为加快校企合作建设，促进教学、科研水平全面提升，带动招生、就业良性循环，适应社会需求和学校发展需要，特制定本条例。

第二条 适用

本管理条例适用于学校与企业在招生、就业、人才培养、实践教学、科研、技术服务、培训、文化建设等环节或领域开展的合作。

第三条 机构

学校成立校企合作领导小组，其主要职责是：

1. 协调学校与企业的合作关系；
2. 负责校企合作项目的运作及管理；
3. 负责校企合作项目的合同管理及统计、总结等工作；
4. 负责对校企合作工作的考核评价，检查履约实施情况；
5. 负责校企合作工作经费的管理；
6. 负责校企合作中的其他事项。

第二章 合 作

第四条 条件

1. 合作企业的基本条件

校企合作的企业一般应具有独立的法人资格,具有可持续发展的能力和较好的业绩,具有较高的合作诚信度。

2. 合作项目的基本条件

促进教学、科研水平提升,带动招生、就业良性循环,适应社会需求和学校发展需要。

3. 不宜引进的校企合作项目范围

(1) 拟引进的校企合作项目中含有国家或行业协会明令禁止的设备、材料、工艺、技术;

(2) 单纯进行商业性生产经营;

(3) 有关法律、法规禁止的其他情形。

第五条 审批

1. 立项

有关专业组需向校企合作领导小组办公室申请,办理立项手续。

2. 审查

由校企合作领导小组办公室对校企合作项目初审后,提交校企合作领导小组审查,校企合作领导小组成员按照各自部门职责进行相应审查。

3. 批准

校企合作项目经审查,提交校行政会审定通过后,由校领导代表学校签署后生效。

第三章 管 理

第六条 日常管理

校内合作管理部门每学期末向校企合作领导小组办公室上报校企合作工作总结,及时反映校企合作取得的成绩和存在问题。签订的校企合作协议应及时交校企合作领导小组办公室备案登记。

第七条 年度效益评价和周期评估工作

校企合作项目应坚持年度效益评价和周期性评估工作制度。

1. 校企合作项目的年度效益评价

校企合作领导小组应对合作项目的利弊考量、人才培养、服务收入、功能利用等情况进行年度效益评价,并按照合同(协议)规定检查合同履行情况。

2. 校企合作项目的周期性评估制度

合同期限在3年(含3年)以上的合作项目,合作中期应由校企合作领导小组办公室组织周期评估工作，全面审查合同履行情况。

第八条　资产管理

校企合作项目实施期间，校企双方应明确合同（协议）所涉及的固定资产的权属，并明列仪器设备清单。属合作企业承诺或书面约定赠予学校的仪器设备，应办理入账手续。

第九条　奖励及惩罚

1. 奖励

校企合作领导小组每年召开总结会，对当年的校企合作工作进行总结，对做出突出成绩的部门和个人进行表彰。

2. 惩罚

(1) 任何个人不得擅自以学校名义私下与企业进行合作，否则学校将追究相关责任人的责任，由此产生的后果由责任人自行承担。

(2) 对在校企合作工作中不按章办事的部门或个人，由学校通报批评；对由于工作不负责任，以权谋私，给学校造成损失的部门或个人，学校给予相应处分或进行经济处罚。

第四章　附　则

第十条　学校与事业、社会团体、政府部门等单位开展的合作参照本条例执行。

第十一条　本条例由校企合作领导小组办公室负责解释，自发布之日起执行。

校企合作实施方案

一、合作目的和指导思想

1. 校企合作是学校办学特色的重要体现，是提高学校办学实力的重要途径。为加快校企合作建设，促进教学、科研水平全面提升，带动招生、就业良性循环，适应社会需求和学校发展需要，特制订本实施方案。

2. 校企合作要紧紧围绕我校的主干专业，充分发挥学校优势，密切关注企业需求，找准与企业的合作点，与企业开展全方位、深层次、多形式合作，形成校企按需组合，相互支持，共同发展，实现“双赢”的发展模式，推动校企合作取得实效。

二、合作原则

1. 服务企业原则。为企业服务是学校的指导思想，也是打开校企合作大门的前提和基础，决定着合作成败和成功率的高低。学校要主动深入企业调研，了解企业人才需要状况、用人标准、技术需求，积极为企业开展培训，急企业之所急。

2. 校企互利原则。校企合作双方互利是校企合作的基础。企业有权优先选拔留用学生,有权根据学生能力对学生就业进行部分淘汰。

3. 统一管理原则。校企合作是双项活动,校企双方的利益与责任必须高度统一,必须统一领导、统一管理、统一规划、统一实施、统一检查考评。

4. 校企互动原则。学校定期组织专业理论教师到企业现场培训,请企业高级技师来学校讲座。通过校企互动,学校教师在企业获得实践知识和技能,企业技术人员增长理论知识,实现理论与实践互补,实现理实一体化。

三、组织机构

1. 成立校企合作领导小组。领导小组主要职责:

(1) 研究、确立校企合作的指导思想、方式及步骤;

(2) 领导、组织校企合作的实施工作;

(3) 建立、完善校企合作的相关制度、机制,加大宣传力度。

2. 领导小组下设办公室,办公室设在教管处。办公室主要职责:

(1) 组织实施校企合作的宣传及建章立制工作;

(2) 开展外联工作,选择企业,明确合作目标、内容、方式等;

(3) 组织、实施校企合作的具体工作;

(4) 及时总结经验,加以改进,保证持续提高。

四、合作模式

1. "订单"合作模式

招生前与企业签订联合办学协议,录取时与学生、家长签订委培用工协议,录用与学生综合测评成绩挂钩,实现招生与招工同步,实习与就业联体。校企双方共同制订教学计划、课程设置、实训标准;学生的基础理论课和专业理论课由学校负责完成,学生的生产实习、顶岗实习在企业完成,毕业后即参加工作实现就业,达到企业人才需求目标。具体设有定向委培班、企业冠名班、企业订单班等。

2. 工学交替模式

企业因用工需求,向学校发出用人订单,并与学校密切合作,校企共同规划与实施职业准备教育。方式为学生在学校上理论课,在合作企业接受岗位技能训练,每学期实施轮调,即第 1、3、5 学期在校学习,第 2、4、6 学期在企业顶岗实习。

3. 教学见习模式

学生通过一定的在校专业理论学习后,为了解合作单位的产品、生产工艺和经营理念及管理制度,提前接受企业文化职业道德和劳动纪律教育,培养学生强烈的责任感和主人翁意识，到合作企业对企业工作程序及生产、操作流程等进行现场观摩与学习。安排学生实地参与相关工作、亲自动手制作产品、参与产品管理，较为系统地掌握岗位工作知识，有效增强协作意识、就业意识和社会适应能力。

4. 顶岗实践模式

学生前二年在校完成教学计划规定的全部课程后，采用学校推荐与学生自荐的形式，到用人单位进行为期一年的顶岗实习。学校和用人单位共同参与管理，合作教育培养，使学生成为用人单位所需要的合格技术人才。

5. 产学研模式

发挥学校专业师资优势，加强校企合作研发，帮助中小型企业解决相关的科研难题，通过“利用专业优势办产业，办好产业促专业”的途径，使专业建设与产业发展紧密结合，帮助中小型企业走健康发展之路。

6. 共建校外实习基地

学校根据专业设置和实习教学需求，本着“优势互补，互惠互利”的原则在有发展前景又有合作意向的企业建立校外实习基地。实习基地可成为师生接触社会、了解企业的重要阵地，学校利用基地的条件培养学生职业素质、动手能力和创新精神，增加专业教师接触专业实践的机会，促进专业教师技能提高；基地可以从实习生中优先选拔人才，满足企业日益增长的用工需求，达到“双赢”的效果。

7. 合作经营实训基地

企业利用学校实训设备、场地和实习学生，减少生产成本，获得更大利润；学校借助企业生产投入和技术指导，减少教育成本；学生提前接触生产过程，更早、更好地由学生向职工的角色转变，实现校、企、生三方共赢。

8. 合作建立职工培训基地

根据各企业职工培训特点及不同培训方向或培训教学的需要，与相关企业建立三种合作模式的职工培训基地：一是企业独立设定的职工培训基地（培训地点在企业或学校），二是不同企业同类工种的职工培训基地（培训地点在学校或企业），三是特殊工种的职工培训基地（培训地点在学校）。

9. 成立专业教学指导委员会

根据学校所设专业的不同特点，聘请行业专家、企业领导与学校教师共同组建“专业教学指导委员会”。明确专业人才的培养目标，确定专业教学计划的方案，提供市场人才需求信息，参与学校教学计划的制订和调整，根据企业、行业的用工要求及时调整学校的专业计划和实训计划，协助学校确立校外实习、实训基地。

10. 举办校企联谊会及企业家报告会

学校每年举办校企联谊会，聘请有较高知名度的企业家来校为学生作专题报告，让学生了解企业的需要，尽早为就业做好心理和技能准备。

五、保障措施

1. 积极争取政府支持。要经常向有关部门反映情况，大力宣传，以引起重视，充分发挥协调作用，并在师资配备和教学设备购置等方面获得政策和资金支持。

2. 健全校企合作组织机构。成立由校领导及各部门主要负责人组成的“校企合作领导小组”，全面指导协调校企合作各项工作。由一名校领导具体分管校企合作工作，负责校企合作工作的开展。

3. 合作双方签订协议，明确职责，规范双方的行为。学校保证人才培养质量，保证企业用人的优选权，为企业提供培训、技术等方面的支持。企业保证在设备、场地等条件上的支持及人员的支持，保证学生实训任务的安排。

4. 全面推行劳动就业引入制度和职业资格证书制度，调动学生参与校企合作的主动性。

5. 学校制定相关制度规范校企合作工作，明确各部门职责，建立校企合作考核指标和奖惩措施。将开展校企合作工作情况纳入学校教学质量保障体系中，不断检验、改进校企合作工作。

第三节 职业学校培养地方性技能型人才的师资队伍建设

一、职业学校师资存在的突出问题

师资队伍建设是职业学校地方性技能型人才培养的关键，对职业学校的发展起着至关重要的作用。近些年来，我国大力发展职业教育，并将职业教育的师资队伍建设放在职业教育发展的突出位置。胡锦涛同志曾在清华大学建校100周年庆祝大会上的讲话中强调：“要把加强教师队伍建设作为教育事业发展最重要的基础工作来抓。”2011年12月，在全国职业教育师资工作会议上鲁昕同志也提出：“师资队伍建设是提高技能型人才培养质量、完善现代职业教育体系的关键性因素，推动职业教育科学发展必须把师资队伍建设摆在突出的位置。”由此可见，我国政府对职业教育师资队伍建设的重视达到了前所未有的高度。其实，除了各级政府对职业教育师资队伍建设给予巨大关注外，各职业学校为了寻求自身发展，也将师资队伍建设作为学校工作的重要议题。但是由于种种原因，职业学校师资现状仍不尽如人意，师资队伍在很大程度上已成为制约职业教育发展的“瓶颈”，极大地束缚了职业学校地方性技能型人才的培养，加强职业学校师资队伍建设已成为职业学校健康发展迫在眉睫的问题。

(一) 职业学校师资数量不足

在国家的大力支持之下，我国的职业教育在近年来得到了前所未有的发展，职业学校学生数量也不断提高。据权威统计，截至2009年，我国中等职业学校(包括普通中专、职业高中、成人中专和技工学校等)在校生数量为2 056万人。但是，职业学校教师增长的步伐却远没有赶上职业学校规模的增长。教育部颁发的《教育部关于做好2007年中等职业学校招生工作的通知》中提出，我国中等职业教育的招生规模在2007年要达到800万人，比2006年多50万人。最终，我国中等职业教育在2007年顺利完成了既定目标，招生规模达到了810.02万人。事实上，从2001年开始，我国中等职业教育招生规模逐年扩大，在2005年和2006年，中等职业学校连续两年每年扩招100万人，中等职业学校年招生规模达到741万人，在校生规模达到1 809万人，均创历史最高纪录。

在招生规模不断扩大的同时，我国职业学校的师资规模也有所扩大，专任教师人数由2001年的63.26万人增加到2007年的76.2万人。但是教师增长的速度仍远不及学生增长的速度，由此造成了生师比不断扩大。以普通中专为例，生师比由2001年的19.91∶1上升到了2006年的31.67∶1，职业高中由2001年的14.26∶1升高到2006年的22.16∶1。生师比的不断上升导致教师教学难度的增加，有些学生很难受到教师的关心，限制了职业学校地方性技能型人才培养的质量。2010年以来，虽然这种严重的现象稍有缓和，但是师资数量的不足仍然是制约地方性技能型人才培养的“瓶颈”。

(二) 师资队伍质量不高

职业学校师资队伍除了教师数量缺乏外，还存在一个突出问题就是教师质量不高。具体来说，中职师资质量不高，主要体现在以下几个方面：

首先，职业学校教师来源单一，缺少实践经验。职业学校的教师中，文化课教师大多数来自师范院校，实践课教师大多是非师范专业毕业。但是，无论是文化课还是专业课的教师在任职之前都没有经过充分的实践锻炼。这些刚从大学校门走出就迈向职业学校讲台的教师，实践经验严重缺乏。同时，我国缺少专门培养职业院校教师的高等学校，尤其是对专业教师的培养。有资料表明，职业技术院校66.6%的教师是从学校毕业后直接走上讲台，有的学校甚至高达96%，大多数教师的实践工作年限偏短，尤其是青年教师大多缺乏专业实践经验和必需的专业技能。同时，有实际工作经验和技能的骨干教师和专业教学带头人匮乏。

其次，职业学校教师学历偏低。据2003年中国教育统计年鉴统计，我国职业高中专任教师中大学本科毕业及以上学历者占54.9%，中等专业学校专任教师中大学本科毕业及以上学历者占77.81%，与《中华人民共和国教师法》规定的“取得高级中学教师资格和中等专业学校、技工学校、职业高中文化课、专业课教师资格，应当具备高等师范院校本科或者其他大学本科毕业及其以上学历”的标准相差甚远。随着高等教育的普及，近些年来，职业院校教师的学历水平不断提高，但是仍然不能满足实际的需要。

再次，职业学校教师教育理论素养偏低。职业学校教师中，文化课教师大多来自于普通师范院校，在校期间的学习以教育学和心理学为主，针对中职学生的教育理论知识甚少。而专业课教师既有师范院校的毕业生，也有普通高校的毕业生，还有近年毕业的中职生以及企业、其他事业单位转入的具有一定技术职称的人员，来源较为复杂，对教育理论知识的掌握更少。他们对职业教育大多也只具备一些零散的感性认识，缺乏较好的理论素养，很大程度上限制了职业学校地方性技能型人才的培养。

最后，职业学校教师职业倦怠问题突出。由于历来“重学术轻技术”思想的影响，职业教育的地位不如普通教育高，职业学校教师付出的艰辛劳动与所收获的成果往往不能成正比，这容易导致教师对自己的能力产生怀疑，丧失自信心，失去工作热情，从而影响教学效果，影响地方性技能型人才培养目标的实现。

（三）职业学校师资结构不合理

1.“双师型”教师缺乏

职业教育的特殊性决定了职业学校教学场所的特殊性。职业学校既要有普通教育拥有的教室，也要有自己的实验室和实训基地。所以，职业教育要求教师应该是既掌握理论知识，又集技师或工程师于一体的双师型教师。《李岚清教育访谈录》中曾提到，职业学校的师资要求不同于普通高中，教师应该既能进行理论教学，又具备实践操作的技能。近年来，我国职业教育大力提倡加强教师队伍建设，发展双师型教师。但在实际情况中，职业学校双师型教师所占比例仍然很小，双师型教师严重匮乏。许多职业学校的教师仅有理论知识，没有专业实践经验。有些情况下，教师自身实践操作都有一定的难度，更难教好学生的实习实训。这种情形势必影响职业学校地方性技能型人才培养目标的实现。因此，职业学校应把双师型教师的培养作为实现地方性技能型人才培养目标的重要途径。

2. 外聘教师比例较低

职业学校的外聘教师既包括从普通高校中聘请在专业方面有较高造诣的专家，也包括从企事业单位聘请来的优秀工程师和技术人员。外聘教师可以为职业学校注入新鲜的血液，提高职业学校师资队伍质量，对促进职业学校地方性技能型人才的培养具有极大作用。具体来说，主要包括两个方面：首先，许多外聘教师都在企业或高校担任一定的职务，与职业学校的教师相比对国家的政策方针和社会对人才的需求有更充分的了解。因此，外聘教师可以使职业学校更清楚地认识教师应该教授什么，学生应该学到什么，从而有的放矢地进行教学，更好地反映社会需求，帮助职业学校培养地方性技能型人才。其次，许多外聘教师都有一定的实践经验，可以对学校实训基地建设提供有利的指导。外聘教师可以辅助职业学校建立校内工厂，让学生充分掌握技能。通过教师的精心指导，职业学校可以将学生生产出来的合格产品投入市场，将学校工厂和社会对接起来，并根据学生的劳动付出给学生相应的奖励。这样不仅能够有效调动学生学习的积极性，也可使学生真正做到学以致用，与地方经济接轨，培养适合地方经济发展的技能型人才。

总的来说，职业学校的师资队伍存在数量不足、质量有待提高、双师型教师匮乏的问题。因此，要顺利实现职业学校地方性技能型人才的培养，就必须加强师资队伍建设，提高教师质量，扩充双师型教师数量。

二、职业学校师资问题原因分析

（一）教师的聘用体系不完善

目前我国职业学校教师的招聘权力主要由教育局等上一级主管部门掌握。这种招聘制度导致掌握招聘权力的人不了解职业学校，了解职业学校的人没有权力招聘。教育局等上级主管部门往往不能深入了解职业学校，其招聘的教师，职业学校必须无条件地服从，很容易导致招聘的教师不能满足职业学校培养地方性技能型人才的需要，无法创建良好的人才培养氛围。另外，职业学校的在编人员数量也是由教育局等上级主管部门掌控的。我国有些地区，尤其是不发达地区，仍存在许多优秀教师教学多年仍是代课教师，生活得不到保障，影响职业学校教师岗位的吸引力，从而引发教师数量不足的问题。为了使招聘的教师更符合职业学校的需要，教育局等主管部门可以扩大职业学校自主招聘教师的权力，采取各种政策吸引优秀人才加入到教师队伍之中，还要深入实际对教师编制问题进行研究，为教师的成长创造良好的环境。另外，职业学校可以根据自身情况建立相应的教师考核激励机制，改革不合理的传统分配制度，吸引更多优秀毕业生及高级专业人才到学校任教，壮大师资团队。

（二）教师教育体系不健全

根据教师自身职业发展的需要和培养地方性技能型人才的需要，当前我国职业学校教师培训的任务主要有：提高教师的学历，更新教师的专业知识，提高教师的实践能力，提高教师的教学技能。然而，在实际情况中，教师培训仍然存在许多问题。一方面,有些职业学校为了节约成本,减少教师培训费用,忽视培训的质量,使得培训没有收到预期的效果,很容易导致教师教学方法落后,知识水平和实践技能落后,影响学校的师资水平和人才培养目标的实现。还有些职业学校的教师培训与职称是挂钩的,导致有些应该参加培训的教师没能接受培训。因此,职业学校要加快建立完善的教师培训体系,提高教师的专业知识、技术知识、专业技能,满足培养地方性技能型人才的需要。具体到培训工作,对于有学历但缺乏实践经验的教师要加强实践技能培训,并鼓励其参加各种考试,以取得相应的技术职称;对于非师范高校毕业但有实践经验的教师,要进行高等师范教育培训。另一方面,不可否认职业学校的学生质量相对于普通高中要差一些,他们的知识积累、自学水平以及领悟能力等都要稍逊于普高生。受到这一受众的影响,教师的教学难度有所增加,同样的气力用在普高生身上要比用在中职生身上取得的成绩大,久而久之,教师无法充分体验到成就感,甚至对职业产生了倦怠。

（三）“双师型”教师培养标准缺少规范

所谓“双师型”教师,就是既能够讲授专业知识,又能够开展专业实践;既能够引导学生认清人生价值,又能够指导学生获得与个人个性匹配的职业的一种复合型教师。① 但是,目前对双师型教师的认识仍然存在许多误区,主要包括两种:一是“双证说”,二是“双师”说。双证说的缺点在于,将是否持有教师资格证和行业技能等级证,作为判断教师是否是双师型教师的标准。这种误区导致部分人认为,只要有“双证”就是双师型教师,有了“双证”以后就可以一劳永逸,使得双师型教师的含金量大大降低。“双师”说认识到了教师的教学能力和实践能力的重要性,注重了双师型教师和工程师的贡献,但却忽视了二者之间的区别。

“双师型”教师培养既然没有统一的标准,就更谈不上资格认证制度了。“双师型”教师资格认证制度的缺失使得其建设难以完善和规范化。许多职业学校仅根据自己的理解对教师进行培训,以为这样就完成了对“双师型”教师的培养,缺少标准规范。此外,由于缺少完善的资格认证制度,许多有一技之长的教师因为没有证书而无法成为“双师型”教师。这种缺乏统一标准的培训和资格认证制度严重影响了职业学校“双师型”师资队伍建设,限制了地方性技能型人才的培养。

（四）兼职教师聘任的渠道不够畅通

为了提高职业教育教师队伍水平,国务院曾提出鼓励企事业单位的优秀技

---

① 姚贵平:《解读职业教育“双师型”教师》,《中国职业技术教育》,2002 年第 6 期。

术人员和管理人员等到职业学校担任兼职教师。但是由于职业学校对教师资格证书的限制,以及企业对优秀人才的重视,优秀人才到职业学校兼职仍然困难重重。从学校方面来说,首先,许多职业学校,尤其是欠发达地区的职业学校,办学经费的限制使得专业课和文化课教师数量尚且不足,更没有多余的经费用于招聘兼职教师。资金成为职业学校招聘兼职教师的一个重要障碍。其次,国家规定教师到各学校任教必须具有相关专业的教师资格证书。由于大多数企事业单位的人才都是非师范院校的毕业生,都不具有教师资格证书,也很少会花时间去考取教师资格证书。教师资格证书对企事业单位人员到职业学校兼职产生了一定的限制。从企业方面来讲,企业是以盈利为目的的,而人才到职业学校兼职并不能给企业创造客观的收益。而且,企业都希望自己员工的价值能够得到最大化的利用,为企业的效益服务,所以一般不愿意让优秀人才到职业学校兼职,即使有人到职业学校兼职,开课的时数也常不尽如人意。

三、职业学校师资培养的国际经验

(一)德国

1. 职业教育教师队伍的构成

德国职业教育在世界处于领先水平,其职业教育师资队伍建设对我国职业学校人才培养具有重要的借鉴意义。

德国职业教育教师可以分为职业学校的教师和企业培训员。职业学校的教师又可以分为理论课教师和专业实践课教师。理论课的教师主要负责专业理论知识(比如焊接技术、医疗技术、计算机技术等)、一般性基础知识(比如德语、英语、数学等),专业实践课教师主要在实训基地、企业等专门的场所对学生进行操作技术的教学和指导。企业培训员则在企业内专门负责学生工作过程中的训练和培训。

正因为德国职业教育的重要地位以及教师肩负的重大责任,德国政府对各个专业的职业教育教师的资格认证都有着非常严格的规定。所有申请职业教育教师资格的人员必须达到两个条件:首先要通过在职业学校的学习获得进入高等院校深造的资格,或是被特定专业的大学录取;其次参加申请教师资格专业的职业培训要满3—12个月,并获得合格证明。达到这两个条件的人员才能进入大学学习职业教师的相关课程。这种严格的标准化制度,对德国职业教育教师质量的提高有着积极的促进作用,大大提高了职业教育教师的专业化水平和教学质量,对我国地方性技能型人才培养具有一定的借鉴作用。

2. 职业教育教师专业资格要求

为了满足经济发展对人才的需要,德国在1973年制定了《职业学校专业教师培养和考核国家规范框架》(以下简称《国家规范框架》),对德国职业教育教师设立了全国统一规范和最低标准要求。又根据发展变化于1995年对其进行了必要的修订,并将其作为德国各州职业学校教师培养的标准。

《国家规范框架》规定德国职业学校的教师专业化培养包括两个阶段,即专业课程学习阶段和职业学校教师培训阶段。

专业课程学习阶段主要是在高等院校或同等层次的教育机构进行。由于专业的要求不同,学习者的学习时间为8到10个学期不等,学习内容主要有:

(1)专业学科知识。专业学科知识的学习至少达到两个,即职业技术专业和普通教育专业。职业技术专业共有16种专业可供选择,包括电气工程、经济管理、材料工程与服装、染色技术和外观设计、营养和保健、社会教育等;普通教育专业包括德语、政治、数学、物理等。

(2)普通教育科学和社会科学。在这些学科的学习中,教育学和心理学为必学科目。

(3)教学实践。教学实践的目的是将所学的知识运用到实践中去,使学习者学以致用。教学实践的时间一般为几个星期。

第一阶段学习完成之后,学员要参加国家考试。通过国家考试的学员将进入第二个阶段,即教学实践的学习。

(4)参与教学。参加培训的学员将被安排到指定的职业学校听课,并在指导下完成部分教学任务以及独立地完成教学。

(5)在学习研讨会和实践研讨会中运用和掌握教学法和基本教育学知识。

第二阶段培训一般持续两年,部分州根据实际情况将实践教学时间缩短,不足的部分通过第一次国家考试的实践教学环节和其他实践学习补充。完成实践教学的学员还不能确定获得职业学校教师的职位,还需要参加第二次国家考试。考试内容包括:专业教学理论和普通教育学的专题论文;笔试和口试专业知识,同时可能包括与专业相关的教学论和教学法;普通教育学在职业教学中的运用。只有两个阶段的国家考试全部通过的学员才能成为德国职业学校的教师。

此外,企业培训指导员通常是企业的高级技工,既在企业负责专业岗位的工作,也负责学徒的企业培训。因此,企业培训指导员是一种非常特殊的教师种类,在德国职业教育中却发挥着重要的作用。企业培训指导员在学徒进入企业之后,培训学徒掌握实际工作中所需要的知识和技能。企业培训指导员的工作地点可以是生产线、商业办公室、工程车间以及服务部门。德国为企业培训建立了严格的监管机制,用来监管企业的培训资质和实际工作质量。如果一个企业不能为学徒提供所有工作必需的知识和技能培训,那么培训任务可能由该企业外的其他企业共同完成,如本企业和其他企业合作培训,借助企业内认可的培训中心或是其他相同领域的培训机构等。

（二）日本

在日本，"双师型"教师是指既具有教育专业学士学位，又具有技术专业学士学位的教师，被称为职业训练指导员。职业训练指导员的工作场所可以是职业高中、专修学校、短期大学及公共职业训练机构，主要培养专业技能人才，是一种职业资格。日本的职业能力开发大学是培养职业教育师资的主要机构。职业能力开发大学的课程可以分为四年制长期课程和六个月短期课程。四年制长期课程培养的是在理论知识、专业技能和教学能力方面都有较高造诣的教师，主要招生对象是高中毕业生。六个月短期课程的学习者要通过国家二级技能考试，有两年以上的实践经验，或者具有同等的能力水平，招收的是具有专业技能和实践经验者。

1. 职业训练指导员的工作职责与基本素质要求

（1）工作职责

由于日本职业训练对象的多样化以及培训需求的复杂性，职业训练指导员必须完成以下工作：

第一，承担并圆满完成各类职业训练任务。职业训练指导员要根据职业训练计划组织课程教学、指导技能训练、实现培养目标，并且要根据学生的实际情况和训练的具体要求，灵活选择训练方法。

第二，开发与评价职业训练课程。开发职业训练课程就是根据多样的、多变的职业训练需求，或对既有的训练方案进行修订、调整，或开发新课程方案，用于职业训练。而评价职业训练课程就是对职业训练课程方案是否达到预期要求，在多大程度上达到要求加以确认，以不断改进课程。

第三，面向学校毕业生、在职员工、用人单位开展专业化的职业训练咨询服务与指导。帮助学生和员工明确自己的职业发展方向，做好职业生涯规划与设计；帮助用人单位发掘职业训练需求，明晰职业训练目标，设计企业员工训练规划。

第四，准确理解与把握职场工作内容、工作环境与工作要求。指导员要在不断发展变化的社会中敏锐地感知、准确地理解"马上用得上"具有"即战力"的职业技能及其发展变化，并及时将变化反映到职业训练目标与课程上来，从而使职业训练更好地适应社会的发展与变化。这是职业训练指导员独特而重要的工作职责。

第五，完成其他相关工作。职业训练指导员上述工作职责通常不是单一的工作任务，常常会伴随着其他相关工作。比如进行职业科学研究、教育科学研究、市场调查、搜集处理与分析各类信息等，这些均属于职业训练指导员的工作职责。

（2）基本素质与能力要求

第一，实际工作需要的专业知识和技能。职业指导员要使学生具备职业能力，必须要有一些实际的工作经验，并具有所担任学科的较强的专业知识、一定的动手操作能力和熟练的操作技能。

第二，教学技能。职业训练指导员不仅须要掌握专业理论知识和实践技能，还要掌握教学技能，知道"怎么教"。也就是说，职业训练指导员，不仅自己"能"，还要教会学生"能"，知道"教什么"和"怎么教"。

第三，职业人的态度与品质。职业训练不仅要教会学生职业技能，还要培养他们职业人的态度、习惯与职业认同感。这些职业人素质不是靠说教、靠书本知识就能解决的，往往是学生从模仿身边人的言行举止开始，在潜移默化之中逐步养成的。指导员就是他们重要的模仿对象，因此，指导员应是理想的职业人的典范，具有职业人必备的职业态度与品质。

第四，高尚的人格魅力。教师高尚的人格魅力就是他倾注于每个学生、希望每个学生都能获得发展的"爱"，视每个学生为平等的人的"尊重"，以及作为课堂上的领袖而领导全体学生共同学习的"权威"。教师高尚的人格魅力不仅可以赢得学生的信赖，帮助他们更加有效、顺利地开展各项教育教学活动，而且其感召力本身就是一种强烈的、直接的、高效的教育影响，对学生的发展具有重要作用。

第五，不断更新、提高自身专业知识、专业水平与技能。现代社会是一个需要终身学习的社会，职业训练指导员当然也必需不断地发展自我、提高自我，只有这样才能适应工作任务要求。①

2. 职业训练指导员培养课程

日本的职业训练指导员的课程即"长期课程"。长期课程的学制四年，学员在毕业时可获得学士学位和职业训练指导员国家职业资格。

（1）长期课程的结构

长期课程包括通识课程（如人文社会科学类、自然科学类）、专业课程（如专业基础课程、实技课程）和能力开发专业课程（如教育理论与技能训练法）三类。

长期课程的各类课程学分构成有两个重要特点：一是专业实习实训课程所占比例大，占全部专业课程的69.0%，占毕业最低学分标准178学分的22.4%，远远超过普通的工科大学。二是赋予"能力开发专业课程"以重要地位，课程学分为30学分，超过通识课程的23学分，达到毕业最低学分标准的16.9%。

---

① 蓝欣、姜静霞：《日本职业训练指导员及其培养课程的系统分析》，《职业技术教育》，2010年第34期。

(2) 能力开发专业课程

能力开发专业课程主要是为了培养职业训练指导员的“指导技能训练能力”、“开发与管理职业训练课程能力”和“相关事务咨询服务能力”而设置的。其中各种能力的地位和功能是不一样的,“指导技能训练能力”是本科层次职业指导员的核心能力之一,而其他两方面能力则只要求基本掌握,为后续研究生教育阶段课程学习奠定基础。

此外,根据课程作用的不同,能力开发专业课程又分为主干课程和展开课程。所谓主干课程是与三种能力培养都相关的、比较基础的、重要的课程,包括:职业能力开发概论、职业能力开发制度、生涯职业能力开发论、残障者职业概论等课程。而展开课程则是只与三种能力中的两种或一种能力相关联、具有较强专门性的课程,如学习与发展心理学咨询指导法、人力资源管理、指导技术、教育训练设计、教育训练评价、教材开发论、教育训练管理、实务实习等课程。

(三) 美国

美国的教师任职资格标准很高。职业教育的教师须要经过师范院校和实践环节的专业培训,且学历必须是大学本科或硕士研究生。职业教育的教师每两年半要参加一次教师资格考核,合格后方能继续任教。美国的教师地位和待遇都比较高,仅次于医生,但是教师要接受严格的制度管理,教学效果差或者工作不负责的教师将被解除聘约。为了提高教师队伍的质量,美国会聘请人才到学校做兼职教师。美国对兼职教师有着严格的要求,中等职业学校的兼职教师必须是本行业优秀的工程师或专业技术者,且学历要达到硕士研究生以上。美国十分重视教师的培训,实行“职业技术教育教师证书制”,将教师的培训分为职前培训和职后培训,并注重二者的相互协调。具体来说,美国职业教育教师培养主要包括以下几个方面:

1. 专业课程构建

在美国,职业教育教师专业课程包括三大类,即普通教育课程、学科专业课程和教育专业课程。美国在职业教育教师培训中将普通教育课程放在了重要的位置,突出基础知识对于职业教育教师的重要性。正如美国科学家、教育家科南特强调的一样,职业教育在师资培养上,应该同时关注提高教师的学术标准和学科任教能力。美国职业教育教师普遍认为,教师应该对本国的文化知识有一个共同的认识;教师的普通教育课程应该以文理科目学术性教育为主,旨在发展教师一般文理科目的学力,教师应对所学专业有着透彻的理解,并在此基础上可以将专业知识以推理和结论的形式呈现,具有良好的专业知识系统性和逻辑性,能够展现专业知识发展的强大生命力。因此,职业教育教师的培训标准是使教师不仅有分析教学过程、剖析学科知识结构、掌握教学方法和技巧的能力,还能将所学的相关知识形成一个理论体系,将“所教”与“所学”结合起来,形成自己的理解,使教学更高效。

2. 反思性教学精神培养

反思性教学思潮于20世纪80年代在美国兴起并形成。反思性教学思潮强调教师的应用性和创造性,认为教师不仅应该具有从事该行业的良好的文化素质、专业学科知识和教育理论素养,还要在实践中运用自己的知识,发现实践中的问题,并不断反思和改进自己的教学。教师掌握专业知识是远远不够的,还要从经验中学习。对于教师来说,最难的问题不是应用新的理论知识,而是从经验中学习。

为了提高教学质量,职业教育教师的培训必须培养学员从经验中学习和实践中思考的能力,即反思的能力。反思性教学在美国很快传播,并成为教育工作者和教育研究者衡量优秀教师的标准。美国托马斯大学的布鲁克菲尔德教授大力倡导教师成为批判反思型教师,认为教师可以通过反思性教育观察、批判、反思自己的教学。美国心理学家波斯纳把教师的“反思”看作教师成长的重要因素,并认为没有反思的经验至多只能形成浅显的认识,是狭隘的经验。教师只有不满足于获得经验,不断对经验进行深入思考,并将其升华到理性认识的高度,才能使经验发挥真正的作用。

鉴于反思性教育实践的重要作用,布鲁巴赫等人提出了4种反思性实践的方法:第一,写反思日记。完成课堂教学并不是教师工作的终点,教师应该在课后主动收集学生的反馈意见,并记录教学效果、上课的具体感受、存在的疑问以及通过反思后得出的解决办法与设想等。在一天的教学工作结束之后,教师应写下自己教学实践经验,并与其他教师一同分析其中的问题和缺点。第二,课后备课。教师可以利用课后备课,思考正反两方面问题并总结经验教训,以有效地增强教学效果。第三,听课与分析。职业学校教师之间应该经常相互听课学习,学习他人优秀的教学方法,并对所观察到的情况进行描述、分析、总结。第四,讨论交流。对于课堂上产生的问题,授课教师应与其他教师共同探讨解决,所有参与讨论的教师共享讨论成果。

反思性教育实践既是教师教育发展的一种新的观点和理念,也是教师专业化成长的需要。教师只有通过反思教育教学实践,才能更快地成长为“反思型教师”。教师通过反思自己的教学实践来进行思考,对自己所做出的决策,以及由此产生的结果进行多重视野的审视和分析,进而提高自己的教学水平,改进自己的教育教学行为,实现个体对教学实践合理性的不断发展和追求。

3. 严格的教师证书制度

美国职教教师在职前培训阶段有两种不同的教师证模式:一种就是传统的

四年制学士学位模式，它是美国对职业教师资格的一般要求。首先，教师应当胜任他们的教学工作，一般应在所教的领域取得学士学位，并对所教技术课程有1年以上的工作实践经验。在合适的技术领域具有5年以上的经验者可以代替学士学位要求。其次，负责安排和监督执行职业教育计划的人，必须有硕士学位或接受了其他相应的高等教育训练，并有相近领域的工作经验。再次，教师要有工作、商业、销售方面的最新经验，或者有所讲授技术的相关专业的实践经验。另一种是替代模式，即可选择性教师资格证模式（也称非传统模式）。该模式突出强调工作经验和岗位技能，而不是所获得的学业成绩和是否获得学位，甚至是只要满足工作经验的要求，即便没有获取教师资格证，也可在课余时间通过相关课程的学习来获取。两种不同的教师资格证的标准模式既满足了当时对教师的需求，也对职业教师的准入制度做出了严格规定。

第四节　职业学校培养地方性技能型人才的能力提高

一、实训基地建设

职业学校中学生实际技能的训练又可以称为实训。实训主要是指在职业学校中，学生在学校的管理下，根据地方性技能型人才培养的目标，对学生的实践操作技能进行训练的环节。实训与一般的实验和实习相比，注重学生职业能力的训练，不局限于一般意义上的实验和实习。但是实训又体现着实验和实习的特点，突出了实验中学校能够控制的特点，以及实习中重视学生职业能力的特点。中等职业教育的实训主要依托于实训场所，而根据场所的不同又可以将其分为校内实训基地和校外实训基地。

实训基地是指职业教育中为学生提供实践教学、保证学生掌握一定职业技能的一系列要素的统一体，包括场所、设备、教学指导人员、教学计划等。实训基地是实施职业技能训练的保证，是职业学校培养地方性技能型人才的基本硬件。实训基地建设要坚持我国职业教育的发展方针，坚持以服务为宗旨、以就业为导向、以学生职业能力训练为核心，还要充分体现学生的专业特色，立足为地方经济发展培养应用型人才。

（一）实训基地的功能

实训基地不仅是职业学校配合理论教学的场所，也是实践教学、学习的主要场所。一个完善的实训基地应具有的功能包括：专业实践教学功能、产学研训相结合的功能、职业资格技能培训与鉴定功能、对外技术服务功能、“双师型”师资队伍的培训功能等。

1. 专业实践教学功能

中职学校要实现培养地方性技能型人才的目标，专业实践教学必不可少。专业实践教学是实训基地的基本功能，可以使学生接触到本行业的新技术、新技能。根据地方经济对人才的需求和学生发展的需要，实训基地应开设相应的基础课、专业基础课和专业课等实训课程，为学生提供专业岗位基本技能训练、模拟操作训练和综合技能训练。

2. 产学研训相结合的功能

职业学校除了日常的教学工作外，科研也是一项重要的工作。科研工作对学校地方性技能型人才的培养有着积极的促进作用。首先，科研工作可以提升职业学校办学品位，树立学校良好形象，增强学校办学实力，缓解职业学校招生难问题；其次，提高学校科研成果是职业学校上水平、上质量、上品牌的重要手段和途径，是中职学校自我发展的内在动力；再次，科研工作也是职业学校教师自身专业发展的需要，有助于提高教师工作的积极性。因此，职业学校的实训基地应是一个优良的科研场所，并有着优质的管理体制，体现科研功能，可以为教师教学提供良好的环境。

3. 职业资格技能培训与鉴定功能

如今，越来越多的职业须持职业资格证上岗。因此，职业学校的实训基地不仅是学生获得实践技能的场所，还应该发挥其职业资格技能培训与鉴定的功能。目前国家劳动部门一般都在中职学校设有职业技能鉴定所，实训基地最有资格成为职业资格证书的培训点和考试点。在这种情况下，学校的实训基地应具备职业资格技能实训能力，充分发挥职业技能鉴定功能，为地方性技能型人才培养创造优质的物条件。

4. 对外技术服务功能

实训基地发挥对外技术服务，能够促进中职学校教师的专业发展，提升教师专业精神，丰富教师专业知识，提高教师教学能力；还能提高学校的地位，为地方性技能型人才培养筹措更多的资金。此外，对外技术服务可以加强学校与企业的关系。通过这种联系，学校可以及时掌握社会对人才的要求和生产发展的动向，并根据这些信息调整教学，使培养的人才更加符合社会的需要。因此，职业学校应充分利用好自身的实训基地，发展对外技术服务功能。

5. “双师型”师资队伍的培训功能

地方性技能型人才的培养离不开意志素质过硬的“双师型”教师队伍。只能讲不能练，没有实践经验的教师不可能培养出符合地方经济发展的应用型人才。要培养这样的学生就必须有更高水平的教师。中等职业教育师资知能储备要更为全面，且要具有较高的专业技术应用的实践能力，这是提高人才培养质量的关键。为此,职业学校可以发挥实训基地教师培训的功能,促进“双师型”师资队伍的建设。

（二）实训基地建设依据

中等职业教育应为地方经济发展做出贡献,培养符合地方经济发展的人才。学校实训基地的建设应以培养地方性技能型人才为依据,具体来说包括以下几点:

1. 符合专业设置要求

由于不同专业对理论和实践教学都有不同的要求,在实训基地建设内容与模式上也有区别。因此,专业设置(如专业设置方案、专业调整的基本思路)是影响实训基地建设的重要因素,是实训基地的重要依据。根据职业教育本身的特点,应将变动性和稳定性相结合,提高预见性。它要面向市场,针对社会需求和学校自身的条件,确定自己的专业设置。在专业设置上充分考虑地方经济发展需要,使专业结构与地方产业结构相适应,积累形成自己的专业优势和特色。因此,职业学校的专业实训基地与非职业学校的实训基地在设计理念上有很大的区别。当然,建立与专业设置相适应的个性化和动态化的职业实训基地,是一项比较复杂的工作,需要人们进行深入的研究与实践,使实训基地与学校专业设置相协调。

2. 与学校课程相匹配

课程是指列入教学计划的各个学科及其在教学计划中的地位与开设顺序的总和,也指学校有计划地为学生获得预期的学习结果而付出的综合性的一切努力。一个专业所设置的课程相互间的分工和配合构成了课程体系。职业学校的课程体系,决定着实训的基本内容,影响实训基地的基本形态。

职业学校的课程必须与职业建立紧密联系,以培养符合地方经济需要的人才。因此,职业学校应把握好课程与职业的匹配程度,以学生的就业为导向,并使学校的实训基地与课程相匹配。

3. 体现新的教学方法

同样的教学内容,采取不同的教学方法就可能收到不同的教学效果。因此,教学方法是影响职业能力教育效果的重要方面。职业学校的实训基地建设要体现教学方法的改革,摒弃普通教育的教学方式,依据职业能力属性和形成规律,改革既有的教学方式方法,以地方性技能型人才的培养为核心。

实践教学是职业学校教学方法的有效改革,对学生职业能力培养的作用是巨大的。加强职业实践教学,注重实习、实训是职业教育的核心,是完成职业培养目标、培养专门人才的关键途径。学校应建立由实验室、校内实训基地组成的实习、实训体系,同时要加强实践教学和实习条件建设,增强实践教学的力度和深度，促进学生操作能力和应用能力的提高。学校必须加大投资力度，给学生创造一个与职业现场接近的、技术操作氛围浓厚的学习场所，缩短学生工作适应期。

（三）实训基地的建设原则

1. 系统性原则

实训基地建设的依据是产业、行业、企业等提出的人才标准。因此，职业学校应强调基地建设为软件服务，为培养目标中的能力和标准服务，使之具有系统性。

2. 实用性原则

实训基地的结构应符合地方产业结构；适合学生的学习特点，并与学生专业能力的提高规律相适应；注重实用性，强调学生能力的提高。

3. 开放性原则

实训基地根据地方经济发展的需要，用新思路、新体制、新机制、新模式设计基地建设方案，要建立校企合作、社会参与的新模式。职业学校的实训基地必须面向学生，面向行业、企业，面向社会，使多主体参与到实训基地中去，为人才的培养创造良好的条件。

4. 前瞻性原则

实训基地建设中设备设施的配备、管理模式的构建等都应具有一定的前沿性，反应新技术、新行业等的需要，以此才能培养符合地方经济发展需要的人才。

5. 仿真性原则

中等职业教育是面向就业的教育，培养出来的学生必须能够满足岗位的需求。因此，实训基地应充分体现生产现场的特点，具有针对性很强、数量和场地足够、与社会实际的生产和服务场所尽可能一致的实训工位；要具有真实而综合的职业环境，按照未来专业岗位群对基本技术技能的要求，使学生得到实际操作训练，帮助学生掌握专业技能、技巧，培养学生的技术应用能力；能够使学生体验操作过程，基本完成岗前的准备和训练。

（四）实训基地建设模式

1. 校内实训基地

校内实训基地是指在职业学校内部的，以学生训练为主，又紧跟现代科技、生产、服务、管理发展前沿的实践训练场所。校内实训基地介于实验室、实习车间之间，可以完成课堂无法完成的技能操作。

（1）校内实训基地建设途径

职业学校应具有教学、科研、生产、培训等功能，其实训基地建设的途径也多种多样。

① 职业学校自筹资金建设

第一,利用现有资源。随着中等职业教育的发展,许多职业学校都具有一定的教学实训条件,并形成了一定的规模。职业学校可充分利用自身已有的资源及联系密切的社会协作实训单位的资源,通过精心构想、设计、组织、实施,以最少的投入获得最好的效果。

第二,自筹资金。实践教学是提高学生动手能力,实现地方性技能型人才培养目标的重要环节。中职学校要积极创造条件,加强基础设施建设,努力改善办学条件,使学生在学习专业基础理论的同时,身临其境,在仿真的环境中进行训练,获得实际操作技能。

第三,校校联合。职业学校间联合建设实训基地,可以实现优势互补,开发生源、减少支出、提高声誉。一方面,校校联合建设实训基地可以实现基地共享,提高实训基地的利用率,节约建设成本。另一方面,校校联合可打造并形成自己的品牌,提高学校的竞争力,并将实训基地面向社会开放,吸收其他学校的学生到实训基地进行实习、培训。

第四,面向社会开展培训。职业学校面向社会开展培训,可拓宽学校的生源并缓解实训基地建设资金困难问题,充分利用外部的资源,改善学校的办学条件,为地方性技能型人才培养提供物质保障。

② 多方筹资建设

根据职业学校的实际情况,除了可以通过自身努力独立建设校内实训基地外,主要还有三种投入模式。

第一,政府投入。在经济较为发达的地区,尤其是长三角、珠三角等地,地方政府除了逐年加大对职业学校的经费投入外,还应积极投资兴建公共实训基地,对社会开放,实现资源共享,促进地方经济的发展。

第二,政府支持、社会参与和学校配套投入。政府的扶持和社会人士的参与,可以帮助职业学校节约大量开支,并扩大实训中心的建设规模,完善实训基地的装备。

第三,校企合作投入。校企合作是校企双方共赢的一种模式。职业学校可通过寻求与行业企业的合作,探索实训基地建设。校企合作投资建设实训基地的途径包括:1) 寻求资金投入;2) 寻求设备支持;3) 用冠名的方式合作共建实训中心。

(2) 校内实训基地建设注意事项

① 避免资金浪费

职业学校实训基地建设的最大问题往往是资金问题。在有限的资金条件下,要对实训基地的建设进行合理规划,避免在建设过程中讲排场、求攀比,从而造成资源浪费。同时,校内实训基地建设要因地制宜,超前性与实用性相结合,确保其使用效益,避免落后和浮夸。

② 注重共享性

职业学校之间要注重实训基地建设的共享性,防止实训基地在建设和运行上出现独立建设、独立使用的情况,导致在同一区域内同类专业实训基地重复建设,造成资源浪费。校校之间可通过合作减少重复,提高实训基地的利用率。

(3) 校内实训基地建设原则

① 实用性原则

职业学校实训基地的设施和装备要符合地方性技能型人才培养的需要,学生可通过在基地训练,更好地掌握当前企业生产技术、工艺标准或管理实务要领,使自己所学符合地方经济发展需求。

② 适度超前原则

为了避免实训基地落后于生产和管理实际,实训基地的设施和装备在技术先进性方面要适度超前。

③ 软硬件相配套原则

软件和硬件是校内实训基地所不可缺少的,只有二者兼备才能提升基地的内涵水准。硬件是指实训设施和装备的建设,软件是指实训基地管理和实训教学体系的建设,包括管理体制、管理方式和管理手段的创新,也包括教师培养、课程体系建设以及教学组织管理的创新等。

(4) 立足地方经济发展

职业教育主要是为地方经济发展培养人才,因此,实训基地的建设要坚持立足地方,面向地方行业、服务地方行业的原则,做好职业岗位调查和人才市场需求预测,加强以满足地方经济发展需要为主的专业实训基地建设。值得注意的是,职业教育的专业调整也是动态变化的,这是由地方经济发展变化所决定的。因此,职业学校在建设实训基地时,应密切联系地方上的行业、企业,多征求建议和意见,以保证对当地经济有促进作用专业的实训基地建设。

2. 校外实训基地

校外实训基地是校内实践教学的延伸,是对实践教学体系的完善,是职业学校实训系统必不可少的组成部分。校外实训基地可以使学生与工作场所"零距离"接触,将自己所学的理论知识运用到实践中去,提高学生的职业技能,促进学生综合素质的提高。

(1) 校外实训基地建设途径

职业学校校外实训基地的建设不是一朝一夕可以完成的,是一项艰巨的任务,也是职业学校培养地方性技能型人才迫切须要解决的问题。具体来说,可以采取以下几种建设方法：

① 加强教师与企业沟通，建立“协作型”校外实训基地

职业学校不仅要丰富学生的理论知识，更要提高学生的实践操作能力。但是，由于条件的限制，许多职业学校的教学仍以教师的理论讲授为主，学生无法从真实的情景中感受到教学内容。为此，可以通过专业教师与企业之间进行联系，加强与企业的协作，建立“协作型”校外实训基地，调动学生学习的积极性，避免教学空洞和抽象。

② 校企合作，构建“合作型”校外实训基地

“合作型”校外实训基地相较于“协作型”实训基地，合作范围更加广泛，不仅包括了实训安排、科技转化和职工培训等方面的内容，而且还包括专业设置的调整、专业教学计划的安排等内容。构建校外实训基地的方法有很多，包括成立专业委员会，积极吸收企业家和企业技术人员进入专业委员会；与企业合资办学，成立股份制学校；通过订单式培养模式，使学生在企业接受实训。

③ 兴办校办企业，建立“自主管理型”企业实训基地

中职学校在兴建校办企业方面有着自身的优势，可以利用这些优势兴建校办企业。中职学校校办企业的投资主体可以实行多元化，比如以学校投资为主，鼓励教师加入到企业投资中去。在管理方面，可以校外聘请职业经理，由职业经理与学校教师共同管理企业，并实行独立核算。在校办企业中可以建立“自主管理型”的企业实训基地，学校可以自主安排实训内容和实训时间等。“自主管理型”的企业实训基地结合了学校实训基地和企业实训基地的优点，既有利于学生职业素质培养，又可以节约实训成本，甚至还能为学校创造一定的经济效益。

④ 通过服务社会、企业，搭建实训平台

中职学校可以利用师生群体的知识、技术优势与开发能力为社会、企业服务。在此过程中，学校不仅可以给社会、企业提供智力上的支持，更为重要的是通过服务给学生创造了实训机会，学生们通过服务加强了自身能力。

(2) 校外实训基地建设和运行过程中应注意的几个问题

① 强化校企合作建设实训基地的意识

要做好校企合作，共建实训基地，首先要在思想上认识校企合作共建实训基地的重要性。因此，学校要对校企合作的重要性进行大力宣传，使师生认识到，要促进学校和自身的发展，必须走校企合作、产教结合，共建实训基地的道路。

② 建立规范的规章制度保障校企合作

职业学校校企合作的顺利进行，离不开规章制度的保障。因此，职业学校和企业在共同推进实训基地建设的过程中，须建立规范的制度，比如实训基地的领

导机制、协调机制和合作机制。

③ 深化校企合作的内涵

校企合作不能仅停留在简单的、初级的层面,应将职业学校单方面的需求转变为校企双方健康发展的共同需求,既满足职业学校的发展,也成为企业发展的长久之计,使职业学校和企业共同探索发展的道路,成为密不可分的合作伙伴。

④ 制订有序的学生实习计划

随着社会的不断发展和知识的进步,学生的发展不能仅靠在校期间所学的知识,还须要参与到实践中去。为了使学生的实习顺利达到目标,在学生进入企业实习之前,教师必须到企业进行实地考察,了解企业对人才的最新要求,按照实习要求制订完善周密的计划,落实相关事宜。同时,学校要努力取得实习单位各部门的支持,以确保实习任务顺利完成。

⑤ 加强实习教师和学生的实习管理

学校在安排师生到企业实习前,必须进行实习动员,强调学校的实习纪律。实习后,严格实习考核,加强实训辅导。要对参加实习的学生进行纪律上的约束,才能保证实训取得较好效果。

3. 公共实训基地的构建

(1) 建设公共实训基地的必然性

① 是实施人才强国战略,培养技能型人才的重要选择

随着我国经济的发展和结构的转型,许多地区和行业都存在着高技能人才供不应求,甚至严重短缺的现象,存在着高技能人才培养和配置与产业升级、经济结构调整要求之间不相适应的矛盾,这制约了企业的可持续发展,阻碍了产业的优化升级,影响了我国经济在国际上的竞争力。正因如此,各级政府和部门坚持科学的发展观和人才观,从科教兴国、人才强国的战略出发,围绕更新人才理念、完善人才成长环境、改进人才培养机制、加大人才培养投入,纷纷制定相关制度及政策,加快高技能人才队伍的建设步伐。

② 是职业学校发挥促进地方经济发展功能的正确选择

高技能人才公共实训基地的建设,是提高职业培训和技能人才培养评价水平的有效手段,有利于解决高技能人才培养评价服务手段不足和水平不高等问题。职业教育主要服务于社会,服务于区域经济。职业学校投身公共实训基地建设有利于进一步扩大自身影响、提高社会美誉度,有利于改善师资队伍和教学设施、促进教学改革、提高教学质量。

③ 是实施高技能人才培养工程、完善高技能人才体系建设的重要举措

公共实训基地既可以由政府部门单独投资兴建,也可以依托各类就业训练中心或职业学校合作共建。加强政府与职业学校之间的合作,共建公共实训基

地是实施高技能人才培养工程、推进高技能人才体系建设的重要举措。

(2) 公共实训基地的功能定位及特色

公共实训基地应集职业教学实践训练、继续教育技术培训、职业技能培训鉴定、生产建设技术服务、职业教育合作交流、职业素质培训等功能于一体,为职业教育与培训构建公共服务平台。

与校内、校外实训基地相比,公共实训基地的目标定位应体现自身特点:

① 公共性与公益性

公共实训基地的首要前提就在于它的公共性与公益性。基于政府与职业学校合作基础上建立的政校合作实训基地,自然应具有公共性与公益性,以区别于其他各种市场化、商业化的项目与机构。只有坚持公共性与公益性,才能充分发挥公共实训基地应有的功能与作用,使政府的公共投入产生较大的社会效益。

② 服务性与先进性

服务性是公共实训基地之所以能生存、发展的价值所在。而服务性要落到实处则必然要求公共实训基地应同时具有先进性,只有具备了先进性,服务性才能有可靠的依托。人才培养的关键在于提高学生的实践能力,培训水平的高低在很大程度上取决于理念的前瞻性、师资队伍的合理性、实训设施设备水平及实训环境的先进性。

③ 独特性与关键性

公共实训基地建设,要根据经济发展和产业结构调整的需要,立足于当地支柱产业、现代服务业和高新技术产业发展。一定区域的公共实训基地,要进行合理规划和布局,形成与企业、职业学校功能互补,特色发展的工作格局。因此,公共实训基地应具有独特性和关键性的特质。

④ 开放性与示范性

公共性是开放性的基础,开放性是公共性的必然结果。公共实训基地的性质决定了其必须对外开放。开放,不仅技能培训要面向社会,对外开放,而且其实训项目的设置、实训内容的选择都必须对外开放。此外,公共实训基地作为职业培训体系的一个重要组成部分,在技能人才的培养上应具有引领作用。因此,公共实训基地应具有示范性,力求成为人才培养的标杆。

二、职业教育信息化建设

(一) 职业教育信息化建设概念

1. 教育信息化

"信息化"一词最早出现于20世纪60年代日本的一些文献之中。但其发展主要归功于20世纪90年代美国克林顿政府提出的"信息高速公路"计划。信息高速公路计划促进了信息技术在社会生活各个领域的广泛运用，推动了综合服务信息化。在美国信息高速公路计划的引导下，许多发达国家和发展中国家相继出台了一系列规划，促进国家信息基础设施建设，从而使信息化建设在全球范围内得到传播。

信息高速公路计划对教育产生了深刻的影响。美国的信息高速公路计划将信息技术在教育中的应用作为教育改革的重要部分，得到了世界上其他国家的积极响应，并纷纷制定政策促进信息技术在教育中运用。在这样的背景下，教育信息化的概念应运而生。

随着网络技术的迅速普及，我国自 20 世纪 90 年代末开始，整个社会的发展与信息技术的关系越来越紧密，信息技术对社会发展的影响也越来越引起人们的关注，“教育信息化”逐渐走进人们的视野。随着职业教育改革和发展的加快，“职业教育信息化”也逐渐兴起。如今，我国正大力提倡发展现代职业教育，“职业教育信息化”也被广泛应用于正式的文件之中，并在教育会议中被反复提起，有关部门高度重视职业教育信息化的各项工作。

2. 职业教育信息化

职业教育信息化指将现代教育思想及理论作为职业教育的指导方针，并将现代信息科学技术应用到职业教育之中，借助丰富的信息资源推动职业教育教学改革和发展，从而实现职业教育信息化，使其满足社会发展的需求。

职业教育的信息化是指职业教育依托信息化手段，将职业教育与信息化深入结合，开发适合职业教育发展的优质资源，推动教育和教学改革，促进人才培养目标的实现。① 对职业学校来说，就是要利用信息化的手段，开发出适合的资源，推动地方性技能型人才的培养。职业教育信息化的建设是一个长期的过程，首先需要有一个强大的网络基础，在此基础上开发多种优质资源，并在教学中充分运用这些资源，使这些资源渗透到教学的各个环节之中。在职业教育信息化的过程中，教师和学生都得到了良好的发展。对教师来说，教师的信息化水平得到了极大的提高；对学生来说，可以更好地完成学习任务，从而促进自身技能水平的提高。

（二）职业学校信息化建设现状

早在 20 世纪 90 年代，我国职业教育信息化就迎来了第一个发展高峰。但是，由于当时整个社会的信息化建设尚未成熟，教育上信息化的投入也非常有限。后来，随着高校扩招、社会对职业教育存在理解误区等一些客观主观因素，职业学校的发展变得相对缓慢，信息化进程基本为零，大多数职业学校仅处于基

① 范如涌、项晓乐：《职业教育信息化的概念、内涵及其发展模式分析》，《电化教育研究》，2003 年。

础网络建设的初级阶段。[1] 在职业教育信息化发展普遍滞后的情况之下，职业学校信息化发展显得尤为不足。职业教育信息化发展不尽如人意的原因是多方面的，一是由于职业学校教师对职业教育信息化的专业知识了解不足，导致其不能够正确意识到职业教育创新的重要性；二是由于职业学校资金的缺乏和对职业教育信息化了解的欠缺，导致职业教育信息化建设在职业学校发展缓慢。

近些年来，随着国家对教育信息化的重视，职业学校的教育信息化建设取得了一定的发展，但仍有不足，主要体现在以下几个方面：

1. 基础设施建设取得一定成绩，但发展不平衡

在网络技术普及的推动下，学校教育信息化得到了极大的发展。目前，许多职业学校都建立了校园网，并配置了网络教室和多媒体教室。除了硬件条件的改进，职业学校还普遍将网络技术运用到学校的行政楼、教学楼和图书馆中。在一些发达地区的职业学校中，还把教师宿舍和学生宿舍也接入互联网，方便教师和学生在宿舍通过网络获取所需的资料，提高了教师办公和学生学习的效率。除此之外，有些职业学校充分利用学校信息化的优势，将图书馆、课堂等资源搬到了网上，与此同时，办公也实现了“无纸办公”和网络化管理，数字化校园建设取得了显著的成果。

在我国职业教育信息化建设过程中，现代远程教育得到了前所未有的发展。现代远程教育既扩大了社会人员接受职业教育的机会，也为职业学校学生多渠道学习提供了机会。在职业学校中，有的学生在课堂上没有掌握老师所教的知识和技能，或者因某些原因没能参加课堂教学，就可以通过信息化来解决这些问题。但是，由于职业教育在我国发展的时间尚短，发展还不够完善，职业教育信息化的发展水平还处在初级阶段。

职业学校信息化建设一个很大的制约因素就是硬件的缺失。在一些经济欠发达的西部地区，许多职业学校校园网尚未建立，信息化建设仍然是一个重要的难题。但是，许多发达地区的职业学校却出现校园网处在闲置浪费的状态，花费大量资金建设的校园网常常被“束之高阁”。此外，由于缺乏一个明确的标准，许多职业学校的校园网虽然已经建设，但是仍然存在很多的问题：一是网络设施配置偏低，网络安全程度不高，并缺乏统一的网络规划，难以适应将来技术的发展和应用；二是校园网带宽过低，许多职业学校仍在使用百兆网络，极大地影响了与信息平台的交流互通；三是中职院校中教学管理、行政科研及学生宿舍区仍未实现校园网互联。

---

① 曾晓玲：《职业教育信息化建设的研究与实践》，东北师范大学学位论文，2006 年。

2. 信息化资源及平台迅速发展

职业学校地方性技能型人才的培养离不开信息化建设，而信息化建设的一个重要部分就是资源及平台建设。从 1999 年开始，我国就已开始组建以中国教育科研网和卫星视频系统为基础的现代远程教育网络，已建成八个主干地区中心，省级节点分别设在全国 36 个城市的 38 所大学，与 CERNET 联网的大学、中小学等各级教育和科研单位达 900 多家（其中高等学校有 800 多所），联网主机 120 万台，覆盖了 200 多个城市 2 000 多个大学、教育机构、科研单位，用户超过 2 000 万人。CERNET 已经成为我国开展现代远程教育的重要平台。这个信息化平台，互联互通，覆盖全国，并初步形成了现代化的远程教育传输网络。职业教育信息化资源平台建设为职业学校地方性技能型人才的培养搭建了一个良好的平台，从多方面促进人才培养目标的实现。

随着职业教育信息化建设的发展，一系列职业教育信息资源平台也逐渐建立起来，“中等职业学校招生信息系统”、“国家级重点中等职业学校评估管理信息系统”、“中国职业教育与成人教育网”门户网站、“全国中等职业学校毕业生就业信息服务平台”、“教育系统农村劳动力转移培训计划信息发布平台”、“全国中等职业学校学生管理信息系统”等相继开发并投入使用。这些平台一直坚持应用驱动的方针，信息化发展围绕各级各类教育的应用需求去推进、建设。应积极创新推进机制，调动企业等社会各方面力量积极参与教育信息化建设。

3. 教育信息化资源建设还停留在初级水平

在我国，互联网技术和电子信息产业的发展已经取得了巨大成就，与西方发达国家相比，差距日益缩小。但是信息化技术在教育中的应用，尤其是在职业教育方面的应用，与西方发达国家之间还是存在着较大的差距。例如，我国许多职业学校仅仅是将书本内容直接搬到了电脑上，并没有根据实际情况作进一步调整；一些优质的信息化资源没有得到充分的应用，教学中的仿真软件等应用仅仅是个摆设；信息化没有在提高学生的技能方面发挥应有的作用。诸如此类的现象在我国很多职业学校都存在。职业学校的信息化无论是在管理中还是在教学中，应用水平都是很低的。职业教育信息化与职业学校地方性技能型人才培养脱节已经是个不争的事实。因此，职业学校信息化手段的低水平应用，无法完全调动学生学习的积极性，无法满足他们对知识的渴求，阻碍了他们对知识的深入探索和研究，阻碍了学生技能提高。这也是制约职业学校地方性技能型人才培养的一个重要因素。

我国中等职业教育的优质数字教育资源总量不足，尚未形成有效的共享机制，教师和学生无法通过网络获取学习等信息资料，也无法通过网络得到有关教育政策及相关管理等信息，优质课程资源相对匮乏，对学生理论知识水平和操作技能的提高都有限制。在教育信息化的国家主干网络建成之后，网络上的信息资源严重不足，职业学校的信息资源则更少：一是表现在可使用的信息资源不丰富。管理信息较多、应用资源较少，助教资源较多、助学资源较少，公共课资源较多、专业课资源较少，专题网站较多、综合网站较少。二是表现在可共享的资源不多。由于目前缺乏行之有效的共享机制，致使专攻于职业教育开发者的利益得不到应有保障，所以他们开发资源的积极性不高，这就阻碍了优秀资源的生成及共享。三是与职业学校学生技能提高相关的资源较少。

除此之外，水平低、重复建设、缺乏实践操作技能的专业培训等信息资源在我国职业教育信息化资源中是比较常见的，尤其是独立的课程、文件等资源，以被动接受为主，缺乏交流性和互动性，缺乏资源共享平台，无法做到资源的互动、共享。现有的信息资源绝大多数仅停留在被发现、被接受的低水平上，缺乏深度整合的课程部分。教育应用程序的设计者往往不是应用者，导致设计者只会纯粹从设计的角度来看待设计主题，而忽略各学科的各种功能的特性，无法实现设计与应用沟通，做到设计与应用互相结合，同时也导致设计产品使用面不广，经营困难。很多资源照抄照搬，仅仅做简单的复制工作，而没从应用者使用层面设计产品，致使很多软件脱离真实场景，与现实脱节，不仅造成资源浪费，而且打击了设计者的设计积极性。优秀的课件被研发出来以后，通常只能在一个学校使用，没有办法做到有效的资源共享，缺乏有效的资源管理机制，使得资源利用率降低，无法实现效益最大化，这是对资源的极大浪费。只有通过学校对优秀课件的管理，形成优秀课件库，使得优秀的资源可以共享，才能真正适应学生和社会的特点与要求，也有利于教师素质和教育教学效果的提高。

4. 职业学校教师信息化应用能力和创新能力有待提高

教师信息化水平的高低对职业学校信息化是否成功起着至关重要的作用。尤其当今社会对职业学校信息化要求越来越高，这就要求职业学校教师熟练掌握计算机及网络技术的技能，在原有知识领域的基础上进行信息搜索、整理、加工和创新。要实现这一目标，职业教育教师只有自己掌握高水平的信息能力，才能培养出适合信息化时代的高素质人才。高素质的教育离不开一支高素质的教师队伍，当今社会的教育科研和教育需要对教师信息技术的掌握提出了极高的要求，但他们的信息技术能力还远不能达到这个要求。而适合职业教育界的教师培训机构和专业对口的培训单位匮乏也是制约教师信息技术水平提高的一个重要因素。职业教育信息化的深入发展特别是随着信息技术和网络技术的进步，网络远程教育的发展，都为职业学校教师培训开辟了新的途径和方法。

为满足地区对技能人才的需求，职业学校教师应当有效利用信息化的手段，尽可能把直观手段运用于教学，从而有效提高学生学习的效率，帮助学生克服学习过程中的困难，使得学生将理论知识与实践知识充分结合起来。这就要求教师不光能够运用传统教具，如图示、PPT、黑板等，还要能够将信息化教学技术与课程相整合，充分利用张贴板、视频技术、现代音像、模拟仿真课件、计算机辅助教学工具等现代信息化技术。值得注意的是，目前大多数职业学校信息化设备的应用还未能达到信息化教学的要求，还处在演示阶段，与传统教学并不存在特别大的差别，或是对某一外观设计的机械复制，无法达到场景再现，大多数教育过程中并不能有效应用信息技术，并将实际训练与教学相结合，与学生缺少必要的沟通和互动。职业教育信息化的瓶颈就在此处：教师教学的信息化水平目前仍然停留在初级阶段，究其深层原因是教师信息化水平缺乏质的创新。

当然职业学校教师的信息化应用能力在不同地区存在不小差异。东部地区和中心城市的教师应用信息技术的平均水平偏高，能够将计算机、多媒体和网络等技术在教学、科研和管理等许多环节熟练运用；相对而言西部地区及其他欠发达地区的职业学校，教师信息技术能力的平均水平偏低。究其深层原因，一方面，欠发达地区职业学校的硬件水平较低，设施缺乏，教师缺少运用实践的机会；另一方面，相关信息化教学设备只运用于计算机相关专业学生的学习，其他专业的教师和学生缺乏对设备的利用，这就直接或间接地影响了教师信息化教学水平的提高和技术的普及。

由此可以看出，教师的信息化水平对地方性人才的培养起到至关重要的作用。首先应对职业学校应具备的信息化水平和目前职业学校教师信息技术掌握及运用的能力进行评估，再对不同水平的教师开展有计划的、结构化的信息化应用培训，从而使教师信息技术的应用能力能够符合职业教育的要求。

（三）职业学校信息化建设途径

职业学校信息化建设要与地方性技能型人才的培养结合起来。这就要求我国职业教育现代化建设应该立足我国国情，根据目前现状针对性地就管理体制、政策法规、标准平台及资源库建设和人才培养等提出一系列措施。

1. 促进职业学校信息化建设的管理结构和政策法规体系的完善

（1）促进三级管理架构完善

所谓三级管理架构的完善，就是促进国家、地方和职业学校自身管理架构的完善。政府在职业学校信息化中的领导作用应当越来越强化，各级政府对信息化建设要明确各自的职责，国家和地方信息化的总体战略和规划也应当将职业教育信息化列入其中，对于职业教育信息化建设的项目、资金、技术等，发改委、工业信息等部门应给予专项支持。教育行政部门要成立“职业教育信息化建设领导小组”，对职业教育信息化建设进行专项规划、统筹管理和评估督导，在课程资源开发、人员培训和技术服务中，要发挥各级职业教育研究机构、教育信息管理中心的研发能力。

(2) 健全中等职业教育信息化建设的政策法规体系

国家职业教育信息化总体要求法制化,最终纳入到《职业教育法》的框架中。首先要明确职业教育信息化政策法规的制定主体、目标取向和行动准则,促进职业教育信息化的有序开展,使知识产权人的权益得到保护,知识产权体系得到完善。这就要求地方政府就职业教育信息化相关标准做出明确规定,如就经费投入、技术标准、人员配备、资源建设和评价监督等出台相关实施条例。出台鼓励职业教育信息产业发展的相关政策,推动资源开发、信息服务等领域的发展和投资融资的开展。

2. 加强中等职业教育信息化标准、设施和服务平台建设

(1) 完善职业教育信息化标准建设

职业教育信息化的标准主要包含三点:教师教育技术能力标准、教师管理信息化标准、设施设备和资源建设标准。它须要依据已经实行的相关标准,结合中等职业教育信息化相关标准自身特点,根据科学研究和政府引导,依托重大信息化应用工程,联合教育领域和产业领域的各种力量共同制定。因此,要加快制定、推广设施配备和资源建设、教育管理信息化和教师教育技术能力等标准,实施应用系统规范、信息标准规范、用户规范以及信息化管理规程,促进网络互联互通、系统相互兼容和信息资源共享,缩小城乡、地区和校际差别,加快职业教育均衡发展。积极参与国际教育信息化标准研制,推进职业教育信息化的国际合作。

(2) 开展职业教育信息基础设施建设

推进职业教育信息化骨干网络的建设,在依托卫星电视网络、互联网和教育网的前提下,加快教育科研网的技术升级和多网融合。应用传感网络、物联网、3G 移动网等技术扩展网络功能,发展并完善综合信息基础设施,推动实现向下一代网络的转型和各类数字广播电视的发展。以多媒体计算机教室、虚拟实验实训室、多媒体演播室等为核心,推进校园网络、广播电视设施、远程教育网络以及校园管理控制系统建设,优化网络结构,提高网络性能,从业务、网络和终端等层面推进网络融合。

(3) 开展职业教育信息服务平台建设

以便捷化服务为宗旨,围绕办公自动化系统、教务管理系统、网络教学系统、数字图书系统、一卡通系统、信息发布系统、后勤服务系统等,加快推进职业教育信息化政务平台、管理平台、资源平台、教学平台以及通信平台等建设,对资源实施有序化、智能化获取、存储、管理和检索,推进职业教育教学的个性化、“一站式”服务。以数字化实训系统建设为重点,推进虚拟仿真性专业实训平台开发,提高职业院校实训室建设的现代化水平,增强学生感知能力,降低运行成本。适

应移动通信技术的发展，探索建立移动学习平台，满足多元化学习的需求。

3. 加强职业院校基础信息库和课程教学资源库建设

（1）建立职业院校基础信息数据库

加强职业教育信息资源全过程管理，对职业院校及其教师、学生的信息建立数据库管理机制，为职业教育的宏观规划、经费拨付、绩效评估等提供基础数据，拓展应用服务，引导和规范政务信息资源的公益性增值开发利用，为校企合作、教师发展和学生就业等搭建平台。充分发挥信息资源开发利用对节约资源和提高效益的作用，以信息流引导人员流、物质流和资金流，加快弹性学制、产教结合等改革的深化，促进职业教育集团或区域内教育资源的共享，实现教育信息资源的优化配置和人才培养模式创新。加强数据库信息的管理，维护权利人的合法权益。

（2）建立职业教育课程教学资源库

以教育部《教育资源建设技术规范》为依据，以媒体素材、微教学单元、网络课程、仿真实训室以及数字图书馆、公共文献资源和专业文献资源为重点，推进课程教学资源库、综合文献资源库以及资源管理系统等建设，促进信息化资源建设在内容上从传统的教学资源库向基于知识点管理的积件库过渡，在结构上从离散的素材型资源向结构化的主题资源单元过渡，在形态上从静态的技术型资源向动态的智慧型资源过渡，在管理上从较单一功能“信息管理”向智能化“知识管理”过渡，实现课程教学信息资源的标准化、多样化、多元化和开放化，构建公共课程、专业课程等各科门类齐全的课程资源库，满足职业院校学生专业学习和素质发展的需要。

4. 健全职业教育信息化人才培养、培训和发展机制

（1）信息化管理人员队伍的配备及职责

加强在岗信息化管理人员的培训，引进信息化专业人才，使职业教育信息化管理队伍的专业基础知识和信息技术应用水平不断提高，从而使信息化科学的发展和信息化人才的培养不断加快。对信息化管理人员信息化建设的协调服务和技术维护的职责做出明确界定，使得信息化管理人员充分发挥其在信息化建设中发展规划、事务统筹、设施建设、系统开发、安全维护的专业才能，使得信息化系统能够有序、高效地运行。

（2）教师信息技术能力标准及实施机制

根据职业教育的需要及其特点，以及信息化发展的要求，从职业教育教师意识与态度、知识与技能、社会责任等方面分别对教学、管理和技术人员的信息技术能力做出要求和规定，制定特定的信息技术能力评估标准，强化培训和考核，考核通过后颁发相应等级资格证书。制定职业教育教师的信息技术应用成果激励机制，使其媒体课件、网络课程、虚拟实训室的成果评比结果与职称评定、名师

评选挂钩。

（3）信息化条件下教师专业发展与终身学习机制

根据各地不同的职业教育规划和要求对当地教师信息技术能力进行相应培训，使其应用能力不断强化，特别要加大农村教师信息技术能力的培训力度，使得职业教育教师从传统的教育思想、观念、模具、内容、教学法中寻求突破和变更。加强信息技术环境下对教学模式、教学方法的研究和应用指导，使信息技术与课程相结合。引导教学模式的变更，使得学生自主、合作、探究学习的主要模式在教师的教学过程中不断开展，从而提高教学质量。建立覆盖城乡的信息化学习支持服务体系，推动教师运用现代信息手段的终身学习。

5. 健全职业教育信息化建设经费的筹措和监管机制

（1）完善信息化建设的多元经费筹措机制

推动国家以立法的形式，制定、出台职业教育信息化建设的经费标准，确定各级政府在经费投入中的主体责任和投入比例，适度加大中央财政对中西部地区和经济落后地区的转移支付力度。设立职业教育信息化工程的专项经费，并保证逐年有所增加。采取政策性倾斜和社会化措施，积极吸纳行业企业和其他社会力量或民间团体的捐助。发挥基金会等组织作用，探索信息化投资融资改革，适度推进政府与商业机构、学校与商业机构的联合投资，建立起政府投资、学校自筹和市场融资相结合的多元经费筹措机制，为职业教育信息化的可持续发展奠定物质基础。

（2）加强职业教育信息化建设的经费监管

推进财务管理信息化系统建设，建立职业教育信息化建设经费投入的管理规范，遵循节约、高效的原则，加强经费使用的统筹规划和过程管理，开展全国职业教育信息化经费需求状况的调查和统计，结合财政和教育经费总量制定各级财政的经费预算，行业企业和社会力量捐款必须纳入统一财政账户，做到专款专用，合理分配基础设施、资源开发和队伍培养等所需经费，严格政府采购程序和统一结算制度，避免超标浪费和重复建设。建立严格规范的审计监督制度，对经费使用的合理性、效益程度进行科学评估，对发现的问题严肃追究相关部门和人员责任。

6. 健全职业教育信息化建设的监控和评价工作机制

（1）制定职业教育信息化建设水平的评估标准

按照以评促建、以评促改、评建结合的原则，推进职业教育信息化建设的评估工作，加强评估体系研究，制定以地区、学校为对象的职业教育信息化水平评估标准，对基础设施、信息资源、网站建设、远程教育、应用系统、信息技术教育、人才队伍、组织机构、经费投入和综合管理等方面做出评价，并将结果纳入地区和学校现代化考核的内容。

(2) 建立中等职业教育信息化建设的运行监控机制

地方相关部门对中等职业学校的信息化建设情况进行评估、督察,将结果向同级教育行政部门、信息化领导办公室报告,推进中等职业教育信息化良性、均衡发展。

第五节 职业学校培养地方性技能型人才的校园文化建设

一、中等职业学校校园文化特征

职业学校的校园文化根据其是否可见,可以分为显性文化和隐性文化。

所谓显性文化是指以文字、符号、图片等实物表述,通过一定的媒介传递,可供人们交流的、有形的文化。在职业学校中,显性文化可以划分为物质文化和制度文化,具体包括校训、黑板报、图片、标语、各种活动、教室、实训基地、规章制度等。

所谓隐性文化是职业学校中全校师生行为背后的文化内涵,可分为精神文化和行为文化,具体包括班风、学风、工作态度、组织反映、学校传统、学校精神、校友故事等。隐性文化很难通过文字符号表示,是对显性文化的内化,却影响着师生对显性文化的接受。在职业学校中,尽管隐性文化的建立是有意识、有目的的,但是其通常是以无组织、无计划的方式进行,是教师或者学生在无意识的氛围中获得的。

由于职业学校是根据职业岗位的要求,有针对性地对学生实施职业知识和职业技能的教育,培养与地方经济发展相适应的人才。因此,职业学校的校园文化有着自身的独特性。

(一) 职业性

职业学校的人才培养定位要求其要为学生将来的工作打下基础,要帮助学生掌握职业知识、职业技能与职业道德。因此,职业学校的校园文化应具有鲜明的职业性特征。在具有鲜明职业性的校园文化熏陶下,学生的职业意识会逐步得到加强。具有职业性的校园文化可以体现在职业学校的各个方面。从物质文化方面来说,职业学校需要有适应地方经济和人才发展需要的实训设备和实训基地。从制度文化方面来说,职业学校应建立健全管理制度,使学生的行为符合职业的要求,比如职业学校须要建立实训基地操作和规范要求。从行为文化方面来说,教师的教学活动、学生的学习活动和课外实践活动,都要体现职业性的特征。从精神文化方面来说,职业学校是以地方性技能型人才作为培养目标的,因此,师生应具有强烈的创新意识、技能意识、成才意识,职业学校的专业建设和教学改革都应体现职业性的特征。

（二）实践性

黄炎培先生认为："职业教育的目的乃在养成实际的、有效的生产能力，欲达此种境界，需要手脑并用。"在人才培养方式上，职业学校强调"手脑并用"、"做行合一"，与普通中学注重理论知识传授的人才培养方式有着重大的区别。职业学校除了重视学生基础理论知识的学习，还注重学生专业技能的习得。在师资队伍建设上，职业学校注重"双师型"教师的培养；在课程设置上，职业学校的实践课程占有很大的比例；在实习安排上，职业学校学生的实习活动都是围绕着将来所从事的职业开展的；在活动设计上，强调学生的专业特色。所以无论人才培养方式、课程设置，还是实习安排、校园活动，职业学校的校园文化都具有强烈的实践性。

（三）特色性

与普通中学相比，职业学校少了几分高考的压力。相对较少的升学压力使得职业学校可以将更多的力量放在教学活动与学生培养上。职业学校中各个专业都有着各自的专业文化，这些专业文化融入到校园文化之中，使职业学校的校园文化各具特色。因此，职业学校的校园文化具有比普通中学更强烈的特色性，且这种特色性是与职业学校的专业设置密切相关的。

职业学校校园文化的特色性体现在以下几个方面：一是职业学校是以培养地方性技能型人才为目标的，注重培养学生的基础知识、专业技能、职业意识，这既体现在学校的日常教学之中，也体现学生的学习之中；二是职业学校的日常规章制度既没有普通中学的细致，也没有大学的宽松，在保证社会的基本规范和基本道德的基础之上，给予学生较大的自由发展空间，有着自己的特色；三是职业学校校园文化具有鲜明的行业特色，这在各个专业的宣传标语中就可以得到体现；四是在校园文化氛围上，不同类型的职业学校也不同，如卫生类学校提倡细致认真，商业类学校提倡灵活创业，农业类学校提倡深入农田实践，营销类学校提倡良好的人际交往。

（四）包容性

在这个多元化的社会中，人们的价值观念、行为方式也是多元的，必然要求求同存异。因此，包容成了越来越被人认可的主流理念。在职业学校中，校园文化也具有鲜明的包容性，这体现在职业学校运行的各个方面。

首先，职业学校的学生之间是相互包容的。职业学校的生源比较复杂，既有来自城镇的学生，也有来自乡镇的学生；既有初中应届毕业生，也有再进修的社会人才，还有在普通中学未能坚持，转入职业学校的。因此，学生之间的价值观念、行为习惯、家庭背景等都有着很大的差别。这就要求职业学校的校园文化具有很强的包容性，能让学生之间和谐相处。

其次，教师和学生之间是相互包容的。由于很多职业学校的学生在初中时学习成绩并不理想，且学生之间的学习能力有着较大的差异，这就需要教师具有包容的态度，允许学生逐步成长。因此，在学习上，教师不能给所有的学生设定统一的标准，要根据不同学生的特点进行教学，让学生得到最大限度的发展；在生活上，教师要尊重学生生活习惯、行为方式之间的差异，在教育学生认同社会主流观念的前提下，鼓励学生发挥自己的长处，包容个性突出的学生。

再次，职业学校中的不同思想是相互包容的。社会上传统文化与现代文化之间的碰撞、东方文化与西方文化之间的交流，在校园内都会有所体现。同时，由于职业学校与普通高中相比，学生有更多的机会接触社会，社会文化的多元性在职业学校中表现得更加突出。因此，职业学校的校园文化应是包容的。

（五）区域性

作为社会文化的子系统，职业学校的校园文化具有浓厚的区域性，是与其所处的区域密切相关的。而与本科院校和高职院校相比，职业学校校园文化的区域性则显得更为突出。首先，职业学校的学生大多来自本地，受到相似的地方文化的熏陶。其次，职业学校的教师与高校相比，来自本地或者临近区域的较多，具有比较明显的地方文化特征。再次，职业学校是为地方经济发展服务的，学生毕业后大多数留在本地就业，因此，职业学校的校园文化是与当地文化相融合的，这既有助于学生更好地融入社会，也有助于学生为地方的建设与发展做出贡献。

二、中等职业学校校园文化功能

（一）激励功能

良好的校园文化可以通过集体价值观和文化氛围的引导，产生一种激励机制，使学校的办学方针和目标更加明确、更加具体，从而实现为地方培养技能型人才的目标。在良好的校园文化激励下，师生的责任意识、集体荣誉感和自豪感得到增强，对学校关心培养的感恩意识得到强化，极大地调动了教师教学和学生学习的积极性，使广大师生都为地方性技能型人才培养目标的实现而努力。

具体来说，在具有良好文化氛围的校园内，教师和学生都会受到激励。首先，教师会更加热爱教育、热爱学校、热爱工作、热爱生活，对人才的培养充满激情。其次，由于历来“重学术轻技术”思想的影响，大多数成绩优秀的学生都会选择上普通中学，而职业学校成为许多成绩较差学生的无奈之选。在初中时期，老师更青睐成绩较好的学生，所以职业学校学生的自信心较弱，自卑心理较突出。很多职业学校的学生认为自己毕业后也只是一个普通技工，前途没有什么希望。对此，中职学校可以通过积极向上的校园文化，逐步提高学生的自我认知水平,提高学生的自信心,帮助学生树立正确的职业观。

（二）陶冶功能

华东师范大学陈玉琨教授在演讲中说:"给我10个北京大学的学生和10个清华大学的学生,再给我10分钟的交流时间,我就能根据他们身上所凝聚的精神气质,告诉你哪些是北京大学学生,哪些是清华大学学生。"这生动说明了,校园文化对学生的影响是非常深刻的。不同的大学具有不同的文化内涵,会对学生产生潜移默化的影响,使学生产生与自己学校相关的、与众不同的气质。大学对学生有如此影响,职业学校亦应如此。

职业学校要培养与地方经济发展相适应的人才,但是,学生的职业知识、职业技能、行为礼仪、思想道德的形成并不是一蹴而就的,而是在良好的校园文化中逐步形成的,其做人做事的方式与方法都与职业学校教育密切相关。正如马克思所指出:"人创造环境,同时环境也创造人。"《荀子·劝学》中也谈道:"蓬生麻中,不扶而直;白沙在涅,与之俱黑。"当学生第一次踏入职业学校的校园,学生看到的一切,比如有序或者凌乱的校园规划,干净或者肮脏的学习环境,整齐美观或杂乱无章的校园绿化,都体现着学校的管理水平和文化内涵。环境是人创造的,但是环境又能对人产生深刻的影响。良好整洁的校园环境会促使师生更加维护它,而脏乱的环境人们则不会去爱护。可以看出,良好的校园物质文化可以帮助学生养成良好的习惯,潜移默化地影响着师生行为。其实,职业学校中,校园的人、物、行、事等各个方面都无时无刻不在发挥着对学生的影响作用,在校园文化的包围与陶冶下,学生才能成为合格的具有职业精神、职业道德、职业素养的地方性技能型人才,并且具有各自学校的校园文化特征。

（三）教育功能

作为地方性技能型人才的培养场所,职业学校不但要注重学生职业素养的提高,即要对学生进行职业知识、职业技能、职业道德的教育,还要注重学生思想道德、社会规范的教育,使学生的思想水平、文明素质得到提高,更加符合社会对人才的需要。因此,职业学校的校园文化也要体现职业学校的人才培养目标,注重教育功能。

可以说,职业学校校园文化对学生的教育功能体现在方方面面。比如,干净整洁的校园教育着学生爱护环境,提高学生的环保意识;谦逊有礼、兢兢业业的教师教育着学生待人恭敬、积极向上;丰富的社团活动教育着学生要展示自己的特长;激烈的体育比赛教育着学生拼搏进取和团结友爱;多彩的社会实践活动教育着学生将自己所学的知识与实际结合起来,满足社会的需要,提高社会责任感。

职业学校的学生大多数处于青春期,身心发展并不成熟,世界观、人生观、价值观尚未完全成形，健康向上的校园环境对他们来说是至关重要的。因此，职业学校校园文化对学生的教育功能，既是社会对人才的需要，也是学生健康发展的需要。

（四）娱乐功能

随着高等教育的大众化，越来越多的学生选择普通中学，然后升入大学，职业学校的招生难问题逐渐凸显。职业学校的教师除了面对招生的问题，还要面对学生素质下降的事实，要不断地学习新知识，调整教学方法，以适应教学形势的变化。同时，为了自我发展的需要以及迎接教学检查评估等任务，教师必须不断学习、充电，从而加大了教师的生理负担和精神压力。对于职校学生，除了少部分毕业后升学外，大多数将直接进入社会。因此，大多数职业学校的学生比普通中学的学生提前四年进入社会。这就意味着，在职业学校期间，学生既要完成学业，又要完成从学生到社会人的转变，因此面临着比普通中学学生更大的压力。许多职业学校学生希望在毕业后有一份理想的工作，但是多数用人单位在人才选取上仍然以学历为重，这容易导致职业学校学生的心理落差，给他们造成巨大的心理压力。

在这样的情况下，职业学校可以通过校园文化的娱乐功能，缓解师生的心理压力，调节师生的情绪，从而提高其工作和学习效率。同时，在丰富多彩的校园活动中，师生可以发挥各自的特长，促进师生的全面发展。

职业学校校园文化的娱乐功能与普通中学相比更加突出。具体体现在以下几个方面：首先，学生的课余时间比普通中学学生更多，且大多数学生并没有很高的自主学习积极性，如果没有丰富多彩的校园文化活动，或者没有有计划、有组织的校园文化活动氛围，学生就容易精神空虚、无所事事。其次，大多数学生是因为成绩不理想而选择职业学校，很多学生对自己的未来没有信心，心理不稳定。而校园文化活动以其喜闻乐见的特点，吸引同学们参与，使他们在活动中得到展示自我的机会，增强自信心与协调能力，帮助他们朝着健康的方向发展。

三、职业学校校园文化建设途径

（一）改革管理体制，完善现代职业学校制度

“现代职业学校制度分为外部制度与内部制度。外部制度，用以划定政府和职业学校的边界，调节职业学校与外部环境（企业、其他学校、家庭、社区）的关系；内部制度，是利用教学制度规范教学、实习活动，以人事制度约束教职员工、学生行为，以财务制度控制经费使用、设施配备、基础建设等行为，以决策激

励制度约束学校成员参与决策并提高积极性。”①然而，现在我国职业学校的管理仍沿袭计划经济时代政府干预的管理方式，而且政出多门，职业学校受多个部门管理，各部门间的职责不清。

对此，应改革职业学校的管理制度，实行管理主体多元化。首先，政府应转变管理观念，通过制定方针、政策、法规等对职业学校进行指导和监督，由直接管理转变为间接管理，为职业学校创建良好的社会环境。其次，改革职业学校的办学体制，发挥行业的主导作用，让行业协会参与到职业教育标准的制定以及职业学校的考核，并鼓励企业和民间举办职业教育，形成政府主导、行业协会指导、企业和民间力量参与的多元化办学格局。再次，职业学校内部要实行民主化管理，完善校长负责制，建立并真正运行监督制度，建立健全职工代表大会制度，发挥教职工参与学校管理的积极性和主动性，避免出现领导者专权的现象，营造民主和谐的校园环境。

具体来说，职业学校内部制度的制定要根据《教师法》《职业教育法》《教育法》等有关法律精神，结合本校的实际情况，广泛征求师生意见，如此才能得到师生的认可。制度制定后，要严格按照制度办事，不管是领导、普通教师还是学生，只要违反了制度，都要严格按照制度的要求进行处理，塑造规范、诚信的校园环境。

（二）培养具有职业特色的校园精神

当前地方经济的发展给职业学校带来了巨大的机遇和挑战。职业学校如何抓住这一难得的机遇，培养适应地方需要的技能型人才，这就须要通过校园精神文化建设来凝聚人心、铸造校魂，使之成为全体师生的共同观念。

1. 明确并实践职业学校的办学宗旨

国务院《关于大力发展职业教育的决定》，明确职业教育的办学方针是“以服务为宗旨，以就业为导向”。职业学校各项工作的开展都应遵循此方针。但是，由于专业特色或地域差别，各职业学校的办学宗旨又有一定的差异。比如，昆山花桥国际商务城中等专业学校的办学宗旨是“立足商务城、植根商务城、服务商务城”，浙江省嘉兴市建筑工业学校的办学宗旨是“一切以学生的发展为本”，绍兴市中等专业学校的办学宗旨是“贴近经济、服务社会”，惠州制衣学校的办学宗旨是“适应社会发展需求，造就企业实用人才”。尽管各职业学校办学宗旨的表述不一，但都是围绕着“以服务为宗旨，以就业为导向”，树立了融入地方经济，为地方经济服务的观念。

在办学宗旨的践行过程中，职业学校应根据市场需要，合理调整专业布局并

---

① 李洁：《中等职业教育学校文化的研究》，北京交通大学学位论文，2008年。

狠抓教学质量。对职业学校来说，在这个终身学习的社会里，教育教学不仅仅意味着教授学生技能，让学生找到合适的工作，还要让学生成为掌握学习能力、有职业道德、有职业态度、有合作精神、适应企业文化的员工。因此，以就业为导向要求学校校园文化建设重在培养学生的道德情操、合作精神，加强校企合作，加强实习基地建设，开拓就业思路，为学生搭建广阔的就业平台，促进学生就业对口率与稳定率的提高。

2. 树立具有职业特色的学风、教风

职业学校的学风、教风是校园精神的具体化。所谓"风"就是"风气"，指的是这种精神是校园内普遍存在的，而不是个别现象。不同的学校具有不同的风气，比如美国的哈佛大学和麻省理工学院，相隔很近，却有着不同的风气，这是由培养不同专业人才决定的。① 职业学校的校风、教风和学风的建设应与专业特点紧密结合，重视学生职业道德、职业技能的养成，突出职业特色。

（1）营造"手脑并用"、"做学合一"的学风

职业学校要明确人才培养的目标，使学生通过在校期间的学习，掌握专业知识、专业技能、社会知识。然而，许多职业学校的实践课程虽然大大超过了普通高中，但"其功课重理论而轻实习"，学生"贫于能力而富于欲望"。从职业学校学生的特点来看，过多、过深的理论学习并不适合这些基础较差的学生，从职业教育的现状来看，理论知识过重则掩盖了职业教育的优势。因此，要倡导"手脑并用"、"做学合一"的学风，突出学生实践能力的培养，根据不同专业对人才的要求，培养学生相应的职业能力和"爱岗敬业"的职业道德。

（2）营造"学高为师，身正为范"的教风

作为"传道、授业、解惑"的教师，其言行举止都会对学生产生很大的影响。因此，职业学校要注重营造良好的教风，提高教师的职业道德，通过教师高尚的情操和人格魅力感染学生，以优良的教风带动优良的学风。

目前，许多职业学校教师进入门槛并不高，以本科毕业生为主，有的学校虽然要求硕士研究生，但是对职业技能的要求并不高，部分教师的教学以理论教授为主，造成了学生技能学习的欠缺。教师的水平决定了教学质量的高低，教学质量不高自然不容易形成良好的校园文化。由于职业学校与普通高中相比缺少升学的压力，因此，上级部门对职业学校教育质量做出的评价与指导也明显不足，也鲜有专门针对中职教育的教改教研科室，许多职业学校的教研活动处于无人关注的状态，教师也满足于教完课完成任务，无暇顾及学生是否掌握了教学内容。为了实现地方性技能型人才的培养目标，职业学校应该把教学水平的提高、

---

① 杨新起、向东、万美容：《新世纪高校校园文化建设论》，武汉：武汉理工大学出版社，2011 年，第 63 页。

教育质量的改善放到突出的位置。这就要求建立完善的教师准入制度并真正执行,招聘高水平的教师。

由于科技发展的日新月异,教师要掌握本行业新技术、新理念,就须要树立终身学习的理念。职业教育的实践性决定了职业学校教师的学习不是通过自己看书就能够完成的,而是要走进企业生产一线,参与实践活动。因此,职业学校教师的进修要与企业结合,与社会结合,并定期对教师进修的内容进修检查。

(三) 开展丰富多彩的校园文化活动

校园文化活动是校园文化建设的载体和活跃因素,职业学校要根据其具体情况,开展丰富多彩的体现职业特色的校园文化活动,推动校园文化建设。活动的开展应有目的、有预案、有计划、有总结,活动是提高学生能力的教育手段,而不能为了活动而活动。

1. 开展技术技能型校园文化活动

职业学校的培养目标决定了在校园文化活动的开展中,技术技能型活动应占主要地位。学生职业能力的养成应采取多种形式,不应只是在课堂和实训基地里。职业学校应根据自身特点、专业特色来开展多种多样的校园文化活动,强调校园文化活动的职业性、技能性和实践性,通过这些活动提高和改变学生的职业技能、职业素质、职业态度。如素质拓展训练可以提升学生的责任感和团结协作精神,社会实践活动可以增加学生对社会的认识,职业生涯规划设计活动、就业创业模拟训练可以使学生对人生有更好的规划,岗位练兵比武、专业技能比赛、创新设计比赛等可以使学生的职业技能得到提高,创新思维得到训练。通过活动的引导,既可以激发学生对职业能力的兴趣,又使学生的社会交往和活动协调能力得到提高,同时扩大学校的影响力,提升学校的社会声誉。

2. 开展知识智能型校园文化活动

知识智能型校园文化活动指的是学术讲座、学术报告会、学术讨论、知识竞赛、发明创造等,开展主体是教师。通过这类活动的开展,可以使广大师生涉猎到与学校专业有关的新技术、新思想、新知识,提高学生的学习兴趣和创新能力,提升校园文化层次。

3. 积极开展社团活动

学生社团是学生根据共同的兴趣爱好或目标自发组织的自我管理团体,是校园文化活动中的活跃因素,也是校园文化活动中的独特景观。中等职业学校要重视学生社团的建设,对社团文化进行研究,对社团建设进行管理和引导。目前职业学校社团以娱乐型为主,如文艺社、舞蹈社、棋牌社、计算机俱乐部、羽毛球社、乒乓球社、文学社、话剧社,等等,对活跃校园文化生活、丰富学生业余文化活动、锻炼学生组织能力等起到了重要作用。学校要引导学生成立与专业有关的社团，并配备社团指导老师，在社团活动中彰显技能元素。学校应支持社团活动，并对社团进行有效管理，通过丰富多彩的社团活动，使学生的各种能力得到锻炼。

4. 加强校际间的校园文化交流

校园文化交流是中等职业学校校园文化建设的重要组成部分。通过校际间的校园文化交流，中职学校可以互相借鉴和吸收校园文化建设的宝贵经验，吸取校园文化建设的教训，以此来促进校园文化的健康发展。校际之间的校园文化交流可以通过多种方式进行：一是将教师作为校园文化交流的主导。由于教师在校园文化建设中的指导作用，组织以教师为主导的校际文化交流可以提高活动的针对性和有效性。二是将学生作为校园文化交流的主体。以学生为主体的校园文化活动的内容和形式是丰富多样的，应是符合学生特点、深受学生喜爱的活动，通过这些活动加强学生间的交流，增进了解，发展友谊。

（四）重视人文环境和自然环境建设

环境对人的身心发展具有重大影响，和谐优美的环境，会对人产生一种无形的约束力，身处其中，会使人自觉去完善自我，塑造高尚人格，因此要重视环境文化建设。环境文化是一种看得见的文化，能潜移默化地影响人的心灵，也是师生陶冶情操、愉悦身心的重要外在条件。

1. 传承和创新人文环境

职业学校的人文环境包括校园的社会环境和校园建筑。校园社会环境的营造以人文为核心，注重学校传统与时代特征相结合，其建设主要包括两个方面：一是要通过民主和法制建设，形成一个自由民主、公正规范、积极向上的环境氛围；二是建设和谐的校园人际关系，包括干群关系、师生关系以及生生关系。校园建筑要根据学校特点，合理安排，精心设计，使其承载文化内涵，形成自己独特的风格。值得注意的是，职业学校校园建设要合乎实际需要，不能过分追求华丽。从宏观上来说，要合理分配空间，做好规划。从微观上来说，要抓住细节，使校园花木的布置，标语、名人名言的张贴等规范有序。同时，还要办好阅报栏、宣传栏、校园广播、学生自办刊物等，为学生提供展示自我和知识交流的平台。

2. 营造优美和谐的自然环境

随着社会的发展，各级各类学校的增多，职业学校的选址受到一定限制，但仍应尽量选择空气清新、比较安静、信息畅通、噪音较小的地方。职业学校自然环境的营造应坚持以优美和谐为原则，做到实用和审美相结合、教学和生活设施合理布局，为师生创造良好的学习与工作环境。

主要参考文献

[1] [美]德鲁克:《21 世纪的管理挑战》,朱雁斌译,北京:机械工业出版社,2000 年。

[2] 石伟平:《时代特征与职业教育创新》,上海:上海教育出版社,2006 年。

[3] 吕静锋:《区域中等职业教育可持续发展研究》,北京:人民出版社,2009 年。

[4] [美]E・科恩:《教育经济学》,王玉昆译,上海:华东师范大学出版社,1989 年。

[5] 南京工业职业技术学院"黄炎培职业教育思想研究中心":《溯源与创新》,北京:高等教育出版社,2007 年。

[6] 季桂起、宋伯宁:《地方本科院校创新性应用型人才培养模式研究》,济南:山东大学出版社,2013 年。

[7] 许丹雅:《高职高专商科类专业人才培养方案的研究与探索》,成都:西南财经大学出版社,2010 年。

[8] 浙江经济职业技术学院高职教育研究所:《高职院校职业素养与技能研究型教学理论与实践》,杭州:浙江大学出版社,2011 年。

[9] 韩学军:《应用型创新人才培养与职业类高等教育体系构建》,北京:中国人民大学出版社,2010 年。

[10] 赖圣君:《机电一体化专业人才培养方案》,北京:机械工业出版社,2013 年。

[11] 戴士弘:《职业教育课程教学改革》,北京:清华大学出版社,2007 年。

[12] 庄西真:《学做技术工人》,北京:外语教学与研究出版社,2010 年。

[13] 耿金岭:《中等职业教育与高等职业教育衔接研究》,合肥:中国科学技术大学出版社,2008 年。

[14] 杜才平、张明龙:《地方性高校专业结构调整研究》,北京:知识产权出版社,2010 年。

[15] 邓泽民:《中等职业教育专业教学整体解决方案研究》,北京:中国铁道出版社,2011 年。

[16] 章金萍:《市场营销专业实战型人才培养模式研究》,北京:中国人民大学

出版社,2012 年。
[17] 王晓红:《中国服务外包产业发展报告(2012—2013)》,北京:社会科学文献出版社,2013 年。
[18] 李蔺田:《中国职业技术教育史》,北京:高等教育出版社,1997 年。
[19] 关晶:《关键能力在英国职业教育中的演变》,《外国教育研究》,2003 年第 1 期。
[20] 陈宇:《中国高技能人才开发》,《中国培训》,2005 年第 3 期。
[21] 潘懋元:《中国高等教育思想发展 30 年》,《教育研究》,2008 年第 10 期。
[22] 翟海魂:《世界职业教育发展规律初探》,《河北师范大学学报(教育科学版)》,2006 年第 3 期。
[23] 杨金土、孟广平、严雪怡:《对技术、技术型人才和技术教育的再认识》,《职业技术教育》,2002 年第 22 期。
[24] 石伟平、徐国庆:《世界职业技术教育体系的比较》,《职教论坛》,2004 年第 1 期。
[25]《服务型教育体系和区域社会和谐发展——教育服务经济社会国际学术研讨会综述》,《教育发展研究》,2006 年第 12 期。
[26] [奥]路·冯·贝塔朗菲:《普通系统论的历史和现状》,王兴成译,《国外社会科学》,1978 年第 2 期。
[27] 杨安:《基于“校企共同体”的高职模具设计与制造专业课堂重构研究》,《职教通讯》,2012 年第 11 期。
[28] 肖曙光:《我国高校人才培养的社会需求内部化及制度改进》,《教育与经济》,2010 年第 1 期。
[29] 叶澜:《思维在断裂处穿行——教育理论与教育实践关系的再寻找》,《中国教育学刊》,2001 年第 4 期。
[30] 周媛:《浅析人才定义》,《科教文汇》,2010 年第 1 期。
[31] 张省豪:《深圳市首批民办技工学校全部落户宝安——我区技能培训独占鳌头》,《宝安日报》,2004 年 9 月 22 日。

后 记

今年九月份，组织上安排我到昆山第一中等专业学校担任校长，我离开了奋斗多年的花桥国际商务城中专校，但人走心在，我还经常关注着花桥国际商务城中专校的发展。《地方性人才的造就——昆山花桥国际商务城中等专业学校的实践》一书是花桥国际商务城中专校多年立足地方、服务地方的经验总结，是学校践行职业教育服务地方经济社会发展的阶段性成果。本书是集体智慧的结晶，由我确定整本书的写作体系和框架，我的同事张慧玲、刘晓霞、郁春兰、刘慧、刘德欣、乔丽、陈万紫、顾申霞、钱晓峰、戴建伟、王君等老师根据框架分头搜集资料并加以整理，然后由我统稿。成书的过程中，我们几经讨论、修改、再讨论、再修改，最后成为呈现在大家面前的这样一本书。大家都说，在我国职业学校做了很多事情，却拙于把自己做的事情进行总结、提炼和升华。说句实话，不是我们不想总结、提炼和升华，实在是因为把职业学校在师资队伍建设、课程开发、教学改革等方面的碎片化实践上升到系统的理论，而且还要叫别人看了有所启发，这太难了。在写这本书的过程中，对这种难处我们深有体会。

本书作为“职业教育发展路径探索丛书”之一，得到丛书主编庄西真博士及其指导的硕士研究生张秀、刘星、范平平的大力支持和帮助，庄西真博士全程参与本书的策划与出版工作，在此谨表谢忱。最后要感谢学校的所有老师和学生，他们才是学校的主角，是一所学校得以成为学校的根本，他们的喜怒哀乐、所思所行汇聚成了学校发展的动人乐章。

沈建兴

2014 年 10 月 28 日